Ingrid Riedel

Bilder

in Therapie, Kunst und Religion

Wege zur Interpretation

Kreuz Verlag

2. Auflage (9.–12. Tausend) 1991
Kreuz Verlag Stuttgart 1988
Umschlagbild: Franz Marc, Zwei Katzen, 1912,
Die öffentliche Kunstsammlung Basel, Kunstmuseum.
Foto: Colorphoto Hinz, Allschwil
Gestaltung: Hans Hug
Gesamtherstellung: Wilhelm Röck, Weinsberg
ISBN 3 7831 0906 X

Inhalt

Vorwort

Vor einem Bilde stehend, nehme ich zunächst ganzheitlich wahr. Ich öffne mich seiner farbigen Atmosphäre, der Melodie seiner Linienführung, seinen Proportionen und seiner Perspektive. Eingebettet und gefaßt in die besondere Gestaltung, nehme ich auch seine inhaltliche Symbolik auf: Ich setze mich der Strahlung dieses Bildes aus.

Auf den zweiten Blick aber möchte ich verstehen, was mich an diesem Bild bewegt, wodurch es mich anspricht, will ich mich darüber mit anderen verständigen können.

Bei den spontan gemalten Bildern aus dem Unbewußten vor allem, wie sie mir von Patienten und Analysanden vorgelegt werden, wird die Notwendigkeit dringend, zu verstehen, was sich hier ausdrückt, wo das Problem der Betreffenden liegt, welche Perspektiven zu dessen Lösung sich in dem Bilde andeuten.

Es entsteht das Bedürfnis, das Bild zu entschlüsseln, zu erschließen: Und wir entsprechen diesem Bedürfnis, indem wir versuchen, es miteinander zu interpretieren.

Bei diesem Interesse setze ich mit meinem Buch an: Es geht mir darum, die wichtigsten Gesichtspunkte und Aspekte einer Bildinterpretation darzustellen, ob sie nun im therapeutischen, im kunst- oder religionspädagogischen Raum geschieht. So hoffe ich auch, daß das Buch sowohl dem Psychotherapeuten als auch dem Kunst- oder Religionspädagogen Anregungen bringen möge, ferner auch denen, die im Bereich der Meditation mit Bildern umgehen.

Vielleicht erstaunt es die einen oder die anderen unter den Lesern, die mich vor allem aus der Arbeit mit Bildern aus dem Unbewußten, aus der maltherapeutischen Arbeit kennen, daß ich mich in diesem Buch auf Bildmaterial aus der frühen und auch modernen christlichen Kunst beziehe. Es gibt dafür mehrere Gründe:

Der erste ist der, daß diese Kunst in ihrer klaren Formgebung und expressiven Ausdruckskraft – dies gilt vor allem für die frühmittelalterliche Buchmalerei – sich besonders gut eignet, die Elemente der Bildgestaltung, die Verwendung der bildnerischen Mittel aufzuzeigen;

der zweite, daß ich diese Kunst seit den Studien zu meiner

theologischen Dissertation[1] von Grund auf kenne und liebe, so daß ich in den Jahren meiner Arbeit in der kirchlichen Jugend- und Erwachsenenbildung, bei der Evangelischen Akademie, in Bildbetrachtung und Meditation immer wieder auf sie zurückgreifen konnte und oft gebeten wurde, gerade zu der Interpretation dieser Bilder einmal etwas zu veröffentlichen;

der dritte, daß mir diese Bilder selbst vor Jahrzehnten dazu verholfen haben, die hier dargestellten Gestalten der christlichen Überlieferung vor allem symbolisch zu sehen, gelöst von dogmatischen und historischen Fixierungen, als Sinnzeichen menschlicher Hoffnung, als Zeichen des Vertrauens in das »Sein selbst« (wie Paul Tillich »Gott« umschreibt);

der letzte schließlich – dieser Grund ist ein recht praktischer – daß die Rechte für den Abdruck dieser alten Bilder leichter und preiswerter zu erwerben sind als diejenigen für andere; so daß die Verwendung von Bildern früher Kunst ein Buch wie dieses um einiges preisgünstiger gestaltet, als wenn man nur auf moderne Kunst zurückgriffe.

Wichtig ist mir in diesem Buch, in dem ich mittelalterliche Meditationsbilder bewußt neben die heutigen spontanen Malereien von Menschen stelle, wie sie mir von Studierenden, Seminarteilnehmern oder Analysanden vorgelegt werden, daß es bei beidem – ungeachtet der ästhetischen Qualitätsunterschiede – um expressive Ausdrucksformen der menschlichen Psyche geht, die sich überall in verwandten Strukturmustern und Symbolen äußert, da sie ihr – wie C. G. Jung aufwies – archetypisch eingeprägt sind. Es geht mir darum, die gemeinsame Struktur aller bildhaften Gestaltungen, den symbolischen Ausdruckswert der bildnerischen Darstellungsmittel aufzuweisen, die nicht erst einer gemeinsamen Symbolik des Inhaltlichen entstammen, sondern die schon in den Elementen und den Gesetzen der Gestaltung selber ruhen, wie sie bei der Projektion seelischer Inhalte auf eine Bildfläche immer walten.

Der Symbolik der Proportionalität, der Perspektivität, der Bildelemente und des Bildraumes selber will ich in diesem Buch nachgehen und dabei auch die Leser(innen) und Bildbetrachter(innen) zum bewußten Mitvollzug der Bildgebärden und ihres Ausdrucks zu gewinnen suchen.

Franz Marc, Zwei Katzen, 1912

Emil Nolde, Blumen und Wolken, 1933

Einführung

Soweit ich zurückdenken kann, lebe ich mit Bildern. Kunstkarten von Klee, Marc und Nolde, die mich durch meine Schul- und Studienzeit begleiteten, waren mein »imaginäres Museum«, längst ehe ich eines der Originale gesehen hatte.

Was war es, was mich an ihnen so berührt hat, daß ich einige von ihnen immer bei mir trug, bis ich sie buchstäblich auswendig kannte – man kann Bilder memorieren wie Gedichte –, bis ich sie auch ohne jede äußere Reproduktion innerlich vor mir sah?

Eine Bekannte, die in der Ostberliner Expressionismus-Ausstellung 1986 ein Nolde-Bild entdeckte, das sie bisher noch nie gesehen hatte und von dem es keine Reproduktion gab, stellte sich ganz gepackt vor dieses Bild, lernte es »auswendig«, bis sie es auch ohne Reproduktion mitnehmen konnte. »Die Wildheit dieses Bildes, dieses Mädchens am Meer«, sagte sie, »rührt auch etwas Wildes in mir selber an.« Deshalb mochte sie dieses Bild nicht mehr entbehren.

Es ist gar nicht so leicht zu sagen, was es ist, was uns an einem Bild anrührt. Bei Franz Marcs Tieren sind es die kühn verwandelnden Farben, die sie noch einmal neu erschaffen, wenn wir zum Beispiel sein Bild *»Zwei Katzen«* (1912) (S. 9) betrachten, in Farben, die besondere Wesenszüge dieser Tiere hervorheben, wobei sich im Gelb der geduckten Katze deren zielgerichtete Gespanntheit, im Blauviolett der anderen hingegen die versonnen-verspielte Ruhe ihres Körpers spiegelt, in der sie sich hingegeben putzt. Das leuchtende Weiß des Bauches gibt den Glanz und zugleich die Zartheit des Felles wieder, das diese Katze auszeichnet. Die gesamte Komposition des Bildes beruht auf der Figur der Spirale, die, als Grundfigur der eingerollten Katze abgelauscht, nun wie in einer musikalischen Komposition vielfach wiederholt wird: in den Gelenkbewegungen beider Katzen, in dem grünen und dem roten Ball, um vor allem in der rötlich-weißen Hüftdrehung der blauen Katze einen sanft bewegten Ruhepunkt für das Auge zu bilden. Durch Marc sah ich Tiere anders, erfuhr sie näher als zuvor: auch als Wesen meines seelischen Innenraums.

Da gab es in meiner frühen Sammlung andererseits die

phantastisch gestalteten Bildräume Paul Klees, mit nie zuvor gesehenen Tiefenschichten der Erde, mit Wachstumskreisen der Pflanzen, mit den nuancenreichen Tonskalen der Farben, die oft wie Musik anmuteten; da gab es unerhörte Abenteuer der Linien. »Kunst gibt nicht das Sichtbare wieder, sondern macht sichtbar«, dieses Wort Paul Klees schloß mir die Eigensprache der Kunst, ihre Eigenwelt auf. Es geht bei wirklicher Kunst nie um Wiedergabe von etwas schon zuvor Gekanntem, auch nicht bei Bildern, die die Außenwelt wiedergeben, sondern immer um Neugestaltung; in der Moderne oft auch ohne jeden Rückbezug auf Gegenständliches. Klees Bilderwelt gab mir Einblick in die Grundstrukturen und Wachstumsgesetze der lebendigen Formen selbst, der anorganischen wie der organischen, in den unermeßlichen kreativen und imaginativen Innenraum der menschlichen Psyche, aus dem auch meine inneren Bilder entspringen und evoziert werden.

Emil Noldes visionäre Landschaftsbilder schließlich, mit ihren hohen stillen Himmeln, aber auch mit leidenschaftlich bewegten Wetterwolken und Lichtdurchbrüchen, und seine Meeresbilder spiegelten zahlreiche Stimmungen auch in meiner seelischen Landschaft wider, erregten Emotionen, erlaubten, sie zuzulassen und auszutragen.

»Worauf beruht es eigentlich, daß Bilder dich ansprechen?« fragte ich kürzlich eine Freundin. Ihre Antwort: »Sie müssen geheimnisvoll sein. Bilder, die kein Geheimnis haben, sprechen mich nicht an. Geheimnisvoll sind sie für mich, wenn etwas an ihnen ist, was ich erst herausfinden muß; etwas, zu dem ich einen eigenen Schlüssel brauche.« Und sie fügte hinzu: »Es wird natürlich immer mein eigener Schlüssel sein, ein Schlüssel zu dem, was mich in dem Bild berührt.«

Es spricht mich nicht jedes Bild auf gleiche Weise an, es geht mich auch nicht jedes Bild auf gleiche Weise an. Doch wird mir ein Bild immer zunächst auf die Weise nahekommen, daß es mich anrührt, mir einen bestimmten Eindruck vermittelt, eine besondere Atmosphäre auf mich ausstrahlt. Auf dieses Berührtsein gilt es sich näher einzulassen: Es bietet den besten Zugang.

So berührt mich wieder und wieder der blaue Rittersporn, der in Emil Noldes Bild *»Blumen und Wolken«* (1933) (S. 10) gegen ein heranziehendes Gewitter blüht: die Intensität seiner

Farbigkeit, seines Blühens gegen das aufziehende Wetter, gegen das dunkle, zerrissene Gewölk, das der Sturm vor sich hertreibt. Es berührt mich, weil hier etwas Zartes gegen etwas Gewaltiges und auch Gewaltsames angeht, anblüht. Es geht dabei um ein Symbol: um intensives Leben, das aller Bedrohung standhält. Es weckt in mir die Sehnsucht nach solchem intensivem Leben. Aber dieses Bild – wie alle Bilder, die mich angehen – spricht diesen Wunsch nicht nur an, sondern vermittelt zugleich auch etwas von der Kraft solchen Blühens: im Anschauen, im Betrachten teilt sie sich mit.

Wodurch aber? Es ist dies, daß dieses Blühen gegenüber dem aufziehenden Gewitter eben so und nicht anders dargestellt ist, nämlich stimmig, prägnant. Es ist die Gestaltung des Bildes, seine gültige Gestalt, die es jetzt hat, was solche Kraft vermittelt. Da spielt die Farbe mit: Allein das Königsblau des Rittersporns rührt etwas in mir an, was keiner Farbe in gleicher Weise zugänglich ist: Es hat eine einzigartige Strahlkraft. Es ist, als enthalte die Strahlung dieses Blaus etwas von der Strahlung der Himmelshöhe und der Strahlung der Meerestiefe zugleich, beides Dimensionen, die über unseren Alltag hinausweisen. Geheimnisvoll ist diese Farbe, sie enthält etwas von dem Blau, in das auf mittelalterlichen Bildern Maria, Jesus oder die Jünger gehüllt sind – es ist die Farbe der Bezogenheit auf das, was über uns hinausweist, nach der Höhe und nach der Tiefe hin, auf Transzendenz.

Dabei blüht der Rittersporn seiner Komplementärfarbe entgegen, dem Gelbrot, in der die heranziehenden Gewitterwolken aufleuchten. Nicht zuletzt auf diesem Komplementär-Kontrast beruht die elementare Ausdruckskraft des Bildes, in dem polare Gegenkräfte unseres Daseins einander gegenüberstehen, wobei aber das Zarte, Gefühlshafte, unverzagt Blühende der Blume dem Wetterelement standhält. Auch durch seine Form, seine hohe, aufrechte Gestalt, seine differenzierte Blütenkrone – eine Blumengestalt, die auch einen Menschen symbolisieren könnte – hält der Rittersporn dem Gewitter mit seinen zerrissenen, aufgelösten Wolkenfetzen stand. Differenziert Gestaltetes nimmt es in diesem Bild mit Ungestaltetem, Chaotischem auf. Ist das nur in diesem Bild so oder auch in der Wirklichkeit?

Es gäbe noch viele Züge dieses Bildes zu beobachten –

Zahlenverhältnisse und Proportionen, Raumsymbolik und Perspektive –, um ganz zu erschließen, worauf sein Geheimnis beruht. Das Geheimnis dieses Bildes nämlich liegt in der in sich stimmigen Gestaltung und ihrem Zusammenspiel mit der durch den Ausdruck der Bildgegenstände – Blume contra Gewittergewölk – angesprochenen Symbolik. Symbol ist ein Bild insofern, als es bei weitem mehr ausdrückt als das, was es jeweils abbildet. Es steht für etwas: für einen bestimmten Ort, in der Welt zu sein; für eine bestimmte Lebensstimmung; es korrespondiert mit einer bestimmten Landschaft unserer Seele und stimuliert damit zugleich die Bilder in der eigenen Psyche.

Einige Schlüssel oder besser einen Schlüsselbund zu Bildern wie diesem anzubieten, die wir an ihnen ausprobieren können, ist die Intention dieses Buches. Es gilt, wie bei einer differenzierten musikalischen Komposition auch, die Zugänge zu den Elementen seiner Komposition zu erschließen, zu Farbe, Linie, Form, Perspektive, um uns dem Geheimnis seiner Gestaltung und deren Ausstrahlung immer mehr annähern zu können.

Wie auch sonst bei einem Symbol wird es nicht darum gehen, das Bild völlig zu entschlüsseln, sondern vielmehr Türen zu ihm zu öffnen, Annäherungen zu ermöglichen, die uns seinem Geheimnis näher bringen. Das stimmige Bild wird sein Geheimnis auch gegenüber einer angemessenen Interpretation bewahren. Es ist mit ihm wie bei jedem Symbol: Es behält einen Bedeutungsüberschuß gegenüber dem Gesagten und dem überhaupt Sagbaren. Das Bild von Nolde behält für mich etwas Unsägliches, über alle Interpretierbarkeit seiner Thematik, »Blumen und Wolken«, hinaus, jenen Rittersporn, der gegen kosmische Gewalten anblüht. Er ist für mich ein Gleichnis unseres Seins, und das Bild enthält als dieses Gleichnis zugleich eine sanfte, unwiderstehliche Verführung zu leben, zu blühen, auch angesichts des Todes. (Zu blühen wie Paul Celans »Nichts- und Niemandsrose«, von der es in seinem Gedicht heißt: »Vom Purpurwort, das wir sangen, über, oh über dem Dorn.«)

Von der Schönheit, der ästhetischen Wirkung dieses Bildes, haben wir dabei noch gar nicht gesprochen. Es ist auch sehr schwierig, darüber zu sprechen, sagt doch selbst Albrecht

Dürer, der alle Gesetze der Ästhetik studierte und meisterhaft zu handhaben wußte: »Was aber die Schönheit ist, das weiß ich nit.« Wir können nur sagen, daß sie auf der Stimmigkeit des Dargestellten beruht, auf seiner Stimmigkeit in sich selbst und all seiner Teile untereinander; vor allem aber beruht sie auf der Äquivalenz, der Entsprechung zwischen der ästhetischen Gestalt und dem symbolisch-existentiellen Gehalt des Dargestellten. Eine Bildkomposition, die »stimmt«, aber ist es, die solche Stimmigkeit und Schönheit schließlich auch in der Psyche des Betrachters anregt und auslöst. Hierauf wiederum beruht die klärende, integrierende, ja heilende Funktion und Wirkung des Bildes auf die Seele des Betrachtenden (auch wenn man in der modernen Kunstpsychologie kaum noch davon zu sprechen wagt).

Bei der Bildbetrachtung und Bildmeditation, wie ich sie mit einzelnen Menschen und Gruppen in der Jugend- und Erwachsenenbildung sowie während der letzten Jahre auch in der psychotherapeutischen Arbeit erprobt habe, bin ich immer wieder auf diese klärende und ganzmachende Funktion der Bildbetrachtung gestoßen; um hier noch ganz zu schweigen von der eminenten therapeutischen Wirksamkeit des Malens und Gestaltens selbst.

Erfahrungen im Umgang mit Bildern, modernen Bildern, aber auch solchen der Tradition, schließlich mit solchen, die spontan aus dem Unbewußten entstanden sind, möchte ich in diesem Buch weitergeben; auf bewährte Wege des Sehens und Verstehens möchte ich dabei aufmerksam machen und darüber hinaus auch einige neue Zugänge aufzuspüren suchen.

Bilder als Symbole

Bilder sind die Gestaltungen, in denen die symbolisierende Sprachkraft unserer Psyche sich ausdrückt, sich darstellt. Bilder gehören zu dem ersten, was die Gestaltungskraft des Kindes produziert, woran es sich erprobt und erfährt. Wo Bilder auftauchen, und sei es in ursprünglichsten Formen, wie in Felsgrafitti und Höhlenmalereien, da wissen wir, hier waren Menschen am Werk. Die Sprache der Bilder ist ureigene und früheste Menschensprache.

Noch wo das bewußte Ich zu kentern und zu zerschellen droht, wie in den Stürmen einer Psychose oder auch in den Blockierungen einer Depression, vermag es, einer rettenden Intuition seines Unbewußten folgend, nach Pinsel und Farben zu greifen und ein Bild zu malen, einer Seekarte gleich, in der es sich oftmals doch wieder zu orientieren und zurechtzufinden vermag.

Auch wo andererseits einfach die kreative Lust uns überkommt, mit Farben und Formen zu spielen und zu experimentieren, entstehen Bilder, in denen mehr von uns selbst zum Ausdruck kommen kann, als wir vielleicht beabsichtigen.

Die Bilder der Kunst schließlich können die großen Orientierungsmarken der menschlichen Seele sein, aus dem kollektiven Unbewußten heraus erschaffen, Symbole der religiösen wie auch der soziokulturellen Einstellungen und Wertsetzungen einer jeden Zeit. Sie können solche Orientierungsmarken sein und jeweils neu wieder werden, wenn wir sie nur zu erfahren, zu lesen verstehen.

Es war auf der documenta 8, der internationalen Ausstellung neuester Kunst in Kassel, vor einem großformatigen Bild (3,80 mal 5,60 Meter) von Anselm Kiefer: Da stand ich plötzlich vor einer mächtigen Pyramide, in den Farbtönen rötlichen Sandes gestaltet (Tonschlamm auf Leinwand). Die Stufenpyramide von Sakkara stieg mir aus der Erinnerung auf, wie sie im glühenden Sand am Rande der ägyptischen Sahara stand, Staunen erregend, Ehrfurcht gebietend –, doch hier war sie merkwürdig und denkwürdig verändert, mit Kupferdrähten, Leitungen und einer Schalttafel versehen. »Verschandelt«, so war mein erster Eindruck, bis mir die Idee kam, diese mit modernen Sendemöglichkeiten ausgestättete Pyrami-

Anselm Kiefer, Osiris + Isis, Bruch + Einung, 1985–1987

de anders zu sehen: als Gestaltung, die polare Gegensätze, die Unvereinbares vereint – Symbol dafür, daß moderne Kommunikationsmedien und ein ehrfurchterweckendes Denkmal uralter Sonnenreligion nichts Unvereinbares sein müssen, sondern daß die modernen Medien auch die Ausstrahlung dieser uralten Bilder aufnehmen und bis in unsere Zeit hinein vermitteln können. Das alte Ägypten und seine tiefgründige Religion um die Tag- und Nachtfahrt der Sonne, um Leben und Tod, vermag viele Menschen heute anzusprechen, wie die Ausstrahlung der großen Ägypten-Ausstellungen erweist, vermittelt es uns doch Erfahrungen alter Weisheit bis in esoterische Bereiche hinein, die uns wohltun und wohl auch nottun; sie wecken in uns wohl nicht zuletzt die Sehnsucht nach einer ganzheitlichen Schau der Lebenswirklichkeit und damit die Utopie einer Religion. Erst beim Durchblättern des Ausstellungskataloges wurde ich darauf aufmerksam, daß der volle Titel jenes Pyramiden-Bildes *»Osiris + Isis, Bruch + Einung«* (1985–1987) heißt. Der Katalog kommentiert dieses Bild: »Auf dem Bild ›Osiris‹ wächst, wie ein Weltenberg, ein Stufenbau auf. Er ist von Scherben übersät. Über dem ganzen Bau liegt die braune Staubfarbe des Zerfalls. Eine ursprüngliche Ganzheit, eine geschlossene Erkenntnis ist zerbrochen, zerfällt. Doch die energetische Bleifarbe des Himmels dringt als Kraft und Halt durch den Staub. Von jedem Scherbenhaufen laufen Kupferdrähte auf ein rechteckiges Computerschema, das Bild der Isis, zu. Das Isis-Motiv ist für Kiefer zentral: Die jungfräuliche Isis gebiert Horus, setzt damit ein mythisches Zeichen für das Ende der Spaltung, die mit der Geschlechterspannung beginnt... Und er stellt eine Verbindung zur Welt der Computer her; die ihm als Selbstzeugung des Geistes, bar der Materie, erscheint. Diese Bilder sind ebenso mythisch, wie sie utopisch sind.«[2]

Bilder sind Symbole beziehungsweise Symbol-Kombinationen. Bilder können von daher wie Symbole betrachtet und interpretiert werden. Was für Symbole gilt, gilt auch für Bilder. Wie alle Symbole sind Bilder gegensatzvereinigend und damit sinnstiftend. Mythische Welt und Computer-Welt, beide mit destruktiven Aspekten versehen so gut wie mit konstruktiven, müssen dennoch nicht auseinanderfallen: Verbindend für beide ist der menschliche Geist, die menschliche Psyche, der vereinigende Symbole wie Anselm Kiefers Bild entspringen.

Wie alle Symbole, die das, was sonst heillos auseinanderfiele, zusammensehen, sind Bilder Zeichen gegen das Chaos, gegen die Sinnlosigkeit und, emotional gesehen, gegen die Angst. Auch wenn sie Angst enthalten, sind sie doch als gestaltete Gebilde Gefäße, die die Angst bannen. Ob wir das Indianer-Gesicht nehmen, in dem ein vom Tode gezeichneter Mann seine Angst zuläßt und zugleich bannt und von da an gefaßter dem Tod entgegengeht, oder das im gleißenden Licht erscheinende Titelbild des Bandes »Weltuntergang« in der Reihe »Symbole« (Richard A. Cox, *»Let there be Light«*), als gestaltende Gebilde sind sie erste Zeichen gegen das Chaos.

Wie allen Symbolen ist dem Bild ein Anteil von Erinnerung und Sehnsucht, von Gedächtnis und Utopie eigen: Anselm Kiefers Bild von Osiris und Isis enthält die Erinnerung an den altägyptischen Mythos, der sich in den Pyramidenbauten und dem über allem stehenden Bild der Isis realisierte und verdichtete; Verbindungsdrähte laufen von ihm, von den Scherben der alten Religion, zu dem auch im Computerzeitalter im Geist bewahrten Bild der Isis, die die Utopie eines göttlichen Bruder-Schwester-Paares weiterträgt, das Bild einer möglichen Wiederverbindung der heute so oft in feindselige Gegensätz-

Gesicht eines Indianers

Richard A. Cox,
Let there be Light

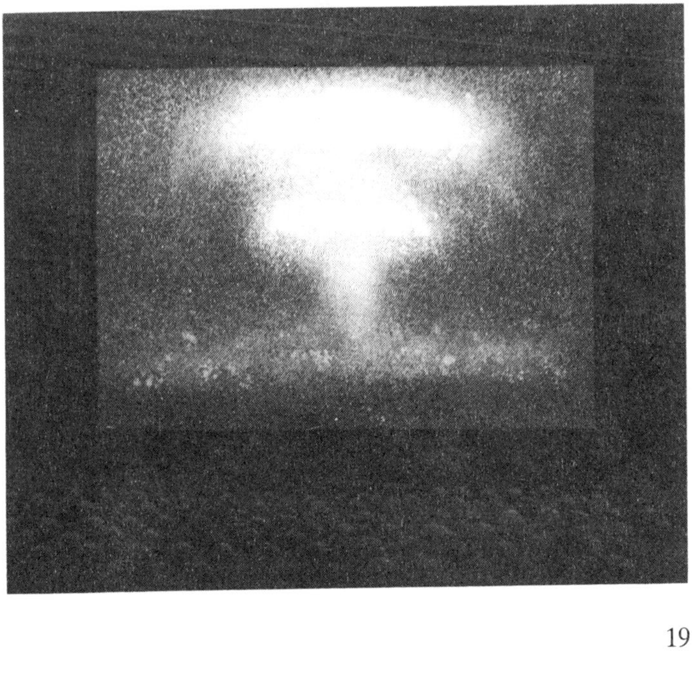

lichkeit auseinanderdividierten Geschlechter in einer gleichsam geschwisterlichen Liebe.

Bilder als Symbole bringen Erfahrungen von Geborgenheit oder auch von Verlassenheit aus der Vergangenheit in die Gegenwart ein und verknüpfen diese mit einem Zukunftsaspekt: So zum Beispiel Manessiers *»Dornenkrone«* (S. 229), wo der Hoffnungsaspekt nicht vom Thema her gegeben ist, sondern allein von der Form eines großen Kreises, in den die Komposition eingefaßt ist; zugleich wie in einem Gefäß die zugehörige Emotion. Wie überhaupt die Tatsache der Gestaltung eines Themas, seine Fassung in die Gesetze bildnerischen Gestaltens das Thema aus dem Chaos hebt und es als Bearbeitetes und Gestaltetes gewissermaßen erlöst.

Wie alle Symbole enthalten sie einerseits das anschauliche Bild, zu dem aber zugleich die zugehörige Emotion beziehungsweise eine bestimmte energetische Ladung mitgegeben ist. Hierin liegt eine besondere Chance, wenn wir zum Bei-

Hildegard von Bingen, Vision, 12. Jh.

spiel spezielle Meditationsbilder, Mandala-Bilder betrachten, in denen eine heilsame Ganzheits-Erfahrung der menschlichen Psyche enthalten ist, oder auch sogenannte Yantras, denen die energetische Strahlkraft einer Gottheit beziehungsweise einer archetypischen Gestalt innewohnt. Auch die Darstellung der Vision Hildegard von Bingens ist solch ein Ganzheitsbild, das uns in seine Ausstrahlung hineinnimmt.

Aber auch die spontanen Malereien, die beispielsweise in einer Maltherapie entstehen, können uns ähnlich starke Erfahrungen, auch Ganzheits-Erfahrung vermitteln. Natürlich ist nicht jedes Bild, auch nicht jedes Bild der anerkannten Kunst, ein solches Ganzheitsbild, das Sinn vermitteln könnte. Es können viele Gestaltungen – Bilder der Kunst wie spontane Malereien – auch aufdeckenden, diagnostischen Charakter haben für das einzelne Individuum, aber auch für das gesellschaftliche Kollektiv.

Sowohl für diejenigen, die Bilder betrachten, wie auch für diejenigen, die sie verstehen und interpretieren wollen, ist es unabdingbar, sich der seelischen Energie, die Bildern eignet, auszusetzen und sie ernst zu nehmen. Bei der Betrachtung, die jeder Interpretation vorauszugehen hat, ist es wichtig, auf die Ausstrahlung des Bildes zu achten, sie wahrzunehmen, mit ihr zu rechnen. Selbst wenn es eine im ersten Augenblick eher negative Ausstrahlung wäre, jedenfalls für den subjektiven Eindruck, ist es wichtig, sie wahrzunehmen, auch, um sich gegebenenfalls von ihr abgrenzen zu können. Es mag einen sowohl angesichts der Bilder seelisch belasteter Menschen eine solche negative Ausstrahlung überkommen, die anzeigt, daß einem das Problem zu nahe ist, als auch angesichts von Bildern religiöser Thematik, weil diese vielleicht an ein eigenes religiöses Trauma rühren. Dann ist Abgrenzung möglich, aber auch damit wäre die energetische Kraft solcher Bilder ernst genommen und nicht verharmlost. Es ist aber auch Annäherung möglich, wenn wir diesen Widerstand der Betroffenheit von dem Bild verstehen und uns von daher anstoßen lassen, uns gerade mit diesem Bild besonders auseinanderzusetzen.

Nun unterscheidet sich ein Bild von jedem anderen Symbol, sei es ein Natursymbol wie der Baum, sei es ein im Traum oder in der Imagination erscheinendes Symbol, dadurch, daß es eine konkret-materielle Gestalt hat, sei dies nun eine spontan entstandene oder eine mit ästhetischem Sinn und Kunstverstand verantwortete. Es stellt einen gestalteten Symbolzusammenhang dar. Diese Gestalt ist das Eigentliche an ihm: aus ihr allein ist sein Ausdruckswert, seine Sprache zu ersehen. Es geht also nicht nur um das Thema, um die Symbolik der enthaltenen Objekte, sondern ausdrücklich um die Eigensprache der bildnerischen Mittel, der Ausdrucksmedien wie Farbe, Form, Proportion, Raumgestaltung und wie sie im jeweiligen Bild eingesetzt sind, um eine bestimmte Komposition so und nicht anders zu gestalten. In der Musik ist es uns selbstverständlich, Thema und Sinn des Stückes nicht neben und hinter dem Ausdruckswert der Tonfolgen, Rhythmen und der Kontrapunktik zu suchen, sondern exakt in ihnen und nirgendwo sonst.

So ist zum Beispiel der Sinn und sind die Aussagen des Hildegardschen Visionsbildes (S. 20) (aus dem Scivias-Codex) nicht neben oder hinter dem Ausdruckswert jener dreifach konzentrischen Kreise zu sehen, sondern exakt in ihnen. Keine andere Gestaltung als diese vermag diesem Bild die ruhige, zentrierende und dennoch in sich dynamisch-lebendige Ausstrahlung zu geben.

Auch Anselm Kiefers Werk »*Osiris + Isis, Bruch + Einung*« (1985–1987) hat seine Ausdruckskraft einzig und allein durch diese und keine andere Gestaltung: vor allem durch eine Perspektive, die den Betrachter an den rechten unteren Fuß der Pyramide versetzt, so daß er mit dem Auge die schweren, braunen Stufen emporwandern muß, alle die Verkabelungen und Drähte berührend, bis er bei dem Isis-Bild in dem blauschwarzen Himmel ankommt. Das Auge des Betrachters und damit dieser selbst hat gleichsam die Stufenpyramide zu ersteigen, die neuartigen Verbindungskabel wahrzunehmen, bis eine Wiederbegegnung mit dem Bild der Isis in der Verfremdung der Computerplatte gelingt.

Anregungen und Vorschläge dazu, wie wir Bilder in diesem Sinne lesen und verstehen können, versuche ich in diesem Buch zu vermitteln. Sie sollen sowohl die überlieferten Bilder der Kunst, besonders auch der religiösen Kunst, wie auch die Bilder, die spontan aus dem Unbewußten heraus entstanden sind, betreffen und einbeziehen.

Teil 1

Die bildnerischen Mittel in ihrem symbolischen Ausdruckswert

Bildfläche oder Raumsymbolik

Bilder sind Gleichnissysteme, erschließen Orientierungsmöglichkeiten in der Wirklichkeit durch ein System von Ebenwerten, wie es die Sprache tut. In seiner Studie »Sprache und Körperbau«[2a] weist Ernst Jünger nach, wie stark unsere sprachlichen Grundbegriffe von unserem körperlichen Standort in der Welt bestimmt sind: So weisen die Richtungsangaben »oben« auf »Kopf«, »unten« auf »Füße«; »senkrecht« auf »Stehen«, »waagrecht« auf »Liegen«, »rechts« auf den geschickten Arm, »links« auf den ungeschickten Arm, »vorn« auf das Gesicht, das Auge, »hinten« auf die abgewandte Seite, um nur die elementaren Ebenwerte der Orientierung zu nennen. Es ist bekannt, wie sich an diese Elementarbegriffe auch sprachlich übertragene Bedeutungen anschließen: »oben« steht dann zum Beispiel für die obere Welt, den Himmel, »unten« für die irdische Welt, »links« für das Böse, »rechts« für das Gute. Die Malerei schafft sich im gleichen Sinn ein Orientierungsmodell: eine Fläche als Gleichnis für den Lebensraum des Menschen. Es ist bemerkenswert, daß der Mensch diesem Gleichnis seines Lebensraumes häufig quadratische oder rechteckige Gestalt gibt: Diese Form ist gestaltet aus dem Richtungssinn des menschlichen Körpers und Bewußtseins: oben, unten, rechts und links. Die abstrahierte Chiffre für den Orientierungssinn eines Menschen, der aufrecht mit ausgebreiteten Armen im Raum steht, ist das Koordinatenkreuz, dessen Ordinate »oben« und »unten«, dessen Abszisse »links« und »rechts« zeigt.

Die Bildfläche also, meist rechteckig, ist die Projektionsebene für alles Dargestellte. Schon früh haben sich Kunstpsychologie und Psychodiagnostik mit der Symbolik der Bildfelder, der sogenannten Quadranten, beschäftigt, da es auffiel, wie die Gegenstände, die bestimmten Bildfeldern zugeordnet werden, immer wieder einen verwandten Bedeutungswert aufweisen.

Auch das Raumschema der Graphologie findet dabei Beachtung. Max Pulver zum Beispiel[3] benutzt das Koordinatenkreuz als Raumschema und entwickelt hieraus seine Zonentheorie. Dabei ordnet er zum Beispiel das Schriftband dem waagrechten Kreuzbalken zu, so daß sich dann die Oberlängen der Schrift in Richtung des aufstrebenden, die Unterlängen am hinabführenden Teil des senkrechten Kreuzbalkens orientieren. So fügt sich das Schriftbild in mehrere Zonen ein: in die obere Zone O, die untere Zone U und in das Mittelband, das vom Kreuzungspunkt C (= Zentrum) sich nach links (L) und nach rechts (R) erstreckt.

O
|
L — C — R
|
U

Dem Mittelband eignet folgendes Bedeutungsschema: Die linke Hälfte (C bis L) entspricht den Ich- und Vergangenheitsbeziehungen der sensiblen Sphäre. Sie bedeutet Introversion, Zuwendung zu Vergangenem, Aufgehobenem, Vergessenem. Die rechte Hälfte (C bis R) symbolisiert dagegen die Du- und Zukunfts- oder Zielbeziehungen der sensiblen Sphäre und bedeutet dementsprechend Extraversion und Zuwendung zu Zukünftigem, Angestrebtem und Gebotenem. Die Symbolik der oberen, mittleren und unteren Bildzonen ist den jeweiligen *Formen* des Bewußtseins zugeordnet, so daß die obere Zone (O) dem überindividuellen Bewußtsein entspricht, der Form und der Gestalt der Intellektualität, die untere Zone (U) dem Unterbewußten beziehungsweise dem noch tiefer gelegenen Unbewußten, während die Mittelzone die Beschaffenheit des individuellen Tagesbewußtseins, der empirischen Ich-Sphäre ausdrückt.

Die obere, mittlere und untere Bildzone symbolisieren jeweils außerdem auch bestimmte *Inhalte* des Bewußtseins: Die obere Zone (O) intellektuelle, geistige und ethisch-religiöse Inhalte sowie die entsprechenden Gefühle, die untere Zone (U) materielle, physische sowie erotisch-sexuelle Inhalte und die dem Unbewußten entsteigenden kollektiven Symbole.

Über die beiden Richtungspaare des Achsenkreuzes hinaus schiebt Pulver zur Ausdifferenzierung seiner graphologischen Topographie eine sogenannte i-Zone, die Zone der Kleinbuchstabenhöhe ein; damit findet er den Anschluß an das alte Dreiteilungsschema der Schriftbetrachtung wieder, in der die Oberlängen der Zone des Geistigen entsprechen, die Kleinbuchstabenhöhe der Zone des Seelischen, die Unterlängen der Zone des Leiblichen. Die Dreiteilung der Horizontalen läßt sich allerdings nicht eindeutig auf ein anderes Ausdrucks- und Projektionsmaterial als das Schriftgerüst, aus dem es entwikkelt ist, übertragen.

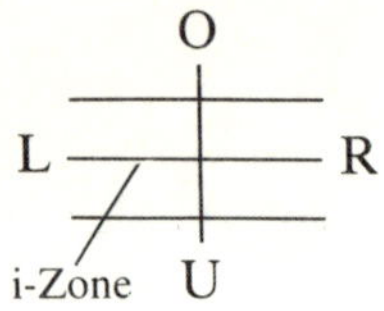

Eine weitere symbolische Topographie, diesmal auf der Ebene eines meist rechteckigen Tisches als Projektionsebene, ist abgeleitet aus dem Vergleichsmaterial des Dorf-Tests nach Arthus[4]. Der Test besteht darin, anhand vorgegebener Figuren – Häuser, Kirche, Fabriken, Menschen, Brücken – das Bild eines Dorfes auf einem meist rechteckigen Tisch zu gestalten. In der Besprechung des entstandenen Bildes mit der Versuchsperson lassen sich Zonen feststellen, denen eine besondere Bedeutung zukommt, was durch wiederholte Aussagen der Versuchspersonen belegt werden kann. Es zeigt sich dabei, daß sich die Gesten eines Menschen immer wieder in den natürlichen Richtungen der Windrose bewegen, nicht nur nach dem allzu vereinfachten Schema des Koodinatenkreuzes. Auch in der Perspektive der Aufsicht, die die Tischplatte bietet, wird also das Gefühl für oben und unten, rechts und links festgehalten.

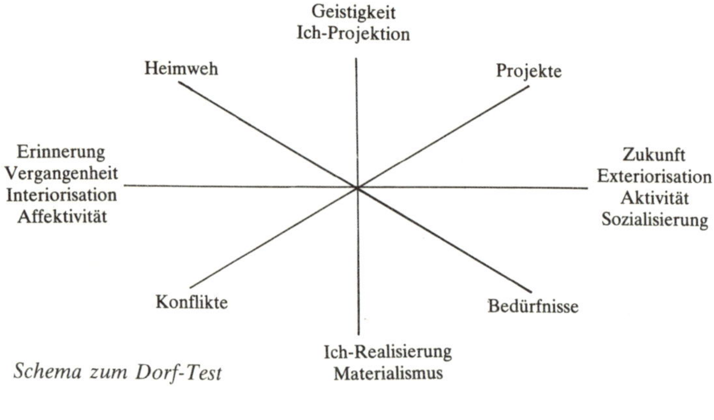

Schema zum Dorf-Test

Karl Koch[5] verdanken wir den Hinweis auf eine Topographie des Raumes, die der aus der Kunsthistorie kommende Michael Grünwald anhand eines Legetests erarbeitet hat: Auch er fußt auf der Stimmigkeit einer bestimmten Raumsymbolik, die sich sowohl in den Spontanaussagen von Versuchspersonen wie in der Betrachtung von Produkten der darstellenden Kunst immer wieder zeigt. Der noch immer nicht veröffentlichte Test umfaßt zehn unterschiedliche Versuche, von denen Koch eine der Versuchsanordnungen herausgreift: Vor der Versuchsperson liegt im Querformat ein im Goldenen Schnitt proportioniertes rechteckiges Zeichenblatt. Der Versuchsperson wird eine kleine bunte Scheibe in die Hand gegeben mit dem Hinweis, die Scheibe solle in diesem Test sie selbst darstellen, das Bildfeld aber ihr Leben. Es wird ihr die Aufgabe gestellt, die Scheibe an den Punkt zu legen, an dem sie sich nach ihrer Meinung jetzt im Leben befindet. Angenommen, die Versuchsperson lege die Scheibe im ersten Drittel der Diagonale nieder, die von links unten nach rechts oben führt, dann wäre dieser Ort in seiner Bedeutung nur erfaßbar, wenn man zugleich die Bedeutung der übrigen Orte im Bildraum bestimmen könnte. Fragen wir daher die Versuchsperson, von wo die Scheibe auf den gegenwärtigen Punkt gekommen sei und wohin sie gelange, wenn sie weitergehen würde, so erhalten wir eine Richtungslinie, die wir aufzeichnen können: sie wird beim überwiegenden Teil der Versuchspersonen von links unten nach rechts oben vorgestellt und oft als »Lebenslinie« bezeichnet. Nach der Bedeutung befragt, antworten viele in folgendem Sinn: »Links unten«: Anfang, Ursprung, dort war ich noch klein und ganz jung, da war ich noch niemand. »Rechts oben«: Das ist das Ziel, dort wäre das fruchtbare Leben, das Ende, der Erfolg. »Rechts unten«: heruntergekommen ›auf den Hund‹, mittellos, unangenehm, verdammt und verloren. »Links oben«: ein König oder Kapitalist, einer, der unrechtmäßig hochgekommen ist, Hochstapler, auf die Seite gestellt, inaktiv, zuschauend[6]. Dieses Richtungsschema in der Bildfläche ist natürlich ausdrücklich eine Antwort auf die Frage nach dem Woher und Wohin einer Lebenslinie; die Bildfläche wird also Projektionsfläche einer Entwicklungslinie. Dabei spielt der Faktor Zeit und das dynamische Symbol des Weges eine Rolle.

Bei der Darstellung eines eher statischen Objektes in der Bildfläche, etwa eines Baumes, oder auch bei der frontalen Darstellung eines Menschen würde die Symbolik schon wieder etwas anders aussehen. Zu diesen Darstellungen wird auch häufig Hochformat gewählt, weil die Spannung zwischen oben und unten hier stärker empfunden wird als bei der Gestaltung eines Verlaufes, wo es vor allem auf die Spannung zwischen rechts und links ankommt.

Im Blick auf die hier gewählte Fragestellung an die Versuchsperson, den momentanen Ort ihrer Lebenslinie anzugeben, evoziert also bereits das bloße Rechteck – als der Rahmen, in dem wir unser Raumgefühl unterbringen – Bedeutungen, die bei über 80 Prozent der Versuchspersonen sinngemäß übereinstimmen. Die Raumprojektion stellt sich demgemäß in einem Koordinatensystem dar, in dem, wenn der Nullpunkt als Anfang eines Weges gedacht wird, die Abszisse nach rechts als die Zeit, die zum Abschreiten des Weges benötigt wird; die Ordinate schließlich als die Höhe des erreichten Niveaus, der Leistung, des Erfolgs erscheinen. (Bei der Zeichnung eines Baumes, eines Menschen oder eines anderen frontal dargestellten Objekts gilt dann demgemäß, daß Ordinate und Abszisse gewissermaßen in der Senkrechten zusammenfallen.) Die Resultante aus Erfolg und Zeit ergibt dabei die »Lebenslinie«; sie zeigt an, in welchem Verhältnis die aufgewandte Zeit und das Ergebnis zueinander stehen.

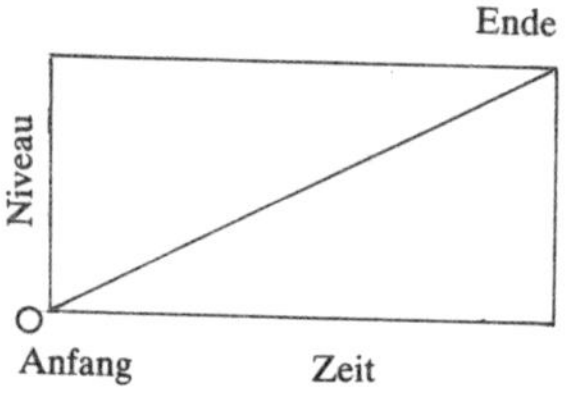

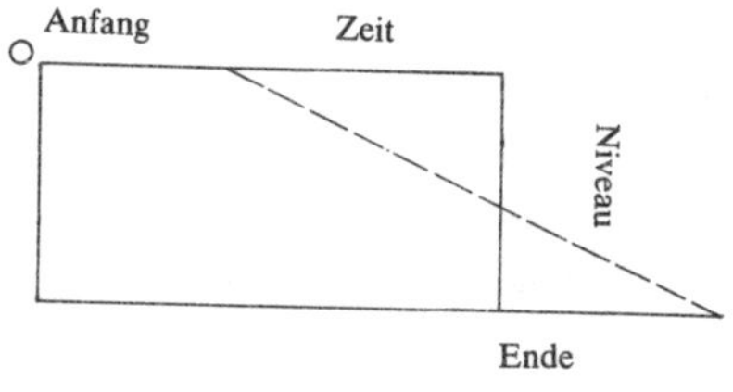

Es ist vielleicht nicht uninteressant, daß selbst Malereien aus dem frühen Mittelalter wie zum Beispiel das Codexblatt *»Die Verheißung an Abraham«* aus der Wiener Genesis die gleiche Raumaufteilung kennen: Abraham steht hier links im Bild und hat über die ganze Bildfläche hin den offenen Raum

Die Verheißung an Abraham, Wiener Genesis, um 600

Durchzug durch das Rote Meer, Emser Weltchronik, 15. Jh.

seines künftigen Weges vor sich. In der Emser Weltchronik, wo Israels *»Durchzug durch das Rote Meer«* geschildert wird, zieht sich der Zug der die Zukunft suchenden Israeliten von links unten im Bild auf einer sanften Schräge nach rechts oben. Zu den spontanen Zeichnungen heutiger Menschen, die diesem Raumschema folgen, bemerkt Koch: »Die Lebenslinie mutet an wie eine Leistungskurve, die, zwischen Anfang und Ende gelegt, die unbewußt-bewußte Projektion erfahrener und vorgestellter Lebensbahn darstellt.«[7]

In diesem Zusammenhang erinnere ich mich an das Bild eines Suizidalen, dessen Lebenslinie von rechts oben nach links unten führte, eine Linie, die mit hohen Ausschlägen wie eine Fieberkurve dargestellt war und die in einem jähen Abbruch in der Mitte des Bildes endete.

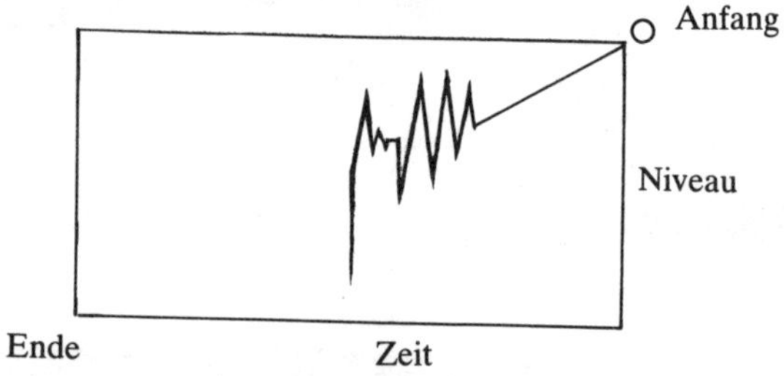

Die Frage, woher eine Linie komme und wohin sie gehe, hat übrigens in seinen Reflexionen über »Das bildnerische Denken« Paul Klee als erster bewußt gestellt und für den Ausdruckswert eines Bildes als hochrelevant angesehen.

Grünwald versteht das Rechteck in seinen Versuchen teils als Bewegungsfeld, teils als Kraftfeld oder als Raumempfindungsfeld. Sehen wir von dem Dynamischen des Woher und Wohin ab, so bildet die Bildfläche ein Kraftfeld, das gleichsam »in einer komplexen Wechselwirkung seiner Lokalisationen steht«[8].

Wie wir aus dem Raumschema ersehen, ordnet Grünwald die gesamte linke Seite gemeinsam mit Vergangenheit und Introversion der Mutter, dem Mütterlichen zu, während er die ganze rechte Seite zusammen mit Zukunft und Extraversion dem Väterlichen, dem Vater zuspricht. Daß sich hierin traditionelle Wertungen und Vorstellungen eines Vater- und Mutterbildes spiegeln, die heute kritisch überprüft werden müssen, darf nicht übersehen werden. Daß sich das Mütterliche in unserer Vorstellung oft noch willkürlich mit Innerlichkeit,

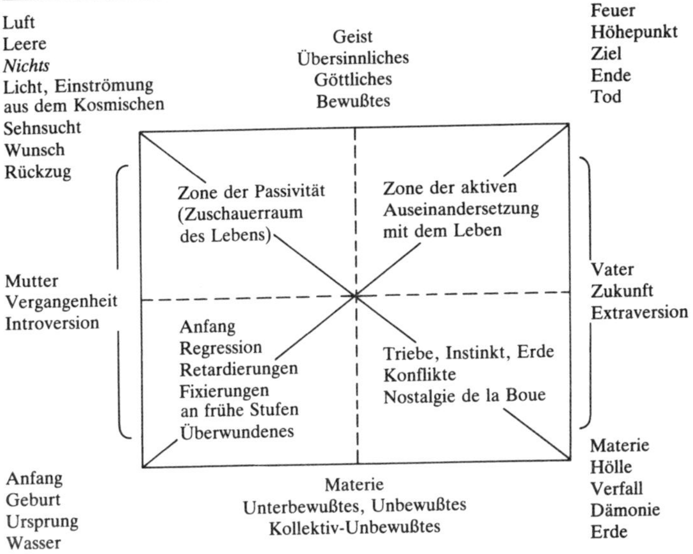

Raumschema nach Grünwald

Hinwendung und Rückbindung an die Kindheit und die Überlieferung verbindet, das Väterliche mit aktiver Weltzuwendung und Zukunftsgerichtetheit, mag uns nachdenklich stimmen.

Bemerkenswert und diskussionswürdig erscheint mir Grünwalds Zuordnung der vier Quadranten zu den vier Elementen, wobei die Zuordnung des Ursprungsquadranten links unten zu Wasser, des Zukunfts- und Auseinandersetzungsquadranten rechts oben zu Feuer, des Materialisierungs- und Gebundenheitsquadranten rechts unten zur Erde und schließlich des Sehnsuchtsquadranten links oben zur Luft durchaus überzeugen können – auch wenn man den linken oberen Quadranten nicht in jedem Fall mit Grünwald als »Zone der Passivität« bezeichnen kann. Wie auch immer man die Bedeutung der Quadranten im einzelnen bestimmen mag, es ist wichtig, mehrere solcher Vorschläge zu vergleichen, um sich vor Einengungen und Fixierungen auf eines dieser Schemata zu bewahren. Für die Symbolik der Bildfläche als ganze gilt: »Was in dieses Kraftfeld, in diesen Kosmos hineingestellt ist, sei es ein

Schriftbild oder eine Baumzeichnung, wird, freilich im Sinne eines Gleichnisses, in bezug zur Menschengestalt gemeint, zum Menschen, der vom eigenen Selbst aus einen Beziehungsversuch zu diesem Raum schaffen will, einen Raum, den er sich als außen vorstellt und den er zugleich in sich selber trägt.«[9]

Die Struktur der Lokalisationen schließt ein, daß sie untereinander in vielfältiger Beziehung stehen vom Rand her oder auch zum Rand hin, aber auch vom Zentrum aus oder zum Zentrum hin verlaufen können. Gelegentlich sind sie aber auch auf andere Bezugspunkte der Komposition hin angelegt.

Ein durch reiches Vergleichsmaterial und dessen Auswertung gut belegtes Schema der Raumsymbolik legt Susan Bach in ihrer Studie »Spontanes Malen schwerkranker Patienten«[10] vor. Hier ist vor allem das Erleben des Körpers mit einbezogen. Bei der Betrachtung vieler Hunderter von Bildern schwerkranker Kinder stellte sie zunächst fest, daß sie immer »direkt malen, als tauchten sie ihre Hände in Farbe und drückten sie auf dem Zeichenblatt ab, so daß die rechte Bildhälfte spiegelbildlich ihrer rechten und die linke ihrer linken Körperhälfte entspricht« – eine Beobachtung, die auch für die spontanen Malereien der meisten Erwachsenen zutrifft. Susan Bach beobachtet zugleich, daß die Patienten, mit denen sie malt, die Gegenstände ihrer Bilder als Ausdruck und Entsprechung ihrer selbst gestalten: »So wird im Bild zum Beispiel das Lieblingspferdchen gerade an der Stelle bestrahlt, an welcher das Kind am gleichen Tag vorher eine Röntgenbehandlung erhielt. Das Bild spiegelt den Zustand der Patientin selbst wider.«[11]

Um die Bilder ihrer Patienten »lesen« und entschlüsseln zu können, erscheinen ihr vor allem die Beachtung der Links- und Rechtsrichtung des Dargestellten beziehungsweise das Fadenkreuz und die vier Quadranten wichtig. Die Linkswendung bringt sie mit der Westrichtung der Landkarte, der Seite der untergehenden Sonne in Zusammenhang; die Rechtswendung mit der Ostrichtung, also der Seite des Sonnenaufgangs sowie der entsprechenden Symbolik.

Eine Linkswendung der lebendigen Gehalte – seien es menschliche Gestalten, Tiere oder Automobile – deutet nach Susan Bach darauf hin, daß sie ins Unbekannte, Unbewußte,

Zweifelhafte, Dunkle (lateinisch: sinister) gehen, was auch das noch Unbekannte, Neue einschließt.

Eine Rechtswendung kann bei den schwerkranken Menschen, mit denen sie arbeitet, eine positive Phase der Entwicklung – eine erfolgreiche Operation oder medikamentöse Behandlung –, eine Rückkehr also ins Leben bedeuten, einen Genesungsprozeß, wobei aus den übrigen Bildelementen, der Beachtung der übrigen Bildquadranten und der Bewegungstendenzen auch Schlüsse auf das Anhalten der Besserung oder mögliche Rückfälle gezogen werden können.

Susan Bach bezieht sich bei ihrem Schema der Raumsymbolik auf das Fadenkreuz der Mikroskopie mit seinem Mittelpunkt und den vier Quadranten. Auch nach ihrer Erfahrung kann die Position von Objekten in den einzelnen Quadranten sehr aufschlußreich sein.

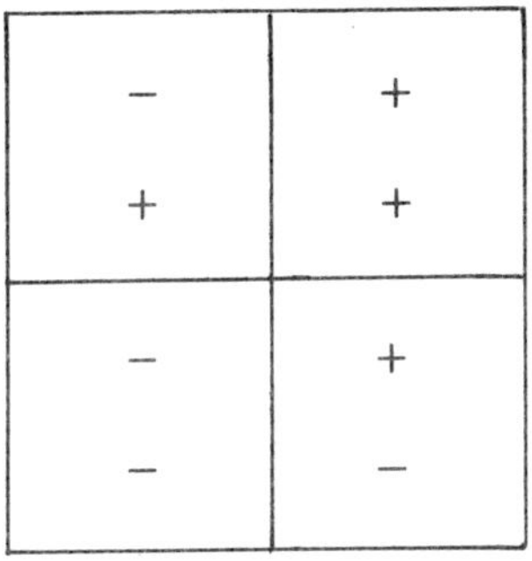

Raum-Schema nach Susan Bach

Gegenstände, die im oberen rechten Quadranten erscheinen, den sie den Plusplusquadranten nennt, können dem Befinden im Hier und Jetzt zugeordnet werden. Gegenstände, die sich dagegen im linken unteren Quadranten befinden, den sie den Minusminusquadranten nennt, oder die sich gar in ihm noch weiter nach links bewegen, haben immer wieder mit bergabführenden Entwicklungen zu tun. Einen Verlauf von rechts über das Zentrum hin und von da empor in den linken oberen Minusplusquadranten hat sie oftmals in den Zeichnungen solcher Kranker gefunden, »die langsam aus dem Leben scheiden, wie überhaupt die Richtung in diesem Quadranten gleichzeitig nach Westen und auch dem Jenseits zustrebt«[12]. Bei der Beachtung dieser Richtung der Bildbewegung ist besonders zu bedenken, daß Susan Bach mit schwerkranken Menschen gearbeitet hat. Die gleiche Richtung – von rechts über die Bildmitte nach links oben – kann, wie wir sahen, auch auf ein Wegtreten in »den Zuschauerraum des Lebens«, ein Abseitsstehen oder auch auf eine innere Hinwendung zur Mystik, zum Ewigen hinweisen. Bildgehalte im rechten unteren, dem Plusminusquadranten, können dem gerade vergangenen oder auch dem unmittelbar zukünftigen Körperzustand, also dem Bereich des Behandelbaren, zugehören.

Objekte, die sich im Zentrum oder nahe dem Zentrum befinden, sind oft von entsprechend zentraler Bedeutung. Ist der Mittelpunkt eines Bildes hingegen leer belassen oder unausgefüllt, so läßt sich die Frage stellen, warum das so ist, auch im Blick auf die Gesamtkomposition, auf das Gleichgewicht beziehungsweise auf die Ausgewogenheit der übrigen Gegenstände, Farben und Motive.

Unter den Bildern aus meiner Praxis finden sich eindrucksvolle Belege für die im Blick auf den Verlauf einer körperlichen Krankheit negative Bedeutung jener Bildbewegung, die auf den Minusminusquadranten zuführt. Darunter sind Bilder ei-

Ruderboot

nes krebskranken Mannes, der inzwischen gestorben ist: In einem seiner Bilder steht das *Ruderboot* mit dem Bug zum Minusminusquadranten hin diagonal im Bild. Wie anders dieses Bild wirkt, wenn der Bug, »seitenverkehrt« abgebildet, nach rechts weist, möchte ich durch die zweifache Wiedergabe dieses Bootes aufzeigen: Bei der Richtung zum Plusminusquadranten hin erscheint die Lage noch handhabbar, bewegbar. (Der entwickelnde Fotograf zog dieses Bild unwillkürlich seitenverkehrt ab, in Richtung der stärkeren Hoffnungstendenz.) In einem anderen Bild des gleichen Malers, *»Mönche«* (S. 36), teilt sich der von rechts oben aus dem Plusplusquadranten kommende Weg jenseits der Bildmitte und führt einerseits nach links unten, andererseits nach links oben weiter zu dem Minusplusquadranten, von dem Susan Bach schreibt, sie habe ihn »in den Zeichnungen Kranker gefunden, die langsam aus dem Leben scheiden, wie überhaupt die Richtung in diesem Quadranten gleichzeitig nach Westen und auch dem Jenseits zustrebe«. Daß diese Bildrichtung keineswegs den eigenen Tod bedeuten muß, sondern zum Beispiel auch die Auseinandersetzung mit dem bevorstehenden Verlust eines nahen Menschen in Besorgnis- oder Trauerarbeit, zeigt sich in dem Bild (*»Weg mit Kirche«*, S. 37) der Ehefrau jenes von Krebs betrof-

Mönche

fenen Mannes: Auch hier teilt sich der von rechts kommende Weg jenseits der Bildmitte: Der eine Weg führt nach der Gabelung hinauf zum Minusplusquadranten und trifft dort auf eine Kirche, die wie im Himmel schwebt, Ausdruck für die in ihrer Bedrängnis angesichts des vom Tode bedrohten Mannes nach religiösem Trost suchende Frau; der andere Weg führt hinab in den Minusminusquadranten, wo aber die schwarze Brücke mit sperrigem Geländer, die den hier sichtbaren Fluß nach links hin überqueren könnte, wie unbetretbar wirkt. Nach links fährt auch das *Segelboot* des damals zwölfjährigen Sohnes des Paares – Ausdruck seiner Angst vor dem drohenden Verlust des Vaters und Zeichen einer Introversion und wohl auch Regression des Jungen, der zu der Zeit in der Vorpubertät steht.

Umgekehrt drückt der von links unten aus dem Minusminusquadranten steil emporführende und in den Plusplusquadranten mündende Weg auf dem Bild einer Suizidgefährdeten bei all seiner steinigen Beschaffenheit doch unübersehbar aus, daß sich der Prozeß in ihr dem Leben wieder zuwenden wird (*»Steiler Weg«*, S. 67)!

Innerhalb der psychologischen Schule C. G. Jungs hat sich – vor allem durch den seinerzeit am C. G.-Jung-Institut Zürich

Weg mit Kirche

Segelboot

lehrenden, inzwischen verstorbenen Rudolf Michel vermittelt – ein Modell der Raumsymbolik herausgebildet und in vielfacher Erfahrung bewährt, das ich abschließend vorstellen und mit den bisher genannten Modellen vergleichen möchte:

Modelle zur Raum-Symbolik

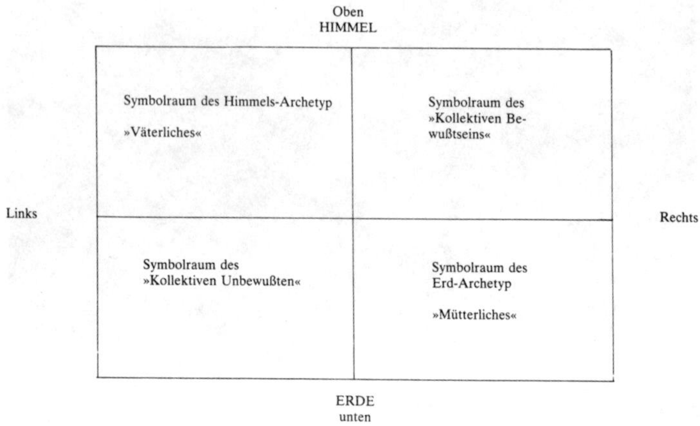

Raum-Modell nach Rudolf Michel, Zürich

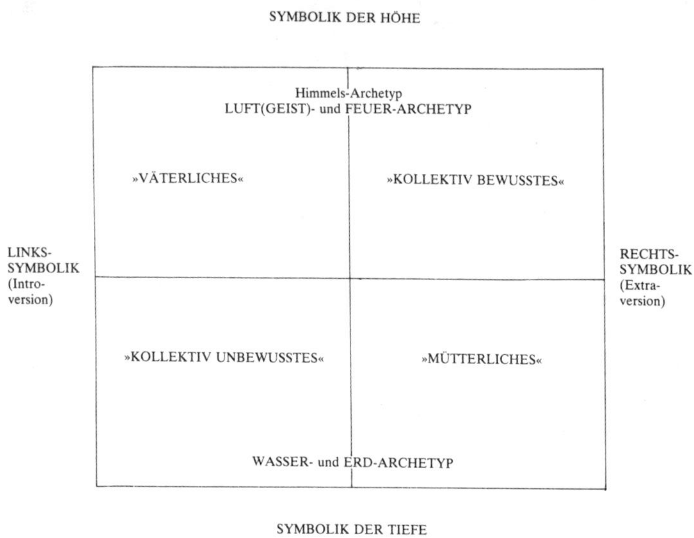

Raum-Symbolik (Eigene Weiterentwicklung des Modells von Rudolf Michel, Zürich)

KOMBINIERTE RAUMSYMBOLIK

Überpersönliche Seite
des Himmels-Archetyp
mit seinen Symbolen (Luft,
Geistiges, Immaterielles, Ewiges)
Topos (Ort) des Verhältnisses
zum »Väterlichen«; gelegentlich
auch zum »Überhöht-Abgehobenen«

Kollektiv Bewußtes
verbindliche Überzeugungen
anerkannte Werte mit ihren
Symbolen (aus der Erziehung
übernommen)
Topos (Ort) des Verhältnisses
zu den geltenden Werten, aber
auch zur Bewußtwerdung neuer
Werte mit ihren Symbolen (Feuer,
Sonne, Licht)
Zeigt Offenheit oder Verschlossenheit der Zugänge zum Bewußtsein, zur Realisierung des Lebensziels an.

SYMBOLIK DER HÖHE

– QUADRANT + Linksobenquadrant	+ QUADRANT + Rechtsobenquadrant
– QUADRANT – Linksuntenquadrant	+ QUADRANT – Rechtsuntenquadrant

SYMBOLIK DER TIEFE

Kollektives Unbewußtes
Wendung zur Tiefe des
kollektiven Unbewußten mit
seinen archetypischen Symbolen
(zum Beispiel Wasser, Meer)
Topos (Ort) der Regression,
des Todes beziehungsweise der
Wiedergeburt
Zeigt Offenheit oder Verschlossenheit der Zugänge
zum Unbewußten an: das Verhältnis zum Unbewußten

Bewußtseinsnähere, persönlichere
Seite des Unbewußten mit seinen
archetypischen Symbolen (zum Beispiel Erde, Materie, Natur, Körper)
Topos (Ort) des Verhältnisses
zum »Mütterlichen«, zur Geborgenheit, zum »Urvertrauen«,
gelegentlich Fixierung in Symbiose
und Mutterbindung

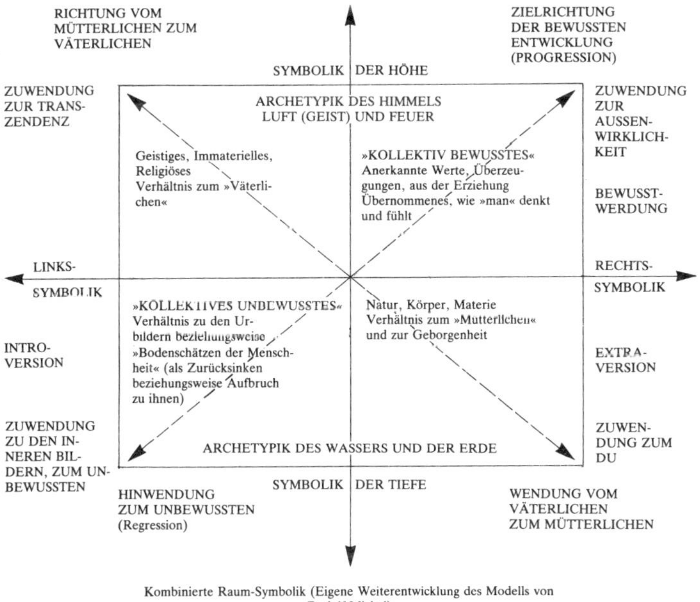

Kombinierte Raum-Symbolik (Eigene Weiterentwicklung des Modells von Rudolf Michel)

Der Linksuntenquadrant (Minusminusquadrant) wird hier dem kollektiven Unbewußten – oder überhaupt dem Unbewußten – zugeordnet, so daß die hierher tendierende Richtung des Dargestellten nicht einfach in den Untergang, sondern vor allem in die Tiefe des kollektiven Unbewußten mit seinen archetypischen Symbolen führt. Insofern bedeutet sie immer auch Innenwendung, Introspektion und damit verbunden auch Regression, die aber gerade im Dienste des Ich stehen kann.

Entsprechend der progressiven und finalen Einstellung der komplexen Psychologie Jungs haben die aus dem kollektiven Unbewußten auftauchenden Bilder und Symbole immer zugleich einen prospektiven Aspekt, weisen in die Zukunft, indem sie das seelische Potential – und sei es das eines gefühlsgeladenen Komplexes –, das bisher dem Bewußtsein nicht zugänglich war, zutage fördern. So kann dieser Quadrant des kollektiven Unbewußten als Raum der Tiefe, als Problem- oder Konfliktfeld (Arthus) zugleich auch die Kammer des schöpferischen Potentials, das in die Zukunft weist, darstellen. Das Element Wasser, das Grünwald ihr zuordnet, stimmt sehr gut zur Symbolik des kollektiven Unbewußten.

Sein Nachbarort, der Rechtsuntenquadrant (Plusminusquadrant), stellt gleichsam die bewußtseinsnähere Seite des unteren Bereichs, den Erdarchetyp dar. Daß sich Materie, Konkretes, Leibliches und sinngemäß auch die Symbolik des Mütterlichen mit ihm verbinden lassen, liegt nahe. Eine verhängnisvolle Einseitigkeit bedeutete es dagegen, wenn man ihm schlicht »das Weibliche« oder »die Anima« zuordnen wollte. Als Quadrant, in dem sich Erde, Materie, Leiblichkeit und Körpergefühl zu spiegeln pflegen, ist er vor allem der Ort, in dem sich Geborgenheit, Urvertrauen oder auch eine Problematik in bezug auf diese darstellt, und damit auch der Ort, in dem sich die »Bedürfnisse« (Arthus) besonders ausdrücken können. Die obere Bildhälfte mit den beiden oberen Quadranten ist symbolisch dem Himmel, dem Geistigen näher. Der Rechtsobenquadrant (Plusplusquadrant) gilt nach Rudolf Michel als der Quadrant des kollektiven Bewußtseins, der verbindlichen Überzeugungen, die aber auch im Sinne des »Man denkt so« vom einzelnen durch Erziehung introjiziert und übernommen worden sein können. Häufig steht hier die Sonne als Symbol des kollektiven Bewußtseins und sendet ihre Strahlen in die übrigen Bildräume aus. Von hier kann aber auch ein Wasserfall oder ein Fluß seinen Ausgang nehmen, der sich nach unten ergießt, eine Innenwendung der seelischen Energie anzeigend, die den betreffenden Maler zu neuen Erfahrungen im Quadranten der Materie, des Körperlichen, aber auch des kollektiven Unbewußten hinführt.

Als Zielpunkt solcher Entwicklungen und Bewegungsrichtungen im Bild, die im unteren linken Quadranten ihren Ausgang genommen haben, zeigt der Rechtsobenquadrant jedoch die Befreiungs- und Bewußtwerdungstendenz dieser Entwicklungen an, bis hin zu ihrer Verwirklichung in der Realität. Er ist, wie wir seit Grünwald und dem Dorf-Test nach Arthus wissen, der Ort des Entwicklungszieles, des eroberten Gipfels. Insofern ist er von Grünwald mit Recht dem Feuer zugeordnet. Der obere linke Nachbar des Bewußtseinsquadranten ist der Linksobenquadrant, der Minusplusquadrant, den Grünwald der Luft zuweist. Als Linksseitiger hat er teil an der Symbolik des Linken, also am Unbewußten, und ist so mehr der überpersönlichen oder kollektiven Seite des Himmelsarchetyps zugeordnet als der rechte: also dem Ewigen, dem Geistigen, zu dem in unserer patriarchalen Kultur auch das Gottesbild, also Gottvater gehört. Ob an dieser Stelle auch Bilder der Himmelskönigin, der Maria oder auch der Weisheit, der Sophia, erscheinen können, bleibt einem Wandel des kollektiven Gottesbildes und des entsprechenden Bewußtseins vorbehalten. »Die weise Alte«, eine wichtige archetypische Figur des Märchens »Die Nixe im Teich«, nahm auf dem Bild, das eine 50jährige Frau kürzlich zu dem Märchen malte, eben diesen Quadranten des Himmelsarchetyps ein.

In unserer patriarchalen Kultur sind hier überwiegend Bilder des Väterlichen, auch die vom persönlichen Vater mitgeprägte Vaterimago, zu finden. Falls das Geistig-Spirituelle in einer individuellen Lebensgeschichte eher von der Mutter verkörpert wird, finden sich in den Bildern des/der Betreffenden hier Symbole, die für sie stehen, ebenso wie im Untenrechtsquadranten der Materie (mißverständlicherweise oft »die Mutterecke« genannt) sich Symbole des Väterlichen spiegeln können, falls der persönliche Vater mehr der Vermittler zur Materie, zum Körpergefühl, zur Geborgenheit war.

Als mehr überpersönlicher Ort des Oberen wird der Linksobenquadrant auch als »Raum des Ewigen« bezeichnet, in den die Sehnsucht ausgreift (Grünwald) beziehungsweise das Heimweh zurückkehrt (Arthus). Je nach dem Bildzusammenhang und -inhalt, vor allem in Darstellungen, die eine Entwicklungslinie, einen Weg enthalten, läßt sich dieser Quadrant auch als Ort des Abseits, des Beiseitestehens, der Abgehobenheit (Grünwald) verstehen. So werden Entwicklungen, die, aus einem gewissen Abseits kommend, wieder ins Konkrete führen, oft in einem Weg oder Richtungsverlauf dargestellt, der von links oben nach rechts unten in den Raum der Materie, des Konkreten, der Inkarnation weist. Oft ist diese Richtung in spontanen Malereien diejenige, die eine Abwendung von den strengen Maßstäben und Leistungsansprüchen des Vaters zu den mehr lebens- und gefühlsverbundenen Einstellungen der Mutter anzeigt.

In den mittelalterlichen Bildern, die die Verkündigung an Maria darstellen, erfolgt die Botschaft an Maria, die der Inkarnation Christi den Weg weist, fast immer von links oben nach rechts unten.

In einer frühmittelalterlichen Buchmalerei kommt Jesus von der linken oberen Ecke des Bildes über eine steile Wegdiagonale herab in die rechte untere, um hier dem *Aussätzigen* zu begegnen, ihn zu berühren und zu heilen. Es ist, als ob er aus der Abgehobenheit des »Beim-Vater-Seins« heruntersteige, sich inkarniere im Bereich von Mutter Erde, der Materie, wo er den Menschen in all seinen leiblichen Gebrechen findet. Alles, was im patriarchalen Weltbild sowie in dualistisch-gnostischen Anschauungen verleugnet, verdrängt und verteufelt wird – die Leib- und Erdverbundenheit des Menschen –, wird hier wieder aufgefunden und durch die Berührung mit Göttlichem in eine neue theologisch-symbolische Bedeutsamkeit gehoben. Diese Darstellung erweckt den Eindruck, als folgten die Füße des Christus einer Strömung, die aus der Zone des Unbewußten herrührt.

In der Buchmalerei aus der Wiener Genesis, *»Die Verheißung an Abraham«* (S. 29), steht Abraham links unten im Quadranten des kollektiven Unbewußten, des Ursprungs, der Herkunft und Kindheit, sein Haupt ragt allerdings auf bis in die Höhenzone des überpersönlichen Bewußtseins, der »Ewig-

Heilung der Aussätzigen, Evangeliar aus Echternach, um 1040

keitszone«, in der auch Jahwe, Gottvater, symbolisiert ist durch seine weisende Hand. Folgten wir der Linie der Hand, die in die rechte Bildhälfte und in den Plusplusquadranten des kollektiven Bewußtseins, der Selbstverwirklichung führt, so träfe sie erst weit außerhalb der rechten Bildhälfte auf die Bodenlinie, in einer Erweiterung des Quadranten der Erde. Umgekehrt zu dem, was wir weiter vorn zu der Lebenslinie sagten, die in einer Art Leistungskurve der Selbstverwirklichung im Verlauf der irdischen Zeit anstieg, haben wir hier gleichsam eine »von oben her« aus der Ewigkeit entspringende »Verheißungszeit«, deren Verlaufs-Skala auf der Abszisse nach rechts am oberen Bildrand vorzustellen ist, während die Ordinate den Verlauf der Realisation, der Inkarnation dieser Verheißung auf der Ebene der Realität anzeigt. Die Resultante aus realisierter Wegstrecke und Verheißungszeit entspricht einer diagonal von links oben nach rechts unten voranweisenden Lebenslinie, sub specie aeternitatis gesehen, wie sie Abrahams im Alten Testament geschilderter Lebenslinie entspricht.

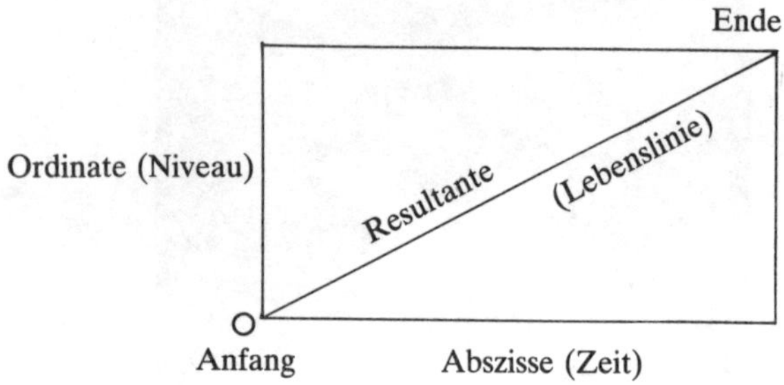

In Albrecht Dürers bekanntem Kupferstich *»Ritter, Tod und Teufel«* folgt die Richtung, in der der Ritter reitet, der Linie nach links ins kollektive Unbewußte hinein, in die Introversion, in die Initiation und in den Tod: Erst von hier aus führt sie hinauf in die Ewigkeitszone, wo die himmlische Burg, der Montserrat als Ziel des ritterlichen Lebens erscheint oder aber das himmlische Jerusalem als Ziel des christlichen Glaubens ruft. Es wäre zu überlegen, ob auch die Entstehungszeit dieses Holzschnittes sich bereits mit der Zeit von Dürers tödlicher Erkrankung trifft, in der sich seine Lebenslinie bereits dem Ende zuwendet.

Die vorgestellten Modelle einer möglichen Raumsymbolik sind, wie wir sahen, bei aller Unterschiedenheit an den entscheidenden Stellen doch miteinander vergleichbar. Karl Koch stellt im Zusammenhang mit der Entwicklung seines Baum-Tests die Frage, »ob die Raumsymbolik des Vierecks, die auf dem Kreuz- und dem Diagonalkreuz beruht, archetypische Grundlagen habe, wobei Archetypen als anordnende Kräfte unserer Vorstellungen zu verstehen sind«[13]. Die von Jung untersuchten Strukturen des Mandala, die er diesen alten Strukturbildern des Kosmos und des Selbst ablauscht, gleichen in vielem jenen symbolischen Raummodellen, die wir vorgestellt haben: Sie alle suchen vielfältige und widerstreitende Kräfte, letztlich das Ganze einer seelischen Situation oder Struktur in einem zusammenfassenden Symbol darzustellen.

Albrecht Dürer, Ritter, Tod und Teufel, 1513

Im Unterschied zu den im Rechteck erscheinenden Kompositionen ist das Mandala per definitonem auf ein Zentrum hin angelegt, die Peripherie hingegen enthält, was auch noch zum Selbst gehört, die Gegensatzpaare, die miteinander erst die Gesamtheit der Persönlichkeit bilden. Das Mandala stellt als Ganzes eine Projektion des Selbst dar.

So weist vieles darauf hin, daß unsere raumsymbolischen Vorstellungen ihre Wurzeln im kollektiven Unbewußten haben. Die vorgestellten Raummodelle sind jedoch ihrerseits Symbole, Bilder, die nicht gegen die Erscheinungswelt stehen, nicht ohne sie, sondern in struktureller Übereinstimmung mit ihr sind. Die Raumvorstellung, die wir auf die Bildfläche projizieren, ist in jedem Fall zugleich unserem Körper und seiner Erfahrung und Orientierung im Raum eingestiftet. Unsere Körpererfahrung mit Höhe und Tiefe, mit Kopf und Füßen, mit rechts und links, dem geschickten und dem ungeschickten Arm übertragen wir auf die Bildfläche, auf ihr Oben und Unten, ihr Rechts und Links und ihre Bewegungsrichtungen.

Sobald unser Bild Wegrichtungen auch im Raum enthält, setzt unser Orientierungsgefühl ein, das wir auch sonst in der freien Landschaft haben und das sich auf der Landkarte niederschlägt: unsere Orientierungsmöglichkeiten nach Sonnenaufgang (Ost) und Sonnenuntergang (West), nach dem Mittagsstand der Sonne (Süd) und nach der sonnenlosen Richtung (Nord), in die bei Nacht der Polarstern weist. Hinzu kommen noch die spezielleren Richtungen der Winde und der Windrose, wie Nordwest und Südost, Südwest und Nordost sowie deren noch feinere Differenzierungen.

Für Susan Bach ist, wie wir sahen, der Sonnenaufgang, der Osten, mit rechts verbunden; der Sonnenuntergang, der Westen, dagegen mit links, so wie sich die Richtungen auch auf all unseren Landkarten darstellen. Mit dem Sonnenaufgang wiederum symbolisiert sich für sie wie überall in der menschlichen Kultur neuer Anfang, Leben, so wie sich mit dem Sonnenuntergang das Ende und der Tod verbinden.

Das symbolische Raummodell, wie es sich auf der Bildfläche projiziert, erweist sich also letztlich als so etwas wie eine Landkarte, eine Topographie der Psyche und ihrer Befindlichkeiten im Leben.

Der Umgang mit diesen Orientierungsweisen im Raum läßt sich abschließend noch einmal an dem Bild einer etwa 55jährigen Frau – in ihrem Beruf ist sie Modestilistin – ablesen. Sie nennt es *»Kassandra«*. Es ist eine originelle Komposition, in der die Malerin ihren persönlichen Prozeß und ihre Farben, auf die sie immer wieder zurückkommt – Silber, Gold, Ziegelrot und Schwarz –, mit einem Symbol des heutigen kollektiven Bewußtseins, Kassandra, in Beziehung setzt. Kassandra, eine prophetische Gestalt in der griechischen Geschichte und Mythologie, der Christa Wolf ihr gleichnamiges Buch widmet, ist Ausdruck und Symbol einer heute kollektiven Bewußtseinsproblematik: der zwischen weiblicher Weisheit und männlicher Herrschaft, wobei die weibliche Weisheit innerlich die überlegene, äußerlich die unterlegene ist, aber zugleich alles trägt. Auch hier im Bild ruht alles auf der silbernen Mondschale, mit der die Malerin zugleich ihre Beckenschale darstellt. Dieses vergleichsweise zarte, silberne Gebilde trägt das ganze Gewicht, das ganze Gerüst des Körpers: Hier wird die Wirbelsäule aus den Buchstaben des Wortes »Kassandra« gebildet; sie ist das Rückgrat, die Ordinate unseres Koordinatensystems, der nach oben der goldene Sonnenkopf, nach rechts und links die beiden mächtigen Flügel zugeordnet sind. Der gewaltige linke Flügel, der von schwerem Schwarz und ausla-

Kassandra

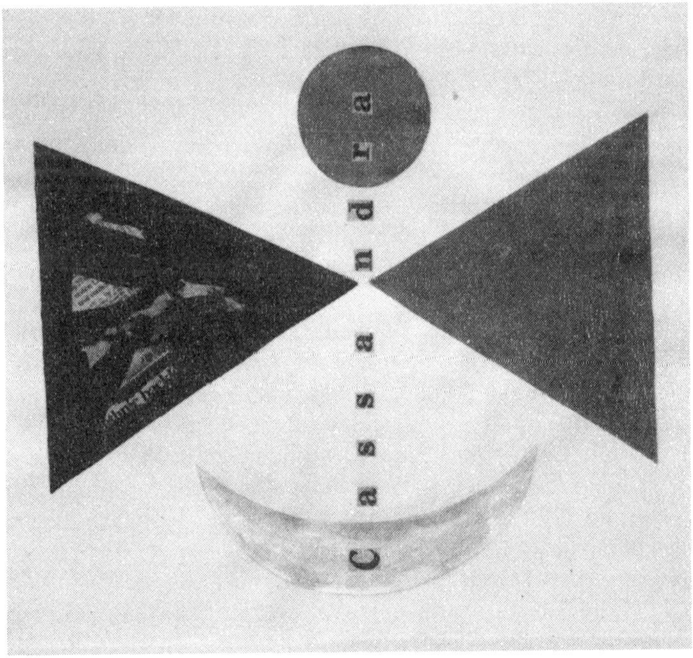

dender ist als der rechte in seinem gedämpften Ziegelrot, enthält dafür aber undichte Stellen, als löse und helle er sich auf. Nur dadurch kann er von dem farblich gedämpfteren und leichteren, dafür aber vom Farbauftrag her dichteren rechten Flügel aufgewogen und in einem labilen Gleichgewicht gehalten werden. In diesem Orientierungsmodell der Frau über ihre momentane Situation verkörpert also der unten angebrachte silberne Mond den weiblichen Bereich, der auch den Körper trägt; die goldene Kugel entspricht dem Kopf, der Bewußtseins- und Geistesseite; der schwarze Flügel ist hier die linke, unbewußte und unvertraute Seite, während rechts die vertraute, weltoffene Seite in Rot erscheint.

Dem Bildraum, der durch das Koordinatenkreuz zugleich in vier Quadranten geteilt wird, können wir – psychologischen Erfahrungswerten zufolge – nun jeweils die entsprechenden Ausdruckswerte und die ihnen adäquate Symbolik zuordnen: Die obere Bildhälfte, als die dem Himmel, der Höhe, dem Kopf, dem Bewußtsein zugeordnete, enthält in ihrer rechten Seite, im rechten oberen Quadranten, die Werte und Symbolisierungen des kollektiven Bewußtseins, des »Man«, dessen, wie »man« denkt, die Widerspiegelung der Werte und Normen, die der Erziehung durch die Eltern zugrunde lagen (und entspricht damit ungefähr dem, was Freud als Inhalt des »Über-Ich« beschreibt); in ihrer linken Seite, dem linken oberen Quadranten, enthält sie die Werte des Väterlichen, von den Symbolisierungen des persönlichen Vaters bis hin zum göttlichen Vaterbild und seinem Wirken im »Himmel« beziehungsweise in der Ewigkeit; Symbolisierungen der Sehnsucht nach Transzendenz, des Zuges zum Ewigen finden sich hier.

Die untere Bildhälfte, als die der Erde, der Tiefe, enthält die Werte des Mütterlichen, von Symbolisierungen der persönlichen Mutter bis hin zum göttlichen Bild der Großen Mutter und ihrem Wirken in der Tiefe der Erde, des Körperlichen. Es geht dabei nicht um eine Zuordnung zum Menschen des jeweiligen Geschlechts: Wenn für einen Menschen mehr der Vater das Mütterliche verkörpert, finden wir Visualisierungen des persönlichen Vaters und der Werte, die er verkörperte, in diesem Quadranten. Entsprechendes gilt, wenn die Mutter die väterliche Erfahrung in der »Vaterecke«, im linken oberen Quadranten symbolisiert.

In ihrer linken Seite, im linken unteren Quadrat, enthält die Bildfläche die Werte und Symbolisierungen des kollektiven Unbewußten, der Werte, die vom herrschenden Bewußtsein noch ausgeschlossen sind. Es erweist sich dadurch oft als Problemecke, aus der Unvermutetes in Erscheinung tritt: Oft enthält es jedoch bei näherem Zusehen gar nichts Negatives, sondern vielmehr ausgesprochen Bereicherndes und erweist sich als eine verborgene Schatzkammer.

Das geteilte Gesicht

Zur Veranschaulichung der eben beschriebenen Symbolik der vier Bildquadranten möchte ich zuletzt noch das Bild einer 29jährigen Studentin vorstellen (*»Das geteilte Gesicht«*), die sich zu der Zeit in einer suizidalen Krise befand: In der Mitte des Bildes als sein Zentrum erscheint wie in Großaufnahme ihr Gesicht. Mitten durch dieses Gesicht läuft die scharfe Trennung des Bildes in eine rechte und linke Hälfte, zudem in eine helle und eine dunkle. Dunkel und mit schmerzhaft negativer Erfahrung und deren Symbolbildungen besetzt ist die rechte Hälfte, also die bewußte Hälfte, die des Weltbezugs. Mit ganzheitlich-heilender Symbolik ist die linke Hälfte, die relativ unbewußte, die innere, die Herzseite gestaltet.

Die linke Gesichtshälfte hat helle, heile Haut, während die der rechten wie abgezogen wirkt, das Aderwerk tritt darunter nackt hervor. Die linke Gesichtshälfte hat braunes Haar, die rechte schwarzviolettes.

Der rechte obere Quadrant, in dem sich erfahrungsgemäß das kollektive Bewußtsein spiegelt, enthält ein brutal gegen den Kopf vorstoßendes, klobiges Kreuz: Ausdruck des schweren, schmerzhaften Druckes, den das pietistische Christentum auf das junge Mädchen ausgeübt hatte. Der rechte untere Quadrant enthält einen kahlen schwarzen Baum, an dem eine Mistgabel lehnt, der Stamm hat eine Öffnung, die einer Scheide gleicht. Hier, wo sich der Bereich des Mütterlichen symbolisiert, Urvertrauen, Geborgenheit, findet sich an dieser Stelle nichts als die schmerzhafte Erinnerung an ein nach dem frühen Tod der Mutter finster und feindlich gewordenes Zuhause: Die Mistgabel charakterisiert das ländliche Zuhause mit der übergroßen Arbeitslast, die nach dem Verlust der Mutter auf das Mädchen fiel. Die Scheide deutet Probleme mit der Weiblichkeit an, die sich durch das Miterleben der schweren Krankheit der Mutter ergaben. Alle Symbolisierungen der rechten Seite also zeigen tiefe Probleme an, die der Malerin jedoch bewußt und aus der Außenwelt her zugestoßen sind.

Die linke Seite dagegen bildete für die Malerin zum Zeitpunkt, als das Bild entstand, eine Überraschung, da sie Symbole der Hoffnung enthielt, die in dieser Zeit in ihrem Bewußtsein keinen Raum zu haben schienen. In der linken unteren Ecke, dem Quadranten, aus dem erfahrungsgemäß die Symbolisierungen des kollektiven Unbewußten aufsteigen, wächst ein Baum, dessen Laub den Rhythmus aller vier Jahreszeiten spiegelt und simultan darstellt: die Blüte des Frühlings, die grüne Sattheit des Sommers, die Früchte des Herbstes und schließlich das Entlaubtsein des Winters.

Er steht dem kahlen, winterlichen Baum, der in der »Mutterecke« gegenüber sich zeigt, direkt gegenüber und deutet an, daß Winter, Verlassenheit, Unfruchtbarkeit nur eine Phase innerhalb des Ganzen des Lebens ist. Der Jahreszeitenbaum bindet die kalte Zeit ein in den Rhythmus des vollen Jahres und läßt damit ahnen, daß die Kargheit und Kahlheit der jetzigen Situation nicht das Ganze ist. Über diesem Jahreszeitenbaum, der die Hoffnung auf einen Wechsel der kahlen Zeit enthält, wölbt sich zudem im linken oberen Quadranten der Regenbogen: ein uraltes Versöhnungszeichen, das die Ganzheit des Farbspektrums enthält, zugleich ein Gegenzeichen gegen die Einseitigkeit des bedrückenden Kreuzes im Quadranten gegenüber. Allein schon die Bildgebärde des Überwölbenden drückt Schutz aus. In diesem Bildquadranten, der oft das Geistige und, damit verbunden, das »Väterliche«, spiegelt, taucht hier etwas Versöhnliches auf, das gegen den Untergang steht. Mit diesem Bild kündigte sich eine Wendung in dem Prozeß an, der die Malerin bis dahin zum Suizid hatte tendieren lassen: Neue Lebensimpulse, die sich im Unbewußten angekündigt hatten, zeigten sich in diesem Bild und wurden bei der Besprechung bewußt.

Es ist gewiß bemerkenswert, daß der malende Mensch dem Gleichnis seines Lebensraumes, das die Bildfläche darstellt, häufig quadratische oder rechteckige Gestalt gibt. Diese Form ergibt sich aus dem Richtungssinn des menschlichen Körpers und Bewußtseins: oben und unten, rechts und links. Die abstrahierende Chiffre für den Orientierungssinn eines Menschen, der aufrecht mit ausgebreiteten Armen im Raum steht, ist, wie schon gesagt, das Koordinatenkreuz. Es ist gewiß kein Zufall, daß der Gestaltungswille sich nicht mit einem freischwebenden Koordinatenkreuz begnügt, sondern daß er die Koordinatenachse immer wieder mit einem rechteckigen Rahmen zusammenschließt und umfaßt: Der menschliche Lebensraum, in dem gleichnishaft die Wirklichkeit gestaltet werden soll, wirkt somit selbst als ein eingerahmter, wird als umschlossener vorgestellt und dargestellt. Im Gefüge der christlichen Bildtradition und der ihr entsprechenden theologisch-symbolischen Interpretation sind diese Gegebenheiten von eminenter Relevanz: oben der Bereich Gottes und unten der Bereich des Menschen, rechts und links als Äquivalente des Guten und des Bösen sind durch den Bildraum zusammengeschlossen und umschlossen von einem »Umgreifenden« (Karl Jaspers). Dieses Umgreifende selbst, das die Koordinaten menschlichen Lebensraumes begrenzt und birgt, ist im christlichen Bildraum immer als der Raum Gottes vorgestellt und dargestellt. Das läßt sich zwingend durch die Beobachtung erweisen, daß das Handeln Gottes auf den frühesten bis späten christlichen Bildern immer von außerhalb des Bildrahmens in das Bild eindringt: ob man nun an das vielgebrauchte Handzeichen denkt, eine Darstellung, in der die Hand Gottes meistens von rechts oben aus einem abstrahierten Himmelssegment in das Bild eingreift, oder an die Erscheinung des Verkündigungsengels bei Maria in der frühmittelalterlichen Buchmalerei – etwa dem Hitda-Codex –, wo er von links durch den Bildraum hindurch eintritt.

In der Tradition psychologischer Bildinterpretation, wie sie in der Analytischen Psychologie von Jolande Jacobi und Rudolf Michel begründet wurde, verstehen wir den Bildraum – vor allem, wenn er quadratische Form aufweist – als »Realisationsebene des Selbst« (C. G. Jung). Auch hier wird der Mensch als von einer größeren Ganzheit umgriffen vorgestellt und dargestellt. Sowohl das beschriebene Kassandra-Bild wie auch das zuletzt vorgestellte der 29jährigen Studentin sind als solche Bilder der größeren Ganzheit eines Menschen zu verstehen.

Das Bildformat

Das Querformat

Die gerahmte Bildfläche bildet überwiegend ein Rechteck. Auch wo aus äußeren praktischen Gründen, etwa bei der Wandmalerei, die rechteckige Begrenzung nicht durchgehalten werden kann, wird doch auf jeden Fall die Gliederung in die vier zentralen Orientierungsrichtungen beibehalten. Eine wichtige Vorentscheidung über den Charakter dessen, was auf dem Bild zur Erscheinung kommen soll, ist mit der Wahl des Hoch- oder Querformates, des stehenden oder des liegenden Rechteckes getroffen. Das Querformat wird von der Abszisse des orientierenden Koordinatenkreuzes bestimmt: So ist eine Spannung zwischen rechts und links vorgegeben. Die untere Hälfte des Rechtecks erhält für den Betrachter starkes Gewicht durch das Bewußtsein der Erdanziehung, das er unwillkürlich auf den Boden des Bildes überträgt. Auf diesem Bilderboden, der vom tastenden Auge mit dem Erdboden identifiziert wird, spielt die Handlung in der horizontalen Spannungsebene. Das wahrnehmende, gleichsam lesende Auge des Bildbetrachters empfindet angesichts des liegenden Rechtecks primär die Spannung zwischen rechter und linker Bildhälfte: Es wird durch die Formatspannung hingespannt auf das Geschehen, das sich hier abspielt. In dem Mosaik *»Jesus vor Pilatus«* (S. 54) – Ravenna, San Apollinare Nuovo – sind die Figurengruppen im Querformat wie auf einer Bühne verteilt. Der Richterstuhl des Pilatus, umringt von seinen Untergebenen, füllt genau die rechte Hälfte des Bildes aus. Der linke Bildraum gehört dem angeklagten Jesus samt seinen Anhängern. Ein schmaler leerer Raum zwischen den Figurengruppen leistet die Trennung und zugleich die dramatische Verbindung der geschiedenen Handlungsgruppen. In diesem leeren Raum herrscht bildnerische Hochspannung: Das Schweigen nach dem Urteil dessen, der seine Hände in Unschuld wäscht, wird hier nachvollziehbar. Zugleich bewirkt der ausgesparte Raum die hochaktive Asymmetrie zwischen den beiden Bildhälften. Die Hälfte mit dem angeklagten Christus ist nicht ganz ausgefüllt. Das Gesetz des Sehens verlangt aber das Gleichgewicht des Bildgefüges, Ordnung im Bildraum, im übertragenen Sinn:

Jesus vor Pilatus, Basilika San Apollinare Nuovo, Ravenna, 6. Jh.

Gerechtigkeit. Das Auge wird also durch diese Darstellung aktiviert und versucht, die Christusgestalt noch weiter in die Mitte des Bildes zu ziehen. Darin wird es unterstützt von der keilförmig von hinten nach vorne drängend ansteigenden Staffelung der Ankläger, die ihrerseits Christus nach vorn zu schieben scheinen. Durch die leichte Zurückstellung des Pilatusstuhls ist zugleich ein Vordergrund im Bild gegeben. Das Bildgefüge ist so geordnet, daß das zwischen dem Spannungsfeld aktiv gewordene Auge Christus in die Mitte und den Vordergrund des Bildes zu ziehen trachtet. So verwirklicht sich die Intention des Bildes: Die Komposition zwingt das Auge, Gerechtigkeit für Christus zu fordern. Der Betrachter wird zum Mitspieler in dem Drama der Passion Christi.

Die Querformatspannung hat sogar die Möglichkeit, die totenerweckende Kraft Christi zur optischen Anschauung zu bringen. Betrachten wir in diesem Zusammenhang das Mosaik aus Ravenna *»Auferweckung des Lazarus«*, das sich ebenfalls in San Apollinare Nuovo befindet: Das liegende, durch die Anordnung vorgegebene Rechteck des Bildes ist

Auferweckung des Lazarus, Basilika San Apollinare Nuovo, Ravenna, 6. Jh.

nicht symmetrisch halbiert, sondern asymmetrisch, es bestehen zwei ungleiche Abschnitte. Hier kann der Kompositeur mit den unanfechtbaren Gesetzmäßigkeiten des Sehens rechnen: Das Auge registriert die Asymmetrie stärker als jede Symmetrie des Bildaufbaus, es spürt die Bedrohung des Gleichgewichts in der Komposition und wird dadurch zur mitgestaltenden Aktivität gezwungen. Es versucht den kleineren Teil des Rechtecks an den größeren heranzuziehen und damit das Gleichgewicht wiederherzustellen. Diese bildnerische Spannung ist für die Aussage eingesetzt, die Bedrohung des Gleichgewichts durch das Faktum des Todes zum Bewußtsein zu bringen und das Auge zu der Erkenntnis der totenerweckenden Kraft Christi zu aktivieren. Genau an der eigentlichen Mittellinie des Bildes, die geradezu »elektrisch geladen« scheint vor Spannung, erscheint die Hand Christi. Das lesende Auge des Betrachters vollzieht die souveräne Geste mit, mit der Lazarus aus dem Tode gerissen wird, das heißt, es zieht, indem es das Bildgleichgewicht wiederherzustellen sucht, die Bildhälfte des Lazarus an die Bildhälfte Christi heran. So entsteht der optische Mitvollzug des Glaubens, daß Lazarus durch Christus aus seinem Grabe erweckt wird. Der Sehvorgang wird zum geistigen Erkenntnisvorgang: Real wird die Bedrohung des Gleichgewichts durch den Tod wahrgenommen. Real wird die Überwindung des Todes durch die Geste eines Bevollmächtigten vom Auge mitvollzogen und bejaht: »Die Gewalt der Geste, welche die Bedeutung der Szene zusammenfaßt und deren Einheit durchführt, beruht ungemein auf dieser bildnerisch bevorrechtigten Stätte.«[14]

Nicht weniger gut kommt die Spannung zwischen rechts und links, die jedes Querformat charakterisiert, sowie das Bildgleichgewicht bei einem Bild einer 55jährigen Frau zum Ausdruck: *Der Magier und die weiße Frau* (S. 68) werden in diesem Bild in einer spannungsreichen Begegnung dargestellt. Die rechte Bildhälfte ist ungleich viel größer als die linke, zudem besteht sie aus kompaktem Schwarz: Wie ein Negativ ausgespart ist darin eine stehende weibliche Gestalt, die beide Arme wie zum Hilferuf erhebt. Nur ihre Umrisse sind vorhanden, ihr Gesicht, ihr Leib, ihre Hände, ihre Füße sind ungestaltet, weiß belassen.

In dieser Ungegliedertheit ist das größere, wuchtigere Feld doch zugleich schwächer und für das wägende Auge von geringerem Gewicht als das kleinere, hellere Feld, das in lockeren Strichen in einem Gelbton ausgefüllt ist, in dem nun der Magier – er ist im Profil, die Frau frontal dargestellt – heranschreitet, um die Frau aus ihrer undifferenzierten Negativgestalt herauszuholen, sie gleichsam zu »realisieren«. Dieser Magier, eine innere Figur der Malerin selbst, der von links, also aus dem Unbewußten, aus ihrem inneren Raum heraus, herzutritt, ist differenziert gestaltet, mit weißem Haar, schwarzem langem Mantel, der symbolisch mit Augen-Flammen und Schalenmotiven gezeichnet ist. Die untere Borte in Violett enthält eine rote Zick-Zack-Linie. Mit gebieterischer Hand greift er – mit seinem weißen Haar zweifellos auch eine symbolische Gestaltung des »Alten Weisen« – in das Dunkel ein, das die Frau umhüllt. Von seiner Hand ausgehend, entsteht ein keilförmiger, breiter Einschnitt in dieses Dunkel, dessen Spitze die Frau an der Brust berührt.

Helles, gelbes Licht bricht ein. Mit ihren erhobenen Armen wirkt sie wie eine unerlöste Gestalt, zugleich steht sie in einer

Gebärde da, in der sich ausdrückt, daß sie bereit ist, sich ihrem Gegenüber zu ergeben.

Die Querformatspannung und auch das Bildgleichgewicht sind hier so gestaltet, daß sie die Erlösbarkeit des noch im Unbewußten eingeschlossenen weiblichen Seelenanteils evident machen. Das Auge zieht aufgrund der Wirkungsweise der bildnerischen Mittel die weiße Frau immer stärker an den Magier heran. Bei der Mischung des Deck-Weiß, mit dem die ausgesparte Frau schließlich doch unterstreichend ausgemalt ist, hat sich fast unwillkürlich ein rosa Ton eingeschlichen. In einem zarten, zärtlichen Hoffnungston also wird die Erlösung der Frau aus ihrem Schattendasein von der Malerin erwartet.

Zur Thematik der Rechts-links-Spannung bietet ein weiteres Bild derselben Frau eine gute Veranschaulichung. Ich möchte es *»Schwarze und weiße Frau«* (S. 68) nennen. Rechts unten im Bild – im Quadranten des Mütterlichen, des Urvertrauens – kniet eine schmal und weiß gemalte junge Frau in einem roten Reifen, der sie wie schützend umschließt. Links oben, ihr gegenüber, hockt in offenem Rahmen eines quadratischen Fensters – die Beine baumeln ins Zimmer – eine schwarzblau gemalte Gestalt, die ebenfalls weiblich anmutet, eigentlich hat sie weiblichere Formen als die weiße Frau. Sie kommt aus dem tiefblau gemalten Bereich, aus dem Freien, herein in die gelbfarbene Stube, in der die weiße Frau hockt. Dieser Gelbraum im Rücken der Frau ist wie eine Bucht aus dem tiefen Schwarz herausgeschnitten. Im Rücken der Frau herrscht ebenfalls Dunkel. Unbewußtes, Unbekanntes steht ihr noch im Rücken, größeres Dunkel als hinter dem Fenster, aus dem die schwarze Frau eingestiegen ist.

Beide Frauengestalten stellen jeweils eine Seite der Malerin dar: Die bewußtseinsnähere der beiden Seiten ist die weiße, sie ist schützend, liebevoll mit dem Kreis umschlossen. Die bisher fernere, zugleich kräftigere, aus dem tiefen Blauraum einsteigende ist die bisher unbekannte, unbewußte, die die Malerin in diesem Bild entdeckt und die für sie wichtig werden wird. Zugleich ist in dem Feld, in dem die weiße Frau in dem Reifen sitzt, die Verbindung eines runden und eines quadratischen Raumes gelungen. Ziehen wir nämlich die Linie, die die rechte Wand der Mauer bildet, aus der die Frau einsteigt, nach unten durch, so können wir wahrnehmen, daß sich hier der quadratische Raum und der runde überschneiden: Es geht hier also auch um eine Vereinigung von Kreis und Quadrat.

Das Querformat, das von der Horizontalen getragen wird, ist darüber hinaus auch geeignetes Mittel, um die Situation des Ruhens oder des Lastens wiederzugeben. *»Der tote Hiob«* aus der Reihe der Weißschnitte Kurt Passons liegt zwischen Blumen und Gras auf der Erde. Sein Körper füllt den ganzen Bildraum in der Horizontalen aus. Das Gewicht des menschlichen Körpers wird durch die sparsame Linienführung für die Augen des Betrachters spürbar: Sie gibt uns den Umriß einer schwarz belassenen, breit gelagerten Fläche. Der Himmelsraum bietet in seiner Leichtigkeit – nur wenige mit einfachsten Mitteln angedeutete Sterne vermitteln die Raumerfahrung – den Kontrast zu dem aufruhenden Körper Hiobs.

Ganz anders ist der Eindruck des Lastens auf einem Bild der gleichen Reihe von Weißschnitten empfunden: Dieses Bild nennt sich *»Die Trauer der Freunde«*. Auch hier liegt Hiob quer über dem Bildraum, kaum aufgerichtet, das Gesicht von den Freunden abgewandt. Die Freunde, die hinter ihm

Kurt Passon, Der tote Hiob

sitzen, wirken auf den Liegenden wie Gewichte. Durch die zweidimensionale Behandlung der Fläche scheinen sie über ihm, fast auf ihm zu sitzen. Die Figurengruppe ist in der horizontalen Ebene eingeschlossen, nach oben hin wirkt der Bildraum wie abgesperrt. Die Spannung zwischen den Dargestellten wird durch das Querformat des Bildes als schweres Lasten spürbar.

Ein Bild der gewonnenen Ruhe, das ganz auf der Kraft der Horizontalen aufgebaut ist, ist jenes der 29jährigen Studentin, die auch das Bild mit dem geteilten Gesicht gestaltet hat. In diesem Bild beschreibt sie das Hochgefühl von majestätischer Ruhe, das sie auf dem *»Kilimandscharo«* (S. 69) erlebte: Auf der Höhe, auf der sie sich befindet, herrscht die Klarheit der Sonne, die ihre Strahlen diagonal aussendet. Nur im rechten oberen Bildquadranten, in dem Raum der allgemeinen Meinungen und der herrschenden Bewußtseinslage, ist hier der Himmel wie durch ein Gewölk abgeblendet. Zwei Drittel des Bildraumes unterhalb des Lichtbereiches werden von dem brauenden Nebel noch eingenommen, aus dem sich jedoch wie beim Schöpfungsmorgen schon Formen, vor allem pflanzlicher Natur, zu bilden scheinen.

Kurt Passon, Die Trauer der Freunde

Das Hochformat

Während dem Querformat die Horizontale zugrunde liegt, wird das Hochformat von der Vertikalen getragen. Sie entspricht der Ordinate des orientierenden Koordinatenkreuzes und betont die Spannung zwischen oben und unten. Das Auge wird durch das Hochformat auf ein Ereignis zwischen oben und unten gespannt, zum Beispiel in der Bildsprache der christlichen Tradition auf ein Ereignis zwischen dem Raum Gottes und dem Raum des Menschen. In der Sprache der psychologischen Bildinterpretation hieße das, das Auge wird durch das Hochformat vorbereitet, ein Ereignis zwischen dem Bereich des Geistigen, des Sinnbezugs, des »Kopfbereiches« und dem Bereich des Leiblichen, des Instinktes, des »Bauchbereichs« wahrzunehmen. Die Vertikale meint also einen ganz anderen Geschehensmodus als die Horizontale, die wir als Ebene des Dialogs, der Geschehensfolge im zeitlichen Nacheinander bezeichnet haben. Das Hochformat wird häufig dann gewählt, wenn ein Einbruch von oben in die Welt des puren Nacheinander, in die Welt der horizontalen Spannungen, sichtbar gemacht werden soll. Die Bewegungsrichtung der Vertikalen kann also von oben nach unten, aber auch umgekehrt von unten nach oben vollzogen werden. Paul Klee meint allerdings: »Bei oben – unten herrscht die Richtung nach unten vor, der Drang nach oben vollzieht sich nur auf der Basis des Zwanges nach unten (Erdanziehung). Als sachlicher Zwang: Der Drang nach Höhe ist nicht primär.«[15]

Diese Aussage läßt ahnen, mit welchen gestalterischen Schwierigkeiten beispielsweise die für die christliche Tradition so wesentliche Darstellung der Auferstehung Christi oder auch der Himmelfahrt belastet ist, wenn sie bildnerisch glaubhaft dargeboten werden soll.

In der *»Verklärung Christi«* des Evangeliars Ottos III. bricht die Wirklichkeit Gottes von oben ein. Der Bildraum wird gleichsam von oben her aufgerissen und gewinnt eine neue Dimension. Jesus steht in der Bildmitte, erhoben auf einem Hügel zwischen Mose und Elia. Vor ihm, genauer: unter ihm, sehen wir drei seiner Jünger, die der von oben einbrechenden Wirklichkeit durch scheue Ehrfurchtsgebärden antworten. Die Hand Gottes bricht hier die Welt von oben her auf. Das

Verklärung Christi, Evangeliar Ottos III., Ende 10. Jh.

Geschehen verläuft nicht mehr in der Ebene eines horizontalen, immanenten Dialogs, sondern über die Vertikale eröffnet »Gott« den Dialog mit den Menschen.

Das Hochformat als das Format des aufrechtstehenden, des aufgerichteten Menschen zeigt sich in einem weiteren Bild von Frau J., der 55jährigen Malerin, die auch einige der zum Querformat beschriebenen Bilder gestaltet hat, indem sie einen *inneren Begleiter* (S. 69) (in Schwarz) auf einem Halbbogen leicht erhöht stehen läßt. Die Gestalt umschließt mit den Händen einen roten Ring oder eine Schale, ein rundes Ganzes als etwas Kostbares und Umfassendes. Wie Flügel gehen von ihren Schultern zwei gelbe Rechtecke aus, die die Gestalt kräftig von dem violett getönten Grau des Hintergrundes abheben. Es ist eine Gestalt wie zwischen Himmel und Erde – der braune Bogen ruht auf dem Grün des Bodens auf, die gelben

Flügel weisen auf die geistige Flugkraft hin und beziehen die Gestalt auf den Himmel. Als eine Gestalt, die Beziehung zum Himmel und zur Erde hat – eine innere Sehnsuchtsgestalt der Malerin –, umfaßt sie mit den Händen das runde Ganze, die Ganzheit in Rot, also in der Farbe der Vitalität und der Liebe. Hier dient das Hochformat dazu, die Ausspannung der menschlichen Gestalt zwischen Himmel und Erde zu veranschaulichen.

Eine weitere Möglichkeit, die von oben aufgerissene Welt darzustellen, läßt sich in den *»Hiobsbotschaften«* aus Kurt Passons Weißschnitten vergegenwärtigen. Hiob duckt sich auf die Erde, denn über ihm bricht vom Himmel her das Unwetter herein, alles zerstörend, was in Hiobs Welt gehört: das Haus, die Menschen und die Tiere. Wie die Macht eines Gewitters stürzt in wirbelnden Bewegungen die andere Wirklichkeit von

Kurt Passon, Hiobsbotschaften

oben über Hiob herein. Der Geschehensablauf in der Vertikalen zeigt, wie die zuerst betrachtete *»Verklärung Christi«* (S. 61) ebenfalls erwies, daß die Handlungsebene der Vertikalen den Einbruch einer jenseitigen Macht wiedergibt, die das Nebeneinander des Querformates durchkreuzt.

Einen ähnlichen Einbruch von oben her in die bisherige Welt zeigt – wenn auch auf der anderen Ebene des psychischen Geschehens – das Initialbild einer 29jährigen Studentin. Wie aus »heiterem Himmel« – der übrige Bildraum weist helle Gelb- und Blautöne auf – bricht vom oberen Bildhorizont her, also aus dem Geistigen und Sinnbereich, ein *schwarzes Dreieck* (S. 70) ein, das als Form und auch mit seiner dicht und materiell gestalteten aufgetragenen Farbe gegen den locker in den weißen Hintergrund gesetzten hellen Gelb- und Blautönen des übrigen Bildraums einen ungeheuren Druck und Stoß nach unten ausübt. In Kürze wird der ganze Bildraum von Schwarz überzogen sein, so legt es sich einem beim Blick auf die angelegte Dynamik der bildnerischen Mittel nahe. Mitten in eine relativ ruhige Lebensphase hinein wurde diese Studentin, als in einem Seminar die Frage nach einem zentralen Lebensproblem gestellt wurde, von niederdrückend schweren, »schwarzen« Gedanken und Phantasien überfallen, die sich schließlich – wie schon manchmal in früheren Lebensphasen – zu Suizidphantasien verdichteten. Dieses Bild war zugleich als eine Botschaft, ein Appell an die beteiligte Maltherapeutin und die Gruppe zu verstehen, der dort auch ankam.

Ein Bild der 55jährigen Stilistin, die auch die zum Querformat betrachteten Bilder gestaltet hat, zeigt eine Hochspannung zwischen dem weiblichen und männlichen Pol in ihrem Leben beziehungsweise in ihrer Person selbst an, die ihr bei einem *Auffahrunfall* (S. 72) mit dem Wagen fast zum Verhängnis geworden wäre: Schlug sich diese Spannung doch real in einer ungeheuren Arbeitsbelastung und entsprechendem Zeitdruck nieder, die ihre weiblich-musische Natur stark unterdrückten und die sie bei einer kritischen Verkehrssituation um ihre sonst sehr gute Reaktionsfähigkeit brachten. Die genannte Spannung zwischen dem weiblichen und dem männlichen Pol ist hier durch die offene Mondsichel unten im Bild und die durch einen schweren schwarzen Rand umgebene Sonne oben im Bild charakterisiert. Dazwischen sitzt, zart gemalt und fast erdrückt von den beiden mächtigen Gegenkräften, die Malerin. Wir sehen sie vom Rücken her, das Gesicht der Windschutzscheibe mit den großen schwarzen Scheibenwischern zugewandt. Das Bemerkenswerteste und Erschütterndste auf diesem Bild ist die übermächtige schwarze Gestalt, die, aus dem Symbolbereich des Mütterlichen aufragend, mit ihrem langen schwarzen Mantel die rechte Hälfte des Mondes verdeckt. Sie überschreitet und überschattet gleichsam den Mond, die weibliche Seite der Malerin, und bedroht sie vom Rücken her. Die Malerin selber sagt über diese Gestalt, es sei der Tod. Sie kommt in Lebensgefahr, die ihr gerade aus dem zu kurz gekommenen, unter Druck gesetzten weiblich-mütterlichen Bereich erwächst, weil sie sich der fast ausschließlich männlich dominierten Lebensweise mit ihrer übergroßen Arbeitslast und dem entsprechenden Zeitdruck zu sehr ausgeliefert hatte. Die tödliche Bedrohung, die ihr aus der zu starken Trennung von weiblichem und männlichem Pol erwächst, drückt sich hier durch die im Hochformat vorgegebene Spannung zwischen oben und unten und die mächtige schwarze Gestalt aus, die ihren Schatten auf beide Pole wirft und sie von daher – im Negativen – wieder zusammenzwingt.

In der *»Apokalypse von Saint Sevér«* finden wir den kühnen Versuch, im Hochformat die dem natürlichen Erlebnismodus des Menschen widersprechende Bewegungsrichtung von unten nach oben zu verwirklichen. Die Buchmalerei will die Stelle der Apokalypse gestalten (Apokalypse 8, 12–13), in der davon die Rede ist, daß bei der *Verwandlung der alten Welt* in die neue der Himmel eingerollt werde wie eine Buchrolle. Unter Ausnutzung der Hochformatspannung ist der Bildraum gerade umgekehrt aufgeteilt, als wir es sonst gewohnt sind. Die untere Bildhälfte, auf der sich sonst die Handlung abspielt, nimmt nur ein Fünftel des gesamten Bildraumes ein. Die übrigen vier Fünftel bilden den einem Vorhang ähnlich gedachten Himmelsraum, der mit einer Horizontalen quer durch das ganze Bild gegen den unteren Raum abschließt. Auch in der farblichen Gewichtsverteilung steht das Bild gewissermaßen auf dem Kopf, indem die winzige untere Hälfte in einem hellen Gelbton gehalten ist und die überwiegende obere Hälfte in einem dunklen Indigoblau. Sonst pflegt sich ein Bild von unten nach oben farblich aufzulichten. Hier haben wir genau die umgekehrte Bewegungsrichtung, so daß sich ein Bild von oben nach unten auflichtet. Wir vollziehen nach, was diese eigenartige Komposition ausdrücken will: Hier wird zunächst die schroffe Asymmetrie der Bildverteilung wahrgenommen. Das Auge stößt sich daran, daß die helle untere Zone einen prozentual so geringen Teil des Bildes einnimmt. Das helle Gelb verlangt nach sehpsychologischen Gesetzen geradezu nach Ausdehnung. Der Sinn für Bildproportion und der Farbsinn wirken also zusammen, um den überdimensional großen und dunklen Vorhang nach oben zu schieben, damit die helle neue Welt frei werden kann.

Der Adlerschrei, Apokalypse von Saint Sevér, Mitte 11. Jh.

Eine der schwierigsten Aufgaben christlicher Kunst ist die Darstellung der *Auferstehung Christi* (S. 88). Eine einzigartige Gestalt gibt ihr Matthias Grünewald in seinem Isenheimer Altarbild. Auch er arbeitet mit der Grundspannung des Hochformats und versucht auf ihm die Bewegung von unten nach oben zwingend darzustellen. Im Spannungsfeld des Hochformats kommt der Einsatz linearer Formträger zu starker Ausdruckskraft: Im unteren Drittel des Bildes herrscht die Horizontale. Verschiedene flächige und kubische Formelemente von quadratischem Formcharakter kennzeichnen diese Ebene als eine Ebene irdischer Schwere, auf der sich die Dinge im Raum stoßen. Durch dieses Aneinanderstoßen im Raume kommt ein spannungsgeladener Kampf zwischen Horizontalen, Vertikalen und Diagonalen in Gang, der das Auge in das mittlere Drittel des Bildraums hinaufträgt. Im mittleren Drittel herrscht die emporschießende Energie der Diagonale in der Bewegung des auffliegenden Tuches, zu dem der mächtige, plastisch gezeichnete Stein im Hintergrund als Bild überwundener Schwere kontrastiert. Die Diagonalbewegung der mittleren Bildzone reißt schließlich das Auge mit sich empor in das obere Bilddrittel, in dem die geballte Energie der Mittelzone sich in einer Form- und Lichtexplosion entlädt, die sich zu einer riesigen schwebend-gelösten Kreisform entspannt, in der sich zugleich die Farbtotalität des Spektralkreises in seiner größten Leuchtkraft verströmt.

Das betrachtende Auge erlebt im Spiegel der Formen die unwiderstehliche Gewalt der Auferweckung Christi aus dem Tode mit: Das Irdisch-Quadratische wird gesprengt von der Stoßkraft der Diagonalen, die die Gestalt Christi emporträgt in die schwebende Gelöstheit des Kreises. Die Aussage beruht auf der Kontrastwirkung zwischen quadratischen, diagonalen und runden Formelementen, zwischen denen sich eine immer mehr steigernde Entspannung vollzieht. Dieser Seh-Erkenntnis-Vorgang wird simultan begleitet von der Aussage der Farbträger, die auf dem Hintergrund der Todesnacht – des Schwarz-Blau – die Bewegung vom lichtarmen Braun des Irdischen bis zum Aufleuchten des vollen Spektralkreises mitvollziehen. Die Darstellung ist getragen vom Kontrast zwischen oben und unten, der Grundspannung des Hochformates. Diese Grundspannung wird unterstützt durch die Span-

Steiler Weg

Kassandra

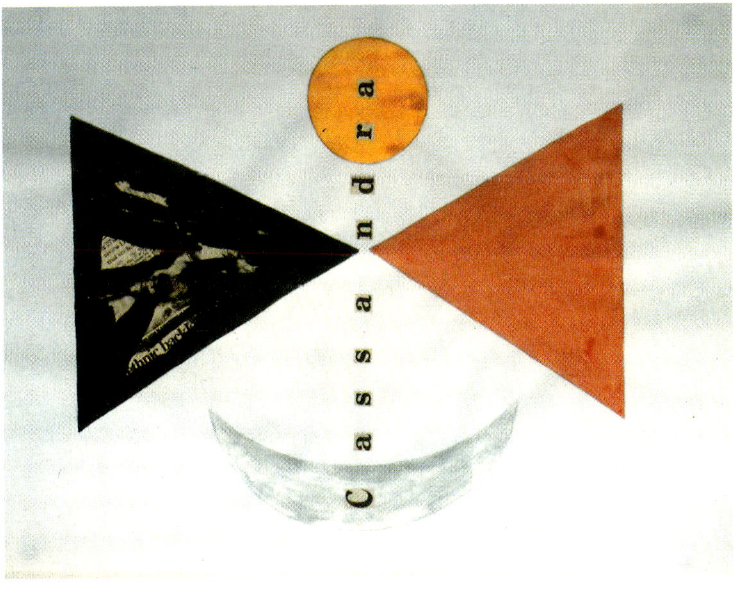

Der Magier und die weisse Frau

Schwarze und weisse Frau

Kilimandscharo

Der innere Begleiter

Das schwarze Dreieck

Pflanze gegen den Untergang

Ingeborg Kramhöller, Keime unter dem Schnee

Auffahrunfall
oder
Der Tod im Rücken

Flug über das
Himalaja-Gebirge

nung zwischen hell und dunkel, quadratisch und rund, plastisch und unplastisch in den bildnerischen Mitteln. Grünewald interpretiert die Auferweckung Christi als ein Auffahren aus Schwere und Dunkel in den schwebenden Lichtkreis. Die Bildspannung löst sich zugunsten der oberen Bildhälfte und einer Bewegung aus dem irdisch-begrenzten Lebensraum in die Allgegenwart Gottes hinein, dessen Anwesenheit im irdischen Raum durch die in sich geschlossene vollkommene Kreisform und die Totalität des Spektralkreises bezeugt wird. Der auffahrende Christus ist hier mit einer Assoziation an die aufgehende Sonne verbunden. Das ist genauso legitim wie die sprachliche Zusammenschau der Gestalt Christi mit dem Licht und der Überwindung des Todes, wie sie etwa im Johannes-Evangelium vollzogen wird. Durch diese Darstellung – Christus verschmolzen mit der Sonne – gelingt es, unser Auge davon zu überzeugen, daß Christus schwerelos aufzufahren vermag wie der aufsteigende Sonnenball.

Das quadratische Format

Das quadratische Format bietet einen Ausgleich der Spannungen von oben und unten, von rechts und links, und es befindet sich so in einem guten Gleichgewicht. Es eignet sich zur Darstellung des runden Ganzen, des Gleichgewichts der Kräfte. Oft gestaltet sich das im Quadrat angelegte Bild unwillkürlich zu einer Mandalaform aus. Nach C. G. Jung bildet der quadratische Raum häufig die »Realisationsebene des Selbst«.

Das quadratische Format in seiner vollkommenen Ausgewogenheit von Länge und Breite schafft einen in besonderer Weise zentrierten Raum, der geeignet ist, von der Mitte ausgehend die Realisierung des Selbst im »irdischen Geviert« auszudrücken.

In der Batik von Ingeborg Kramhöller *»Keime unter dem Schnee«* (S. 71) wird die Mitte des Quadrats vom dunklen Kern des zwiebelartigen Keims gebildet, der zugleich die personale Mitte dessen, was sich hier entfaltet, darstellt. Die zweite Schicht der konzentrisch den Kern umlagernden neun Zwiebelschalen ist weiß und bildet eine Tropfen-, Tränen- oder auch Mandorla-Form, die den braunen Keim in der Mitte wie eine Aura umgibt. Sie ist zugleich der größte, der fünfte nach den vier weißen Keimtränen, die von der gebündelten Spitze aus auf das Zentrum des Zwiebelkeims herabtropfen. Diese weiße Schale wiederum wird von einer dritten in hellerem und einer vierten in dunklerem Olivgrün umgeben. Die fünfte und sechste Schale, jede in Braun, sind von breiten Zonen in Schwarz umschlossen, wärmend-isolierenden Hohlräumen, die den Zwiebelkeim im Schnee besonders schützen mögen.

Zur Rechten und zur Linken der Zwiebel und ihres Stieles finden sich ebenfalls schwarzumrandete braune Räume, in denen es grünt von zahlreichen Samenkörnern (rechts) und wo sich zwei Keimblätter, ein schwarzgefülltes und ein grünes, wie in einer Zellteilung gegenüberstehen (links). Wie mit einer Nabelschnur ist der junge Keim mit der fünften Wurzel des Baumes, die sich rechts neben ihm erhebt, verbunden. Er ist deutlich ein junger Abkömmling dieses Baumes, des bisherigen Lebensbaumes der Künstlerin, der nun wie ein wenig zur Seite getreten erscheint, um der neuen Entwicklung das Zentrum einzuräumen.

Die Wurzeln des Baumes sind deutlich in die schwarzen Räume unter der Erde, ins Unbewußte eingebettet: Erst die neue Entwicklung wird zeigen, welche Kräfte in ihnen stecken. Im Wurzelbereich herrscht grünes Leben. Baum und Keim sind indessen umgeben von einer Schneelandschaft und überwölbt von einem schwarz-blauen dunklen Winterhimmel.

Die Farben erwecken eine nächtliche Stimmung: Das Himmelsgestirn, sei es Mond oder Sonne, das Bewußtseinslicht ist in diesem Bild verdunkelt – die hier gezeigte Entwicklung des Neuen wird nicht vom Bewußtsein gesteuert, sondern zieht ihre Dynamik aus dem Unbewußten.

In seiner Struktur – drei konzentrischen Kreise in unterschiedlichen Violettönen – gleicht es jedoch der konzentrischen siebenfachen Struktur des Zwiebelkeimes. In der Siebenfältigkeit seiner Schalen enthält der junge Keim die heilige Siebenzahl der möglichen Vollendung.

Baum und Himmelskörper werden an der linken und der rechten unteren Ecke der Batik jeweils durch eine Betonung dieser Zonen, an denen der Schnee schmilzt, zur Vierheit ergänzt, deren Zentrum, die Quinta-Essentia, den Entwick-

Allen Atwell, Das moderne Mandala, 1967

lungskeim des Selbst in seiner siebenfältigen Entfaltungsmöglichkeit zur Ganzheit hin bildet.

Das *moderne Mandala* von Allen Atwell, 1967, das ich zuletzt besprechen will, gleicht in seiner quadratischen Gestalt und seinem konzentrischen Aufbau auffallend den altindischen Meditationsbildern, ist aber doch ein archetypisches Strukturbild, aus dem Unbewußten eines modernen Menschen heraus spontan entstanden. Die Mitte, die in jedem quadratischen Feld schon als solche besonders hervorgehoben ist, wird hier als freibelassener Kreis in ein strahlendes Zentrum verwandelt: Das Zentrum ist die offene Leere, die zugleich Fülle bedeuten kann.

Drei konzentrische Kreise, die immer breitere Peripheriebänder bilden, umschließen diese Mitte und sind jeweils von vier konzentrisch umeinanderliegenden Quadraten eingeschlossen. Der dreifache Kreis, der Entfaltungsdynamik ausdrückt, ist vom vierfachen Quadrat, das die in sich ruhende

Ganzheit symbolisiert, umschlossen. Die Schritte, die zur Ganzheit führen, sind noch mehrfach hervorgehoben und dadurch dargestellt, daß jeweils auf den vier Armen des Koordinatenkreuzes von innen nach außen je drei bis vier kleine Kreisfiguren angebracht sind, die, von Zone zu Zone schreitend, ihre Größe jeweils steigern.

Wie alle Mandalabilder stellt auch dieses die Struktur des Selbst dar, das einerseits die unanschauliche Person-Mitte des Menschen ausmacht, von dort her aber auszustrahlen vermag in alle Himmelsrichtungen, die die Selbstverwirklichung im irdischen Raum einschlagen mag, bis sie das ganze Geviert erfüllt mit ihrer Strahlung und der dem Selbst entsprechenden Kreisgestalt.

Ein heutiger Künstler hat aus den Fragmentierungen, die eine Folge von LSD-Versuchen, mit denen er seine Kreativität zu steigern suchte, nach sich zog, aus seiner Sehnsucht, wieder ganz und heil zu sein, dieses Mandalabild geschaffen, in dem sich die Heilungstendenz und Ordnungstendenz seiner Psyche ausdrückt und das sich in seiner guten Strukturierung dazu eignet, innerlich angeeignet und meditiert zu werden, wobei sich etwas von seiner Konzentrierung dem Betrachter, der Betrachterin wohltuend mitteilen kann.

Es ist das Geheimnis der quadratischen Bildfläche, daß sie schon allein durch ihre Gestalt eine Tendenz zur Bildung einer Mitte, einer Zentrierung also und damit zur Ausformung einer ganzheitlichen Struktur an sich hat.

Häufig wird in Bilderserien dann ein quadratisches Format gewählt, wenn es nach einer Folge von Handlungsbildern darum geht, ein mehr in sich ruhendes Selbst-Bild in qualifizierter Form oder bereits ein ganzheitliches Selbstsymbol zu schaffen.

Das Gleichgewicht

Der quadratisch oder auch rechteckig eingegrenzte Bildraum stellt ein Modell, einen Grundriß des menschlichen Lebensraumes dar. Mit dem Rechteck des Bildraumes ist aber zugleich ein Gleichgewichtssystem zwischen Senkrechten und Waagrechten vorgegeben, in das alle Gestaltung innerhalb des Bildraumes sich einfügen muß. Das bedeutet in der Bildsprache: Dem menschlichen Lebensraum ist eine Gesetzmäßigkeit vorgegeben, die bei jeder möglichen Lebensgestaltung unter allen Umständen gewahrt werden muß, will der Mensch nicht seinen eigenen Lebensraum und sein inneres Gleichgewicht zerstören oder – wieder bildlich gesprochen – will die Gestaltung nicht den Rahmen des Bildes zerbrechen. Wird eine Gestaltung diesem bildimmanenten Gleichgewichtssystem nicht gerecht, so zerbricht das Bild ganz, die Komposition wird von jedem Auge als mißlungen empfunden. Dieses Gleichgewichtssystem ist natürlich nicht im Sinn einer starren Statik aufzufassen, sondern es kann sich in hochdynamischen Spannungsverhältnissen auswirken, die aber trotzdem in den Rahmen der Rechtecksgrundspannung eingefügt bleiben müssen.

Im rechteckigen Bildraum herrscht das Prinzip der Waage: Auch dieses Prinzip ist wieder dem menschlichen Körper selbst und der Art seines Gleichgewichtssinnes abgelauscht, insofern hängt ihm nichts Willkürliches an. Paul Klee hat diesem Zusammenhang von menschlichem Körperbau und bildnerischer Gleichgewichtsgestaltung immer wieder nachgespürt: »Ein kleines Drama von Horizontalen, vermenschlichend ausgelegt: Ich bin nach links ins Schwanken geraten und habe nach rechts mit der Hand ausgegriffen, irgendwo Halt suchend, um nicht zu fallen. Oder mit Verlegung der Handlung auf die Vertikale: Der Oberkörper ist so schwer, die Vertikale fällt nach links, wenn nicht unten rechtzeitig die Korrektur erfolgt. Man verbreitert durch Ausgreifen mit dem linken Bein die Basis.«[16]

Im Zeichen der Waage stellt sich das Gleichgewicht von senkrecht und waagrecht dar. Paul Klee nennt als die Elemente einer bildnerischen Statik: die Lote (die Vertikalen), die Lagen (die Horizontalen) und die Schrägen (die Diagonalen), die bei Gewichtsverlagerungen die Vermittlerrolle spielen und ein labiles bewegtes Gleichgewicht erstellen[17].

Auf dem Sinn für Vergleich – zwischen großen und kleinen räumlichen Elementen, zwischen leichten und schwereren farblichen Elementen – und dem daraus resultierenden Gleichgewichtssinn beruht die Feststellung des Auges, daß abstrakte bildnerische Zeichen ein Eigengewicht im Bildganzen haben. Durch Verteilung dieser spezifischen Gewichte der Bildelemente spricht das Bild. Auch in der Vermittlung religiöser und psychologischer Aussagen spielt natürlich die gewichtsmäßige Verteilung im Bild eine Rolle.

Auf der Ikone *»Der Heilige Nikolaus erscheint Schiffern in Seenot«* (S. 82) wird das Gesetz dieser Äquivalenz besonders einleuchtend sichtbar. Der Heilige, der auf der linken Schiffsseite sitzt, wiegt die drei furchtsamen Schiffer auf. Das innere Übergewicht der Figur des Nikolaus wird durch den Größenunterschied, der zwischen seiner Person und der der drei anderen besteht, ins Sichtbare übersetzt. Das Schiff könnte – selbst den physikalischen Gesetzen nach – nicht nach der linken Bildhälfte hin kippen, weil die Figur des Heiligen Nikolaus den anderen drei Männern die Balance hält. Der in Seenot Erscheinende tritt außerdem noch mit dem Segel in eine Gleichgewichtsbeziehung. Dieses Segel ragt hinter den drei Männern in der rechten Bildhälfte auf. Es hat die gleiche Höhe und auch Farbe wie die Gestalt des Heiligen. Die Stimmigkeit der Bildgewichte ist hier innerhalb einer bedeutsamen Gruppierung der Figuren erreicht.

Eine *»Pflanze gegen den Untergang«* (S. 70), wie ich sie nennen möchte, hat jene Studentin gestaltet, die auch das aus dem oberen Raum herabstoßende schwarze Dreieck, das im letzten Kapitel besprochen wurde, gemalt hat. Dabei setzt sie die bildnerischen Formträger in riskanten Gewichtsverhältnissen einander gegenüber, die ein Umkippen des Bildes nach links im Bereich des Möglichen erscheinen lassen. Zwei Drittel des Bildraumes sind von dem schwarzen schweren Bogensegment umgriffen, das schützend wirken könnte, wenn nicht ein furchtbarer Stachel von ihm ausginge, der die in der linken unteren Ecke (im Quadranten des kollektiven Unbewußten) kauernde Frau direkt in den Nacken stößt. So wirkt er feindlich gegenüber der Außenwelt, zu der die große Pflanze gehört.

Der Bogen erweist sich als breite Abgrenzung gegen den Außenraum, den Raum der Zuwendung zum Menschen, dem nur ein Drittel des Bildraumes verbleibt. In ihm wächst allerdings der dunklen Thematik des linken Bildraumes zum Trotz eine hohe, kräftige grün-blaue Pflanze auf, deren Blätter menschlichen Händen gleichen. Kann diese Pflanze dem Inhalt des gegenüberliegenden Bildraumes ein Gegengewicht bieten? Der linke Bildraum wiegt schwer durch die kauernde violette Frauengestalt, die zudem auch in die linke Bildecke starrt, aus deren Dunkel sich die Umrisse eines Totenschädels erheben. Die Malerin trägt sich zu der Zeit – auch, weil der lange zurückliegende Tod ihrer Mutter immer noch nicht verarbeitet ist – mit Suizidgedanken. Auf sie drücken aus dem Bildquadranten des Väterlichen her hohe dunkle Häuser mit schwarzen Fensterhöhlen, eine isolierte und zugleich abgehobene Lebenssituation andeutend. Hinzu kommt der so zart differenziert gezeichnete Baum – ihr Lebensbaum? –, der sich hier jedoch kopfüber, mit der Krone nach unten hängend, darstellt. In der Gestaltung des Baumes ist jedoch viel Libido, Zuwendung der Malerin zu ihrem Lebensbaum zu erkennen. Sie hat sich noch nicht aufgegeben. Vor allem aber darf eine eindrucksvolle Richtungswendung innerhalb des Bildes nicht übersehen werden: Im Brust- und Bauchbereich der kauernden Gestalt, deren Kopf so eindeutig nach links vornübergebeugt ist, erscheint ein zweiter Kopf mit maisgelbem, hellen langen Haar – während der obere Kopf dunkelbraunes Haar trägt –, dessen Profil ebenfalls mit maisgelber Umrißlinie gezeichnet ist. Und dieses zweite Profil blickt nun in die umgekehrte Richtung wie das erste, blickt nach rechts zu der kräftigen Pflanze hin, die ihre Blatthände empathisch bereithält, ihr zur Verfügung steht und deren unterstes Blatt in Stiel und Rippen in dem gleichen Maisgelb erscheint wie das Profil und das Haar der Frau. Wir haben hier einen »farblichen Reim« vor uns: Das zweite Profil, das »aus dem Bauch« jener Frau, der Malerin, kommt, reimt sich auf das Blatt. Während die betreffende Frau vom Kopf her, vom Bewußtsein her, auf den Untergang starrt, hat sich in einer tieferen Schicht ihrer selbst, aus ihrem Bauch heraus, dennoch eine Blickwendung vollzogen, die in jener lebendigen Pflanze die Möglichkeit des Lebens zumindest wieder wahrnimmt.

Die grüne Pflanze können wir sowohl als die Seite in ihr selber nehmen, die leben möchte und leben kann und die der verzweifelten anderen Seite die Hände entgegenstreckt; wie wir sie auch als Symbolisierung der guten Beziehungen zu ihrer Therapeutin sehen können, die sich in den wenigen Stunden ihrer Begegnungen angebahnt hat.

Es ist ein Bild entstanden, das vom Gleichgewichtsempfinden des Auges her noch ein gewisses Übergewicht nach links hin erkennen läßt – vor allem stößt der Dorn in seiner Diagonalbewegung sehr stark nach links unten hin zu. Doch wendet sich die Richtung gleichsam im Innersten, im Bauch der Kauernden und nimmt das Gegengewicht der großblättrigen Pflanze mit ihren hilfreichen Blatthänden und ihrem kräftigen Stengel wahr, und diese ist als Gegengewicht nicht gering. Ein Bild, das »auf der Kippe« steht, in seinem Ausdruck von Verzweiflung und Hoffnung zugleich. Diese noch bestehende Ambivalenz wird durch den Einsatz der bildnerischen Mittel wahrnehmbar, durch den besonders fragilen Umgang mit den Gewichtsverhältnissen der Farben, Formen und Bedeutungsträger zueinander.

Eine ähnliche Dramatik der Gleichgewichtsbindung beobachten wir – wenn wir nun wieder zu Bildern der christlichen Kunst zurückkehren – an dem Blatt des Hitda-Codex *»Der Sturm auf dem Meer«* (S. 83): Hier wird das geistige Gewicht, das die Gestalt Jesu gegenüber den Jüngern hat, mit bildnerischen Mitteln intensiv verdichtet. In der Diagonalbewegung – der Bewegung des gestörten Gleichgewichts – droht das Schiff, von oben nach unten durch das Bild schießend, aus dem Rahmen zu stürzen. Die Heiligenscheine der ängstlichen Jünger, die nach vorn geneigt sind, unterstützen noch den Eindruck, daß das Schiff samt seiner Last aus dem Bilde rollen könnte. Die Gestalt Jesu aber, die in der Mitte des Schiffes, leicht nach rückwärts geneigt, schlafend ruht, gebietet allein durch ihren räumlichen Ort dem Sturz Einhalt. Der Arm des Schlafenden liegt auf dem Bootsrand und drückt das Schiff gleichsam in der Gegenrichtung nieder. Der Mantel, der weit über den Arm herunterhängt, bildet ein optisch vermittelndes Gewicht, das zu dem stürzenden Schiff in Gegenaktion tritt. Bewegung und Gegenbewegung treffen in der Gestalt des schlafenden Jesus zusammen. Das Gewicht seiner Person hält

Initiale des Liber Generationis,
Hillinus-Evangeliar, um 1000

Der Heilige Nikolaus erscheint Schiffern in Seenot, nordrussische Ikone, Anfang 16. Jh.

Der Sturm auf dem Meer, Hitda-Codex, um 1020

Verkündigung an die Hirten,
Perikopenbuch Heinrichs des II., Anfang 11. Jh.

Christus begegnet Maria Magdalena,
Evangeliar Heinrichs III., um 1040

Die Huldigung vor dem Lamm, Bamberger Apokalypse, um 1020

Satan und die Heuschrecken, Apokalypse von Saint Sevér, 11. Jh.

Matthias Grünewald, Die Auferstehung Christi, Isenheimer Altar

dem bedrohten Schiff die Balance. Die das Schiff nach unten drückende Gewalt des aufruhenden Armes findet ihre Entsprechung in dem vom Wind geblähten Segel, das, in der Gegenrichtung des Sturzes flatternd, zusammen mit der schlafenden Gestalt optisch eine Gegenbewegung und ein Gegengewicht im Bild erzielt. Das Gleichgewicht zwischen der nach unten ziehenden Gewalt des Sturmes und der in die Waagrechte der Ruhe zwingenden Macht des Schlafenden versinnbildlicht die geistige Gewalt Christi über die tobenden Elemente.

Während in dem beschriebenen Bild des Hitda-Codex' die Bildbalance als ein Ergebnis von Kraft und Gegenkraft gegeben ist, wird in der *»Verkündigung an die Hirten«* (S. 84) im Perikopenbuch Heinrichs II. das Gleichgewicht des Bildes als schwebende Balance äußerst eindrücklich. Wir haben zwei Bildteile vor uns, deren jeder eine dem Wesen nach verschiedene Wirklichkeit einfängt. Der untere Bildteil zeigt die Hirten, umgeben von ihren Tieren, der obere Bildteil den Verkündigungsengel. Die Welt Gottes und die der Menschen werden durch das Gleichgewicht zwischen den Zonen in Verbindung gebracht. Der Engel steht auf einem Hügel, der zur Welt der Hirten gehört. Und doch wird sein in zweifachem Sinne überhöhter Standpunkt eindrücklich markiert. Die Flügel des Gottesboten bilden mit dem wehenden Gewand zwei sich kreuzende Diagonalen, die den Eindruck erwecken, als schwebe die Gestalt im Raume, obwohl ihre Füße den Boden berühren. Die zum Diagonalkreuz gedrehte »Waage« vermittelt in besonderem Maße das Gefühl des schwebenden Gleichgewichts. Bestärkt wird dieser Eindruck der Schwerelosigkeit durch die Gruppierung der Hirten, deren Gebärden auf den Engel verweisen. In der rechten Bildhälfte steht ein einzelner Hirte, dem sich der leicht nach vorn geneigte Engel besonders zuwendet. Als Gegengewicht für diese Abwärtsbewegung und gleichsam als Garanten des Schwebezustandes sind in der linken Bildhälfte dem Engel zwei kleinere Hirten zugesellt, die die Gewichte des Bildes – vor allem das des Engels – nach links ausgleichen. Ein besonderes Gleichgewichtsspiel besteht zudem noch zwischen den dargestellten Hirten der linken und der rechten Bildhälfte. Links sitzen zwei Männer, rechts steht ein einzelner. Er ist größer als die beiden anderen und wiegt so die beiden kleiner dargestellten Hirten auf. Der Grund seines stärkeren Bildgewichts wird sofort deutlich: Der Engel neigt sich nämlich ihm besonders zu, und das Gebärdenspiel setzt den Hirten mit dem Engel in eine ganz besondere Beziehung. Diese Sonderbeziehung verlegt das Bildgewicht so stark nach rechts, daß sowohl die beiden Hirten auf der linken Bildseite als auch die drei Tiere aufgewogen sind.

Das innere Spannungsgefüge eines Gleichgewichts lebt jedoch nicht allein von der Ausgewogenheit der dargestellten Teile untereinander. An einigen Beispielen haben wir schon die Möglichkeit gezeigt, die durch symmetrische oder asymmetrische Bildaufteilung für die Bildaussage eröffnet werden. Der symmetrische Aufbau – zwei gleich große Bildhälften –, der einen Großteil der christlichen religiösen Bilder bestimmt, herrscht vor allem in den Darstellungen der zentralen Aussagen des christlichen Glaubens: der Kreuzigung, der Auferstehung, der Himmelfahrt und des Gerichts. Durch den symmetrischen Aufbau wird der Blick zwingend auf die Mittelachse des Bildes gelenkt, die als bildnerisch bevorrechteter Ort auf vielen dieser Szenen der frontalen Darstellung Christi vorbehalten ist. Diesen Bildern wohnt durch ihren statischen Aufbau eine majestätische Ruhe inne. Durch die frontale Darstellung Christi tritt der Beschauer dem Bild »Auge in Auge« gegenüber. Asymmetrischer Bildaufbau eignet sich dagegen vor allem zur Darstellung spannungsreicher Begegnungen der Bildfiguren untereinander, die sich – nun wieder psychologisch betrachtet – oft als die Komponenten, die inneren Figuren in dem Maler selbst, erweisen.

Die Linie

»Voneinander verschieden, vereinigen sich die Sprache der Worte und die Sprache der Formen darin, daß sie beide zu Ebenwerten ihre Zuflucht nehmen, um der tiefen Wirklichkeit unseres Seins Ausdruck zu geben.«[18] Grundelement jeder bildnerischen Sprache auf der Fläche ist die Linie. Sie bringt als zielgerichtet-bewegte, als ungerichtet-beschwingte oder auch erregte Dynamik in die Darstellung. Sie führt das betrachtende Auge durch das Formengefüge des Bildes, bringt es in Bewegung, aktiviert es zum nachzeichnenden Erfassen der Figuren und Strukturen, gewinnt es schließlich zum Mitvollzug der »Bildgebärde«, wie wir den Gesamtausdruck der Komposition nennen können. Unter dem Geleit der Linien vermag der Betrachter das Bild zu lesen.

Wie umfassend ein lineares Gefüge zum »Ebenwert« der Wirklichkeit gestaltet werden kann, zeigen die hochkonzentrierten Zeichensysteme der ägyptischen, der chinesischen oder auch der japanischen Schrift[19]. Linien sind äquivalente Ausdrucksmittel menschlicher Weltorientierung. Sie sind auf die Bildfläche übertragene Kurzschriftzeichen elementarer Lebens- und Bewegungsformen, die wieder aufs engste mit dem Körperbau des Menschen, seinem Standort und seinen Bewegungen im Kräftefeld der Erde zusammenhängen. Einfachste Vorformen einer Bilderschrift finden wir zum Beispiel in den Felsgraffiti der Megalithzeit, wo der Mensch bereits in Gestalt eines Kreuzzeichens erscheint, als aufgerichteter mit ausgebreiteten Armen, eine Haltung, die ihn charakterisiert.

Die Ausdrucksmöglichkeiten der Linie sind in der freien spontanen Strichführung einer Federskizze zu erfahren: Bei der Federzeichnung *»Anbetung der Könige«* (S. 92), die Rembrandt zugeschrieben wird, fallen sofort die steilen energischen Linien auf, mit denen die aus dem Hintergrund anrükkenden Könige gezeichnet sind. Drei breit und kräftig hingestellte Senkrechte ragen im Hintergrund bis zum oberen Bildrand auf und kehren in der Strichführung wieder in dem hochgewachsenen König links. Die federnde Energie der aufrechten Haltung, des aufrechten Ganges, wird sinngemäß auch durch das bildnerische Äquivalent dieser Haltung charakterisiert: die Senkrechte. Energie, ruhige Sicherheit werden den

Rembrandt, Anbetung der Könige

Königen, die von solchen Linien umrissen sind, bescheinigt, um so eindrucksvoller ist die Verwandlung der Linie, die sich bei der Zeichnung des vordersten Königs ereignet. Die Linie skizziert, wie er vor dem Kinde niederfällt. Da löst sich der harte, klare Strich auf, der die Stelle, auf der der König eben noch stand, so scharf markierte. Die Linie vollzieht das Niedersinken des Königs vor dem Kinde mit, sie gibt ihre selbstbewußte Festigkeit auf, wird selber weich, behutsam, gelöst. Auch Maria und Joseph sind in feinen, tastenden Strichen umrissen, nur bei der Beschreibung des Christuskindes selbst füllen sich die Striche wieder mit warmer Energie, werden breit und lebendig. »Die Erzählung, durch die Macht der Worte geordnet, verwandelt sich in einen Tanz, der durch die Gewalt der Linien geordnet wird. In diesem Sinne muß man verstehen, daß Kunst Sprache ist. Gleich der Wortsprache dient sie dazu, unsere Gedanken und unsere Gefühle auszudrücken und mitzuteilen.«[20]

Der Ausdruckswert der Linie zeigt sich nicht weniger eindrucksvoll in den spontanen Zeichnungen einer 40jährigen Frau, die sich in einer Trauerkrise nach dem Tod ihrer Schwester befindet, in der sie eine Zeitlang von der Depression wie von einem Sog nach unten gezogen wurde (*»Strudelhöhle«*, S. 94). Dieser Sog ist in ihrer Strichführung zum Ausdruck gebracht. Wie eine am Strand auflaufende große Woge, die alles – die Bäume und Äste links im Bild – mit sich reißt, laufen die Linien von der linken unteren Ecke im Schwung zur rechten oberen Ecke, wo sie sich überschlagen, um sich wieder einzurollen, in sich zurückzulaufen und damit die im Verhältnis zu ihnen kleine weibliche Gestalt zu verschlingen. Im Mittelfeld ihrer einrollenden Bewegung aber lassen sie eine helle runde und ruhende Zone frei, öffnen eine Lichtzone, auf die sich die Frau, in zarten, hierauf zulaufenden Linien gezeichnet, zubewegt. Diese gestaltende Linie setzt die Linienführung der Bäume, die Diagonalbewegungen von links unten nach rechts oben, fort. Der Gestaltungsprozeß des Bildes ist zugleich ein Stück Gestaltungsprozeß des Lebens. Nicht erst die am Ende herausgeformte Bildgestalt oder das wichtigste inhaltliche Symbol macht den Ausdruck des Bildes aus, sondern die Bewegung der Strichführung, die den Prozeß aus der linken unteren Ecke des kollektiven Unbewußten hin zum Bildquadranten des Bewußtseins ausführt. Die Bewegung setzt sich fort, indem eine dichte Folge kraftvoller, aufrechter und leicht nach links durchgebogener Striche von oben nach unten zu der Zone der mitgerissenen Bäume hinzugezeichnet wird: Sie bilden die linke Wand der *Strudelhöhle,* zugleich eine Bewegung aus dem Bewußtseinsraum hinunter zum

Chaosbereich. Zuletzt werden aus dem linken unteren Bereich, in dem der Malprozeß wieder angekommen ist, klare, zarte Diagonalen in die Richtung des Lichtes emporgeführt, in die Richtung, in die auch die Frau voranschreitet.

Im darauffolgenden Bild haben sich die Linien zum Oval, zur kreisenden Bewegung geschlossen. Sie sind einerseits viel dichter geworden, andererseits heben sie nun auch die lichte *Runde Öffnung* viel klarer hervor. Die weibliche Gestalt ist der Öffnung direkt gegenüber, die jetzt wie ein Spiegel wirkt. Die Gestalt selber, im ersten Bild wie schwebend durchlässig erscheinend, hat sich verdichtet, hat Konturen angenommen: In kegelförmiger Gestalt mit erhobenen Armen steht sie dem Tier gegenüber, das nun in der Öffnung erscheint: einer Kuh, dem archetypischen Bild des positiv Mütterlichen, zugleich in lichter, goldgelber Farbe erscheinend, die stark mit dem umgebenden Schwarz kontrastiert. Diesmal von der Tiefe der Öffnung her, von der Kuh her, fallen gelbliche Parallelstrahlen in den dunklen Raum ein, aus dem das Mädchen kommt. Die runde, dichte Strichführung umkreist gleichsam die Öffnung, »zirkumambuliert«, umschließt und umfängt das heilende Bild, von dem die dunkle Frau gespiegelt wird und von dem sie sich angesehen weiß: Sie selbst wird hier zur Widerspiege-

Strudelhöhle

lung, zum Objekt des archetypischen Mütterlichen. Als wäre sie mit diesem Bild einen Schritt zu weit gegangen, erfährt die Malerin einen Rückschlag, den sie im nächsten Bild darstellt. Die weibliche Gestalt wird hier erneut von dem Sog ergriffen und nach links unten rücklings fast in die Tiefe gerissen, den die wie ein reißender Bach von rechts oben nach links unten schießenden Linien bilden. Der ganze Körper wirkt wie eine sich nach rückwärts überschlagende Welle dieses Baches. Die Linien des nach rückwärts umgerissenen Körpers ergießen sich in die herabhängenden Haare wie in einen kleinen Wasserfall. Die Frau wäre verloren, wenn es da nicht eine mächtige *Gegenbewegung* (S. 96) in der Strichführung gäbe: Wie elastisch-widerstrebende Weidenruten halten die kraftvollen Linien, die die linke Wand der Höhle darstellen, dem Sog, der nach links in die Tiefe ziehen will, stand. Wir müssen mitvollziehen, wie diese Linien von oben nach unten gezogen sind, wie also Kräfte von oben, aus dem Bereich des Bewußtseins, des Väterlichen, hier eingebracht werden, um den Sog hinab ins kollektive Unbewußte – in diesem Fall auch den Sog zurück in die Vergangenheit und zum Verlorenen, der verstorbenen Schwester hin – zu bannen. Diese Linien sind spürbar als letztes ins Bild gesetzt: Sie entsprechen also dem letzten Wort,

Runde Öffnung

Die Gegenbewegung

das die Gestalterin dem Sog des Dunklen entgegensetzt. Wie ein rettender Ausgang bleibt die schmale, ovale, helle Zone im Symbolbereich des Bewußtseins, rechts oben, erhalten: einem Muttermund gleichend, der als die einzige helle Stelle im Bild trotz des zurückziehenden Soges eine starke Anziehungskraft behält.

Nachdem die Ausdrucksfähigkeit der Linie als solcher, an diesen ersten Beispielen gezeigt worden ist, soll die Spannweite ihrer Ausdrucksmöglichkeit an einigen linearen Grundgesten weiter erhellt werden. Äußerste Subtilität und Disziplin der Linienführung ist ein Charakteristikum der frühmittelalterlichen Buchmalerei: »Die Linie aber bildet die wichtigste Voraussetzung für das Höchstmaß des Ausdrucks, das hier erreicht wird. Der Künstler verfügt über ein zu äußerster Feinheit gesteigertes Wissen um den Ausdruckswert der Linie als solcher, erkennt die Ruhe, die der Horizontalen eignet, die Energie der Diagonalen, die stolze Festigkeit der Senkrechten, die feinsten Nuancen des Empfindungsgehaltes, den der Schwung einer Kurve, einer Neigung, eine tiefe Einbuchtung besitzt. Grundsätzlich steigert er die Linien zu höchster Ausdruckskraft, und dem Vorrang dieser Forderung müssen sich die Körper fügen.«[21]

Verfolgen wir die »Ruhe, die der Horizontalen eignet«, noch einmal an dem Blatt aus dem Perikopenbuch Heinrichs II. *»Christus spricht zu den Jüngern«*: Das ganze Blatt ist auf der Horizontalen aufgebaut. Es wird von den Horizontalen in drei Zonen gegliedert. Sie verwandeln dadurch das vorgegebene Hochformat der Kodexseite in das Breitformat der Mittelzone, in der die überlegene Ruhe der Christusrede sichtbar werden soll. Das Geschehen der Verkündigung spielt sich in der Horizontalen ab. In der rechten Bildhälfte steht Jesus auf der gleichen Ebene wie die Jüngergruppe auf der linken Bildhälfte. Mit einer mächtigen souveränen Gebärde – zeichnerisch vor allem durch die überlangen Hände ausgedrückt – greift Jesus mit seiner Botschaft hinüber in den Raum der Jünger, die mit ausgestreckten Händen die Gabe empfangen. Auch die Linie ihrer Augen bildet eine doppelte Horizontale, die dem Bild einen weiteren Ausdruck konzentriertester Ruhe vermittelt. Am gleichen Bild können wir die

Christus spricht zu den Jüngern, Perikopenbuch Heinrichs II., Anfang 11. Jh.

»stolze Festigkeit der Senkrechten« studieren: Die Umrißlinien der Gestalt Christi sind zwei aufragende Senkrechte, die durch einige Gewandfalten noch verstärkt werden. Sie vermitteln Christus eine gerade, hochaufgerichtete Haltung, die seine Souveränität unterstreicht. Welche Energie der Diagonalen innewohnt, erkennen wir an dem Gewandteil, das die Bewegung des Mantels Christi gestaltet. Hier wird die Energie der verkündeten Geste für das Auge nachvollziehbar. Sie ist wie ein Sturm, der den Mantel Jesu den Jüngern entgegenwirft. An der sanft geschwungenen Umrißlinie seines ausgestreckten Armes schließlich liegt es, daß trotz der Gewalt der Gebärden nicht die geringste Härte eines Befehls in ihr liegt, sondern die gelöste Freiheit einer Zuwendung zu den Jüngern. Folgen wir schließlich dem Echo seiner Geste in den Gebärden der Jünger, so finden wir in der Zeichnung des Armes beim dritten Jünger dieselbe ruhige Linie wieder, die die Form einer Bucht assoziiert und dadurch gut geeignet ist, den Sturm der Bewegung aufzufangen. Jede Einzellinie erscheint so als wichtiger Bedeutungsträger im Rahmen der Gesamtkomposition des Bildes.

Als Probe auf einige weitere Ausdrucksmöglichkeiten der Linie, auf ihre Fähigkeit, menschliche Grundbefindlichkeiten durch äquivalente Grundformen auszudrücken, seien die Ergebnisse eines Zeichentests von Wartegg mit herangezogen[22]. Der Wartegg-Test benutzt als Stimuli einige elementare lineare Figuren, die der Testperson zur weiteren Ausformung vorgelegt werden. Sie bekommt die Aufgabe, die linearen Grundfiguren beliebig zu einer einfachen Zeichnung zu ergänzen. Diese Zeichnungen sollen zuletzt von ihr benannt werden. Der Sinn der Aufgabe ist also, daß die zu testende Person von den einfachen Linearzeichen sich ansprechen und zur bildnerischen Gestaltung der von den Zeichen angesprochenen »Grundbefindlichkeit« anregen läßt. Die nachfolgende bewußte Benennung der Zeichnung ist als sprachliche Artikulation die Probe darauf, welche Assoziationen die Linearzeichen ausgelöst haben. Wir beobachten das Funktionieren des Tests an einigen wenigen Zeichen, die auch in der Symbolik sonstiger Bildgestaltungen einen wichtigen Stellenwert einnehmen: Der Test führt als eines der Zeichen einen großen, nach unten offenen Bogen ein. Er ist in die obere Hälfte eines quadratischen Feldes, das letzte von acht aufeinanderfolgenden Feldern, eingezeichnet und erstreckt sich über dessen Mitte hinaus. Bei Testversuchen regte dieser Bogen prozentual am häufigsten zu folgenden Weiterführungen an: zur Gestaltung von Gestirnen wie Sonne, Mond, aber auch Regenbogen (37%); zur Gestaltung von Beschirmendem wie Regen- und Sonnenschirm, aber auch dem Fallschirm und schließlich dem Waldpilz (27%). Weiter regte der Bogen als Zeichen der Stirne, des Schädeldaches zur Gestaltung von Kopf und Gesicht an (26%); ferner zu Bauten, Torbogen und Brücken (6%). Gemeinsam ist allen diesen Gegenständen das Motiv des Bergenden: »Der Bogen hat als Segment des Kreises teil an dessen Symbolik eines mütterlich-umschließenden Raumes, am Wesen und der Wirkung des Mutter-Archetyps. Unter seinem Dach findet derjenige Schutz, der unter Isolierung und Ungeborgenheit leidet.«[23] Der nach unten offene Bogen steht denn auch tatsächlich im Rahmen des Tests als äquivalenter Wert für das Verhältnis zum Behütenden, zu Geborgenheit. Abgelesen aus Grundformen des Beschützenden und Beschirmenden, ist der offene Bogen zum abstrahierten Bildzeichen für Geborgenheit geworden. Seine Wirksamkeit und Verständlichkeit ist allgemein, wenn auch oft unbewußt. Auf diesem Prinzip der Abstraktion beruhen die Bilderschriften der Menschheit. Mit der Wirksamkeit solcher Grundzeichen darf auch dann gerechnet werden, wenn der heutige Betrachter ohne vorausgehende kunsthistorische Bildkenntnisse zum Beispiel mit einem Bild der christlichen Tradition konfrontiert wird. Eine Bildkomposition, der die Leitfigur eines überwölbenden Bogens zugrunde liegt, hat daher die Gebärde des Behütens vor Gefahr.

So schlägt auch Frau J. in ihrem Bild, das sie nach einem turbulenten *Flug über das Himalaja-Gebirge* (S. 72) gestaltet, einen Bogen über dieses ganze Gebirge: Sie will damit die Erfahrung des Schutzes ausdrücken, die sie während des Fluges machte und die sie nach der glücklichen Rückkehr nun mit Dankbarkeit erfüllt. Zugleich überträgt sie die spitze Pyramidenform der Berge, die sie beim Flug gefürchtet hat, in die Symbolgestalt eines silbernen Dreiecks, eine geistige Sinngestalt also, die ihr aus der Erfahrung einer Geborgenheit mitten in der Gefahr erwächst.

Die gleiche behütende Wirkung des Bogens findet man in einem der Weißschnitte zum Buch Hiob von Kurt Passon (*»Hiob unter dem Regenbogen«*): Unter der vierfachen Wölbung eines Regenbogens sitzt Hiob vor dem Freund, der ihm – wie es auch im Buch Hiob beschrieben ist – zu erklären sucht, daß er geborgen ist inmitten aller Wechselfälle des Schicksals und des Wetters, die rund um den Regenbogen herum dargestellt sind.

Kurt Passon, Hiob unter dem Regenbogen

Eine weitere lineare Grundfigur, die mit der Bogenform in Verbindung steht, wird von dem genannten Test eingeführt: das Zeichen für fließende, spannungsreiche Bewegung, die Doppelkurve oder Wellenlinie. Als Zeichen 2 des Tests befindet sie sich als kleine Wellenlinie im linken oberen Feld. Erika Ruth Brunotte hat die Figur sensibel beschrieben: »Sie beginnt mit einem feinen, lockeren Impuls, weitet und verdichtet sich im Zentrum ihrer Kraft und klingt wieder aus. Zweimal wechselt sie ihre Richtung: Sie steigt, von unten nach oben gesehen, aus der Senkrechten aus, biegt um in die Horizontale und wendet sich wieder nach oben. Wie eine flüchtige Bewegung, passiv erlebte Regung, die nicht recht greifbar und festzulegen ist. Wie in der Luft schwebend, wie ein an- und abschwellender Ton oder wie Atemholen und Ausatmen.«[24] Die Wellenlinie hat etwas Dynamisches, Rhythmisches, Spielerisches: Sie ist als solche in dem Quadranten der Luft angesiedelt, wo Ideen, Phantasien und Ideale sich entfalten können. Das Zeichen hat denn auch die meisten Probanden zur Zeichnung von Vögeln angeregt (37%), häufig war die Assoziation an eine geschwungene Augenbraue (20%), wobei das Zeichen zur Gestaltung eines Gesichtes anregte. Zur Zeichnung von Wellen, Fluß und Wasserfällen wurden 8% der Probanden von der Linie inspiriert. Wenn auch etwas variiert und ungleich zentraler in den Bildraum gesetzt, wird doch diese Wellenlinie in dem schon genannten Blatt des Hitda-Codex *»Der Sturm auf dem Meer«* (S. 83) mit besonderer Ausdruckskraft benutzt. Sie dominiert hier das ganze Bild als Zeichen der Bewegung, als Doppelkurve, die einen Sturm mit nahezu todbringender Dynamik beschreibt. Ins Hochformat des Kodexblattes ist die Doppelkurvenlinie diagonal, in der Richtung äußerster Spannungsenergie, eingepaßt: Von der linken Ecke oben bis zur rechten Ecke unten umreißt diese Wellendoppelkurve ein Schiff, das den Bildraum mit einer Wucht durchstürzt, daß sie den Rahmen zu durchbrechen droht. Die Gefahr des Kenterns wird durch die Linienführung des Bildes einerseits heraufbeschworen, andererseits gebannt, indem Gegenlinien auftreten, im diagonal gedrehten Mastkreuz des Schiffes, vor allem aber in dem über den Bootsrand hängenden Ärmel des schlafenden Jesus, die letztlich die Balance wiederzugewinnen und zu erhalten vermögen. Der Unruhe der offenen, weiterziehenden Linie steht die Geborgenheit einer in sich ruhenden Form gegenüber. Ein gutes Beispiel für die Aussagekraft der Kreisform haben wir in der schon genannten *Nikolaus-Ikone* (S. 82) vor uns, die in mehreren konzentrischen Kreisfiguren komponiert ist, von denen einige in den Linien durchgezogen sind, weitere wie innere Kraftlinien dem Auge wahrnehmbar werden, auch wenn sie nicht durchgezeichnet sind. Die innersten Kreise bilden zum Beispiel die Umrißlinien der Jüngerköpfe. Sie sind umschlossen von der Bogenlinie, die das Auge von dem leuchtenden Segel zu der hellen Gestalt des Heiligen Nikolaus schlägt. Das frei ins Dunkel ragende Haupt des Nikolaus ist ebenfalls bergend von einem Lichtkreis umschlossen. Nikolaus und die Jünger sind miteinander von dem nach oben geöffneten Halbkreis, der Bootsschale, umfangen. So sind die Jünger mit ihren verschreckten Gesichtern von doppeltem Schutz umgeben. Dieser Schutz ist nötig angesichts der Chaoswasser, die das kleine Schiff rundum einkreisen. In ihrer strudelnden Macht sind sie durch einige abstrahierte gegenläufige Wellenlinien dargestellt. Doch dieses Chaoswasser wird durch einen bildnerischen Einfall von hoher Bedeutsamkeit endgültig gebannt: Dieses Wasser nämlich wird abermals umschlossen von einer Fläche von warmem Rot, die das Bild bis zum Rand erfüllt. Die Bildgebärde beruht auf dem bergenden Ausdruck ineinanderliegender Kreise, die die bangen Jünger umschließen und die schließlich selbst umschlossen werden von dem wärmenden Rot, das, wie die Farbsymbolik erweist, hier der die Jünger umfassenden Liebe Gottes bildnerischen Ausdruck gibt.

Die Kreisform als Ebenwert für das in sich Geschlossene erscheint in ihrer höchsten Ausdruckskraft in der Darstellung *»Die Hand Gottes«* des Meisters von St. Clemente de Taull. Drei konzentrische Kreise in verschiedenen Farben umschließen hier den inneren Lichtkreis. Überzeugend ist eine biblische Aussage in optisch bildnerische Mittel übersetzt: die Aussage, »daß Gott in einem Lichte wohnt, da niemand zukommen kann«, einem Licht aber, das zugleich in dreifacher Weise ausstrahlt. Der dreifache Farbkreis ist bildnerisches Äquivalent für die dreifache Offenbarungsweise Gottes in Vater, Sohn und Geist. In dieser in sich geschlossenen, dreifach-umrissenen Kreisform erscheint nun die Hand Gottes und weist hinaus. Die überlangen Finger sind von Linien gebildet, die nach unten weisen und dadurch eine nach unten führende Diagonalbewegung andeuten. In dieser Linienführung wird die für die christliche Gottesvorstellung zentrale Aussage sichtbar gemacht, daß dieser Gott nicht in seinem unzugänglichen Anderssein verharrt, sondern mit den Menschen in Kontakt tritt, ihnen seine Hand reicht, Weisung gibt und sich durch seine segnende Geste für sie verbürgt. Diese zentralen Aussagen des biblischen Zeugnisses werden hier in fast geometrischer Formstrenge nachgezeichnet. Hier erscheint in gleicher Evidenz Gott als der ganz andere, der Unzugängliche und als der ganz Zugewandte.

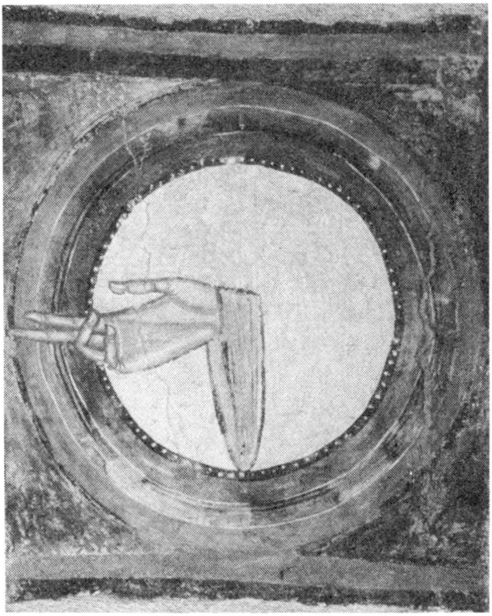

Meister von St. Clemente de Taull, Die Hand Gottes, um 1123

Die Ausdruckswerte der Linien sind uns an verschiedenen Beispielen deutlich geworden: die Diagonale als energiegeladener Ausdruckswert des Aufsteigens oder Abstürzens, der Niederlage oder des Sieges; die Senkrechte als Ausdruck des aufrechten Stehens, der ruhigen Sicherheit; die Wellenlinie als Ausdruck des Auf und Ab und schließlich Kreis- und Halbkreis als Formen der Ruhe, des Behütens, des Aufnehmens und Auffangens. Bei Kompositionen schließlich, die als Hauptträger der Spannung die Linie verwenden, entdecken wir die Möglichkeit, durch den Einsatz von Spannungslinien einen Bewegungsimpuls, wie durch Nervenstränge, durch ein ganzes Bildgefüge zu leiten. Die Spannungslinien eines Bildes sind nicht immer als ausgezogene Linien vorzustellen. Sie sind vielmehr verborgenen Nervensträngen vergleichbar, die das Auge im Kraftfeld der Bildkomposition gewahrt. Sie bringen Dynamik in das Bild, mit der sich vornehmlich die Korrespondenz der verschiedenen Bildelemente bis hin zu der Spannung zwischen zwei dargestellten Personen ausdrücken läßt. Zu dem tragenden Gerüst der Komposition gehört also das Gefüge von Linien, das auf einen Gesamtausdruck des Bildes hintendiert. Die Linien vermitteln dem Auge einen Bewegungsimpuls; in ihrem Nachvollzug entdeckt es die »Bildgebärde«, wie ich den Ausdruck dieses Gesamtgefüges nenne. Es ist im Rahmen dieser Arbeit nicht möglich, eine vollständige Nomenklatur der verschiedenen Grundgestalten und Formen der Linien zusammenzustellen. Über Kreis, Kreuz, Dreieck, Quadrat und Spirale liegt bereits eine gesonderte Studie in der Reihe »Symbole« vor[25].

Die Bewegung

Die Bewegung gehört zum Ursprünglichsten beim Gestaltungsvorgang des Bildes und prägt zentral dessen Ausdrucksgebärde. Das Bild trägt die Spuren der Bewegungen, die die Hand des Malers auf der Malfläche ausgeführt hat. Die Malgesten gleichen einer Handschrift. Oft läßt sich die Rhythmik und Intensität der Bewegung in der Bildgestalt auch nach dem Trocknen der Farbe noch erkennen, so zum Beispiel in vielen Bildern van Goghs aus dessen südfranzösischer Zeit, in denen die kraftvollen Pinselstriche das Korn, das sie malen, zugleich wie Sensenhiebe niedermähen oder auch den Himmel aufwühlen, wie es in diesem Land die Mistralwinde tun. Leidenschaftlich sind die Bewegungsvorgänge der dargestellten Elemente wiedergegeben.

Richtung und Intensität der Bewegungen lassen sich unterscheiden. Gehen wir von unserer Körpermitte aus, so erleben wir die Bewegung zu den Füßen, der Erde zu, als hinunterführend; die umgekehrte, zum Kopf und zum Himmel weisende Bewegung als hinaufführend, nach oben gerichtet.

Die Bildfläche, die ja beim Malen meist vor oder unter uns liegt, erfahren wir als unserem Körper entsprechend. So hat das Bild eine Mitte, ein Oben, ein Unten, ein Rechts und Links.

Umkreist ein Bild die Mitte in Ringen oder Schichten, so können wir diese als Schichten unseres Selbst verstehen: beispielsweise, von innen nach außen betrachtet, als »das innerste Selbst, die Bewußtseinsschicht, unsere Körperlichkeit, die Abgrenzung nach außen«[26]. Dabei könnte »eine rote oder gelbe Scheibe für unser Selbst stehen, das leuchtet«[27]. In diesem Sinne gelingt es Manessier, eine rotierende goldgelbe Sonne zu gestalten, die er *»Auferstehung«* (S. 235) nennt: zugleich also ein Bild des wiedererstandenen Selbst, das ins Licht getreten ist.

Kombinieren wir die Bewegungsrichtung nach vorne mit der nach oben, so entsteht die dynamische Richtung, die sich in den meisten Bildern zeigt und die wir als die Lebensrichtung oder auch die unbewußte Lebenslinie bezeichnen können: Ziele, Wünsche, der Lebensweg bilden sich in ihr ab.

Wenn sich nun das Boot mit den Jüngern im Hitda-Codex

(S. 83) statt dessen in die kombinierte Richtung nach vorne und unten bewegt, so läuft es den Zielen und Wünschen der Jünger entgegen, stürzt anscheinend in den Untergang, in »Verfallensein und Dämonie«[28] – letztlich aber auch in die Zone des Mütterlichen.

Das Boot im Sturm (S. 143) von Frau C. schließlich, das nach links oben fährt, bewegt sich in Richtung eines »Rückzugs nach oben«, in den »Zuschauerraum« des Lebens[29], den Ort von Sehnsüchten, Illusionen, der aber auch der Ort des Heimwehs nach Transzendenz sein kann.

Die Gebärden eines Menschen sind nicht nur durch ihre Richtung, sondern ebenso auch durch ihre Intensität charakterisiert: durch ein bestimmtes Tempo, durch Energie und Schwung, oder umgekehrt durch Gehemmtheit, Gebremstheit und Schwunglosigkeit. Für den Ausdruck des Bildes hängt viel davon ab, mit welcher Intensität der Strich geführt wird, ob er zügig oder zögernd über die Fläche gleitet. Die Energie der Bewegung kann sich frei in dem Bild entfalten, kann fließend sein oder auch stockend, gebremst.

Mit starkem Druck setzt Manessier den Pinsel auf: Es besteht bei ihm guter Kontakt mit der Malfläche, damit im übertragenen Sinn auch mit Erde und Realität. Ein gewisser Mangel an Beweglichkeit und Leichtigkeit muß bei dieser Malweise in Kauf genommen werden.

Einen sehr zarten, differenzierten Pinselstrich hat Paul Klee, bis sich in seinen späten Bildern der Einfluß seiner Krankheit, die seine Bewegungsfähigkeit behindert, bemerkbar macht und sein Strich schwer, gelegentlich sogar plump wirkt.

Sehr zart setzen auch die mittelalterlichen Buchmaler den Pinsel auf: Beweglichkeit und Sensibilität, eine meditative Grundhaltung ist charakteristisch für sie. Zweifellos sind sie weniger mit Erde und Realität verbunden als beispielsweise Manessier oder auch Nolde.

Der dünne Strich in den Anfangsbildern von Frau J. – zum Beispiel in *»Das graue Pferd«* (S. 209) – beruhte auf starker Selbstkontrolle und Gehemmtheit, während er sich in ihren späteren Bildern spürbar lockert und weicher wird.

Während der breite, genießerische Strich von Sinnenfreude und Lust an der Malmaterie spricht, weist ein konturenloses

»Schmieren« allerdings auf ein Befangensein im Unbewußten und mangelnde Gestaltungsfähigkeit hin[30].

So läßt sich auch der zügige von einem tastenden Strich unterscheiden, wobei der zügige Strich Zielsicherheit und Schwung, gelegentlich ein Sich-hinweg-Setzen über Probleme bedeutet, auch einen Mangel an Feinfühligkeit, während umgekehrt der tastende Strich von hoher Sensibilität spricht, auch von Unsicherheit, Hemmung und Empfindlichkeit.

Organisch fließende Bewegungen bringen runde und oft auch offene Formen hervor. Dann dominiert das Gefühl über Kontrolle und bewußte Konstruktion der Bilder, ein eher weibliches Empfinden prägt diese Bilder, während eckige oder gar geometrische Formen aus einer eher männlichen Einstellung, aus einem bewußt gestaltenden Wollen hervorgehen.

So gehen die Bilder von Frau J. (S. 210ff) von einer eher geometrisierenden Malweise zu immer weicheren, freieren Formen über. Trotz vieler bedrohlicher Motive gestaltet Frau C. (S. 49, 67 o., 69 o., 72 o., 143 u.) mit einem sinnenhaften, breiten Strich und einer weitgehend fließenden Bewegung. Auch die Frau jenes krebskranken Mannes malt in sinnenhafter Erdverbundenheit (S. 37): Die Strichführung von allen dreien gibt ihnen eine gute Prognose im Blick auf die Fähigkeit, auch schwere Probleme zu bewältigen. Die Intensität der Bewegung also drückt die Intensität einer Bewegtheit, einer Emotionalität aus, die jeweils auch eine bestimmte Bewegungsrichtung, eine bestimmte Intensionalität enthält: Die Bewegung kann sich auf verschiedene Weise im Bilde darstellen, nämlich

a) durch die Bewegtheit der Linien,
b) durch die Bewegtheit der Formen,
c) durch die Bewegtheit der Farben in ihrer Zueinanderordnung und in ihren Intensitätsgraden,
d) ferner durch die Richtungszüge der Bildelemente und Bildobjekte untereinander und
e) endlich durch bewegte Darstellungsmotive wie Wind und Wasser, in Gestalt des Meeres, des Flusses, eines Wasserfalls[31].

Dabei können alle genannten Modalitäten der Bewegung auch in ein und demselben Bild vorkommen. Ich möchte die einzelnen Aspekte an der spontanen Malerei einer 31jährigen

Studentin, dem *»Boot im Sturm«* (S. 143), aufzuzeigen versuchen: Die Bewegtheit der Linien (a) und der Formen (b) stellt sich in diesem Bild wie folgt dar: Durch die wildbewegte Linienführung des Baumes kommen dynamische Schlangen- und Flammenlinien zustande, die von links unten in S-Kurven nach oben rechts führen. In ihnen drückt sich aufgewühlte Emotionalität aus. Wie bremsend liegen auf den ersten Blick die braunen und schwarzen Bildzonen dazwischen, wobei sich bei näherem Zusehen auch die Strichführung der schwarzen Zone wie ein dunkles Segel – in Analogie zu den kleineren schwarzen Segeln an dem Boot in der oberen Bildzone – in stürmisch-wogender Bewegung nach rechts befindet: Schwarze Zone und Baumkrone bewegen sich gleichsinnig. Gegenläufig dazu läuft die Bewegung in der obersten Bildzone: Das mit doppeltem Segel ausgestattete Schiff fährt durch knatternden Wind nach links oben.

Die Farbkontraste (c) und die Richtungsbezüge der Bildelemente (d) stellen sich wie folgt dar: Die Farbakzente liegen spannungsvoll zwischen dem Fuchsrot des Baumes und des einen der beiden Segel und dem Schwarzblau bis Schwarz des anderen Segels sowie der eben benannten Wogenzone und des Meeres. Das Rot des Baumes zieht als Farbe der größten Intensität den Blick auf sich und führt ihn durch die flammengestaltete Stamm- und Kronenform empor bis zu dem roten Segel, mit dem die Hauptrichtung des Bildes nach links abgebogen wird.

Der schwarzen Zone, die einer riesigen Woge in der Tiefenschicht des Meeres gleicht, entspricht in der unteren Bildhälfte eine ebenso große helle Zone, aus der in der rechten unteren Ecke ein Gesicht samt einer Hand auftaucht, beide in Violett, die nach oben weisend wie beschwörend der stürmischen Bewegung des Baumes, der schwarzen Woge und des Schiffes nachblicken. Die schwarze Woge setzt, genaugenommen, die steil aufsteigende Linie des Hanges, auf dem der Baum sich festklammert, in einem Zug fort, so daß die Bewegung von links unten bis rechts oben in einer Richtung dynamisch emporstößt: einer Richtung, der das Schiff, das wie ein Piratenschiff wirkt, diametral entgegenfährt. Als Darstellungsmotiv (e) sind Wind und Wogen gewählt, dazu ein Baum, den der Wind, obwohl er trotzig zurückgebogen standhält, nach rechts biegt, und ein mit doppeltem Mast versehenes Schiff, das mit flatternden Segeln in die Gegenrichtung getrieben wird oder stürzt. Auch das erregt emporblickende Gesicht mit der gestikulierenden Hand – von der Spannungsfarbe Violett umrissen – bringt durch Ausdruck und Blickrichtung starke Bewegung und erregte Emotionalität ins Bild, in der die Hoffnung auf Ausweg mit einer Gegentendenz ringt, die den Untergang riskiert und die sich in dem gegenläufig fahrenden Freibeuterschiff symbolisiert. Daß jene Hand zugleich die Sichel des Mondes umschließt, verstärkt dabei das Hoffnungspotential auf eine Entwicklung im Weiblichen.

Stürmisch bewegt sind auch die Linien in dem Blatt *»Der Sturm auf dem Meer«* (S. 83) aus dem Hitda-Codex. Die Linien des Bootes wie auch die Linien des Segels sind selbst rhythmisch wie Wellen. Der Umriß des Bootes selber bildet eine diagonal den Bildraum durchschießende riesige Woge nach: Dadurch erhält das Bild eine erhebliche Dynamik. Durch die großen runden Heiligenscheine, acht an der Zahl, die wie goldene Räder im Boot liegen, entsteht zugleich der Eindruck, als könne in diesem Boot alles ins Rollen kommen, aus dem Boote rollen. Hierdurch wird die Bewegung des Bildes noch gesteigert. Sie verläuft gerade umgekehrt zu der Richtung, in der das Freibeuterboot von Frau C. fuhr: Hier fährt das Boot mit Schwung nach rechts unten. Der Bug mit der Galionsfigur eines Meeresdrachen biegt sich mit aufgerissenem Maul hinunter in den Bereich des Mütterlichen, der den mittelalterlichen Gläubigen zunächst eher als der Raum des Dämonischen erschienen sein mag.

Bei aller stürmischen Bewegtheit der Linienführung liegt das Boot ruhig und in vollkommener Ausgewogenheit im Bild: Wie kommt dieser Eindruck zustande? Einmal entsteht eine lineare Gegenbewegung, die von den Wellenlinien des flatternden Segels ausgeht und im Arm des schlafenden Christus mündet, der vertrauensvoll über den Rand des Bootes hängt; eine Gegenbewegung, die das abwärts Gerichtete der Diagonale wieder aufhebt. Sodann ruht das Boot in seinem Schwerpunkt, es trägt die Jünger wie ein dickbauchiger Korb, in einer weiblich-mütterlichen Formgebärde.

In Wirklichkeit steckt die Rundform der Heiligenscheine auch in der des Bootes, das sich, wenn wir die untere Linie des

Bootes mit dem unteren Teil des gebauschten Segels verbinden, in einen vollkommenen Kreis einbeschreiben läßt beziehungsweise mit dem oberen Teil des gebauschen Segels zusammen sich in ein ruhig in den Rahmen eingepaßtes Ei einfügt. Bei aller Bewegtheit der Elemente sind Schiff und Jünger geborgen im Kreis, im Ei: Müssen sie noch ausgebrütet werden, ehe sie begreifen, daß sie inmitten des Chaoswassers geborgen sind, weil dieser Eine mit im Boot ist, der ruhig schlafen kann, weil ihm Wind und Meer gehorsam sind?

Liegt hier der Bewegungsausdruck vor allem in der Linienführung (a), den Formen (b) und den Richtungsbezügen der Bildelemente (d) sowie im Darstellungsmotiv (c), so drücken sie sich in dem Bild *»Weißes Segel auf rotem Grund«* (S. 194) jenes Herrn R. K., der zu der Zeit seinem Schicksal entgegenfahren muß, primär in der Anwendung und im Auftrag der Farben aus: Hier ergibt sich ein wildbewegter Himmel durch den breiten, erregten Auftrag von Rot mit Lichtdurchbrüchen von Gelb und Blau, der in diagonalen Strichen von links oben nach rechts unten über den ganzen Horizont gezogen ist. Hinzu kommt die rhythmische Folge von fünf schwarzen Brückenbögen, die in ihrem Inneren weiß und leer belassen sind. Von ihnen her sieht man den Fluß rot und in fast senkrecht nach unten gezogenen Strichen nach links unten hinwegströmen. Die Form des Bootes, der phallisch vorstoßende Bug und das dreieckige weiße Segel machen dessen Bewegungsrichtung quer zur Strömung des Flusses evident. Das Weiß der Brückenbögen bezieht sich auf das Weiß des Segels zurück und drängt unser Auge, die künftige Bewegung des Bootes vorauszunehmen, die darin besteht, daß dieses Segel nun von Bogen zu Bogen weitergezogen werden wird hinüber in das jenseitige Land, quer zur Bewegungsrichtung des Flusses, der wohl den Lebensstrom des Malers darstellt.

Es soll uns im folgenden nun beschäftigen, wie die Linien als blickleitende Formträger mit den Farben als blicksammelnden Bildelementen korrespondieren.

Die Farbkontraste

Zur Untergliederung der Farbordnung verwandte schon Goethe[32] die Gruppierung in warme und kalte, aktive und passive Farben. Sie ist unvollständig, bleibt aber doch die Grundlage für jede emotionale Gliederung der Farben. Welche Wahrnehmungsrealität steht hinter der Unterscheidung von kalten und warmen Farben? Als warme Farben gelten: Gelb, Orange und Rot. Amerikanische Forschungen[33] haben erwiesen, daß die Bestrahlung mit rotem Licht in der Tat Wärmeempfinden des Körpers zur Folge hat. Itten[34] berichtet, daß kalte und warme Farben auch physiologisch anregend wirken.

Der warme Farbklang Gelb-Orange-Rot hat eine wichtige Aussagefunktion in dem Bild von Emil Nolde *»Christus und die Kinder«* (S. 115), in dem die heranströmenden Kinder einen Farbakkord bilden, der sich allein aus den drei warmen Farben zusammensetzt. Als kalte Farben gelten demgegenüber: Grünblau, Blau und Violett. Eine Komposition, die nur aus diesen drei Farbtönen zusammengesetzt ist, haben wir in der Buchmalerei *»Christus begegnet Maria Magdalena«* (S. 85) aus dem Evangeliar Heinrichs III. (um 1040) vor uns. Expressiv teilt sich hier die Kühle des geheimnisvollen »Rühre mich nicht an« mit, die Atmosphäre dieser Begegnung zwischen Maria Magdalena und dem auferstandenen Christus, die zugleich eine Transzendenzerfahrung bedeutet. Auch Frau C.s *»Pflanze gegen den Untergang«* (S. 70) besteht im wesentlichen aus dem Farbklang Grün, Blau und Violett, dem zusätzlich große Partien von Schwarz und etwas Maisgelb und Braun zugeordnet sind. Auch dieses Bild bekommt durch solchen Farbklang eine fremdartig düstere Atmosphäre.

Im Zusammenhang mit Kälte oder Wärme einer Farbe spricht Johannes Itten vom »Farbcharakter«[35]. Von ihrem »Farbton«[36] spricht er dagegen, wenn er eine kühle, etwa karminrote Variante der an sich warmen Rotfarbe charakterisieren will.

In Frau J.s Bild *»Kassandra«* (S. 67) ist beispielsweise das Rot durch Deckweißbeimischung zu Karmin gedämpft.

Jede Farbe hat ihre Erscheinungsform in Kalt und Warm. Es wäre zu einfach gesehen, wenn man meinte, daß alle sich dem Blau nähernden Farben kalt, alle dem Gelb oder Rot zuneigenden warm wären. Rot gewinnt vielmehr durch Gelbbeimischung an Wärme, es wird zu Orangerot; bei Blauzusatz an Kühle, es wird zu einem rotgetönten Violett. Blau gewinnt durch Rotbeimischung an Wärme, es wird zu einem blaugetönten Violett; durch Gelbzusatz gewinnt es an Kühle und wird zu Grünblau. Mutatis mutandis gilt dieses Prinzip für alle Farben. Orange als einzige Farbe hat keine kalte Erscheinungsform. Wichtig an diesen Beobachtungen über die Wärme und Kälte der Farben ist ihre räumliche Wirkung im Bildganzen. Warme Farben vermitteln den Eindruck des Vorrückens. Dieser Eindruck ist an dem Bild von Nolde *»Christus und die Kinder«* (S. 115) besonders gut zu beobachten.

Die kalten Farben vermitteln dementsprechend den Eindruck des Zurückweichens. Diesen Eindruck nutzen alle die Bilder, die als Hintergrundfarbe Blau verwenden, um so eine gewisse Tiefenwirkung ins Bild zu bringen, die selbst bei flächenhafter Darstellung, wie etwa in der Reichenauer Buchmalerei, zur Geltung kommt.

Ein Beispiel soll uns die Eigenlogik der Farben und ihre Sprachgewalt verdeutlichen: Eines der schwierigsten Themen der christlichen Kunst ist die Darstellung des Gottesboten, des Engels, in dem die ganz andere Dimension, aus der er kommt und von der er aussagt, sichtbar werden soll. In der Bamberger Apokalypse (um 1020) haben wir bei dem Bild *»Die Huldigung vor dem Lamm«* (S. 86) eine Engelsgestalt vor uns, die allein durch den Farbklang Violett-Blau-Grün verkörpert wird, der durch seine Fremdartigkeit die Transzendenz des Gottessohnes hervorhebt. Dadurch, daß diese Engelsgestalt vor einem rein blauen beziehungsweise indigofarbenen Grund auftaucht, gewinnt das Bild darüber hinaus eine Tiefe, die den transzendenten Raum andeutet, aus dem der Bote kommt. Die Farbtöne des Engelsgewandes sind sehr hell gehalten, und so erscheint die Engelsgestalt außerdem in großer Durchsichtigkeit.

Es läßt sich also eine optische Eigenbewegung der Farbe in ihrem Zusammenklang beobachten, eine Tiefenbewegung je nach der Nah- oder Fernwirkung, die eine Farbe vermittelt. Weitere Beobachtung erweist, daß dunklere Farbtöne dem Auge näher erscheinen als hellere. So trägt in dem eben

Emil Nolde, Grablegung

Emil Nolde, Abendmahl

Emil Nolde, Christus und die Kinder, 1910

betrachteten Bild der Evangelist Johannes, der von dem Engel angeredet wird, ein dunkles violettes Gewand, das zu den hellen Tönen des Engelgewandes kontrastiert. Der dunkle Farbton verleiht der Gestalt des Johannes die stärkere Plastizität und rückt ihn in den Vordergrund des Bildes.

Das gleiche bemerkt man bei dem Nolde-Bild *»Christus und die Kinder«* (S. 115), bei dem die beiden Jünger links durch ihr blauviolettes oder indigoblaues Gewand aus dem Hintergrund des Bildes hervortreten.

Ähnliches zeigt sich in dem Bild von Frau J. (S. 68), in dem die dunkle Frau, die aus dem Fenster in den gelben Raum einsteigt, eine viel größere Nähe zum Betrachter bekommt als die in dem Reifen geborgene »weiße Frau«.

So kann das Bild uns eine steigende oder fallende Bewegung vermitteln. Die steigende Farbbewegung, die wir in dem Bild *»Christus und die Kinder«* (S. 115) im Herandrängen der Kinder an das Blau des Christusmantels erleben, kommt auf den Betrachter zu und sucht ihn zu ergreifen. Die sinkende Farbbewegung, durch kühle Farben ausgelöst, wie wir sie in dem Bild *»Die Huldigung vor dem Lamm«* (S. 86) dargestellt finden, zieht den Betrachter umgekehrt meditativ in das Bild hinein. So muß der Ausdruckswert der jeweiligen Bildbewegung als Vorzeichen für den besonderen Ausdruckswert der einzelnen Farbe gelten. Die Farben haben einen absoluten und einen relativen Ausdrucksgehalt, je nachdem, ob sie für sich stehen oder in Korrespondenz mit den anderen Farben treten. Darüber hinaus ist ihr Ausdrucksgehalt von ihrem kühlen oder warmen Farbton bestimmt. »Die Farben existieren also kraft einer ihnen eigenen Logik und bilden den Raum, den sie zu ihrem Ausdruck bedürfen. Es ist Aufgabe des Betrachters, sich in die von ihnen dargebotene Logik zu versetzen, indem sie, wenn man ihr folgt, Sprachgewalt erlangen.«[37]

Die Wirkung der kalten und warmen Farben ist so allgemein verbindlich, daß sie zur internationalen Verkehrsregelung genutzt werden kann: Überall auf der Welt bedeutet Rot die vorspringende, den Weg verstellende Farbe, Grün hingegen die zurückweichende, den Weg freigebende Farbe. Wie stark die Wirkung der Farbe von ihrem Farbgrund abhängig ist, vergegenwärtigen wir uns kurz an einigen Beispielen.

Alle hellen Töne auf schwarzem Grund treten im Grad ihrer Helligkeitsstufe nach vorn, auf weißem Grund geschieht es umgekehrt. So springt in Frau J.s Bild *»Der Magier und die weiße Frau«* (S. 68) die weiße Frau vor dem schwarzen Hintergrund stärker ins Blickfeld als der Magier, der auf hellem Hintergrund steht. Gelb auf Schwarz wirkt sehr intensiv, aggressiv, kalt. In Frau J.s Bild *»Schwarze und weiße Frau«* (S. 68) ist der gelbe Bildraum auf schwarzem Grund gemalt und wirkt damit sehr grell, auf Weiß strahlt Gelb statt dessen eine milde Wärme aus. Negative, destruktive Mächte werden innerhalb der christlichen Tradition öfters in Gelb auf schwarzem Grund dargestellt, zum Beispiel in dem Blatt *»Satan und die Heuschrecken«* (S. 87) aus der Apokalypse von Saint Sevér. Die Farbkontraste lassen sich nach Ittens Aufgliederung wie folgt charakterisieren:

1. der Farbe-zu-Farbe-Kontrast;
2. der Hell-Dunkel-Kontrast;
3. der Kalt-Warm-Kontrast;
4. der Komplementär-Kontrast;
5. der Simultan-Kontrast;
6. der Qualitäts-Kontrast;
7. der Quantitäts-Kontrast.

Wir wollen auf die einzelnen Kontraste nun näher eingehen.

Farbe zu Farbe

Der Farbe-zu-Farbe-Kontrast stellt alle Farben in ihrer stärksten Leuchtintensität nebeneinander. Er verwendet mit Vorliebe die drei Farben erster Ordnung: Rot, Gelb und Blau. Die frühmittelalterliche Buchmalerei und die Glasmalerei stellen einzigartige Beispiele des Farbe-zu-Farbe-Kontrastes dar. Die Verwendung von reinen Farben ist ein Bekenntnis zum Eigenwert der Farbe. Es läßt sich durchweg eine Abstraktion der Formen und Farben auf ihre Elementareigenschaften beobachten. (Der Farbe-zu-Farbe-Kontrast wird von Johannes Itten mit dem etwas schwerfälligen Terminus »Farbe-an-sich-Kontrast« bezeichnet.) Nicht farbstilistische Neuerungen stehen am Anfang der farbigen Symbolkunst des Mittelalters, sondern eine neue Sicht der Wirklichkeit, die etwas von dem ihr eigenen religiösen Leben in die Farbe hineinsieht. Dabei spielt vor allem eine neue Ehrfurcht vor der Schöpfung eine Rolle, die in den edelsten Materialien der Schöpfung, den Edelsteinen, die Stimme des Schöpfers am deutlichsten zu vernehmen glaubt. So erschließt sich die Symbolkraft der Farbe für den frühmittelalterlichen Menschen zunächst am kostbarsten Material, an den Edelsteinen. Die Malerei versucht, wenn sie diese Steine nicht selbst verwendet, so doch ihren Farben Edelsteincharakter zu verleihen und so den Schöpfungscharakter der Farben am ehesten zu bewahren: »Die ungetrübten Farben erster und zweiter Ordnung haben immer einen Charakter von... anfänglichen Wirklichkeiten.«[38]

In der Moderne haben wir kaum bessere Veranschaulichungen des Farbe-zu-Farbe-Kontrastes als in den Glasmalereien Marc Chagalls, vor allem denjenigen in dem spätromanischen Chor des Fraumünsters von Zürich, wo er alle fünf spätromanischen Fenster jeweils auf einen der reinen Farbtöne gestimmt hat[39].

Hell – Dunkel

Helligkeitspol der Farbskala ist das Gelb, Dunkelheitspol das Violett. In vielen Gelbtönen schimmern der Leib und die Gloriole des Auferstandenen bei Matthias Grünewald (S. 88), in Violettönen weicht hinter ihm die Nacht des Todes zurück. Die lichtarmen Töne weichen nach hinten, die lichtreichen Töne dringen nach vorn. Schön zeigt dies auch das schon vielfach genannte Bild von Nolde *»Christus und die Kinder«* (S. 115): Dieses Bild bringt eine dynamische Bewegung in die Darstellung, indem es die vordringende Farbe Gelb in den Hintergrund setzt, das zurückweichende Violett in den Vordergrund. Vom Gelb werden die herandrängenden Kinder zu Jesus herangezogen, vom Violett werden die Jünger zurückgedrängt.

Eine Bildcollage von Frau J. zeigt in einem tiefdunkelvioletten Bildgrund neben zwei weißen Zeitungsausschnitten einen gelben Kreis im rechten mittleren Bildfeld, auf dem mit ausgeschnittenen Buchstaben das Wort *»wise«* (S. 141), das englische Wort für weise, eingeklebt ist. Erkenntnis, Weisheit sucht die Malerin, das »runde Ganze«, das sich hier in leuchtendem Gelb von dem tiefdunklen Violettgrund des Bildes abhebt. Die Aussage beruht auf dem Hell-Dunkel-Kontrast. Das Dunkel des Violett – quälende oder auch schöpferische Spannung, Passion – treibt gleichsam die Sehnsucht nach Weisheit hervor. Für das Alltagswissen, das wir der Information der Presse verdanken, stehen die Zeitungsausschnitte, die natürlich nicht für das runde Ganze stehen können.

Von anderer Hell-Dunkel-Wirkung als die lichtintensiven Farben sind die aufgehellten Farben wie etwa Hellblau, das gegenüber Blau noch weiter in den Hintergrund zurückweicht und eine durchsichtige Atmosphäre suggeriert. Im Vergleich zur Wärme der von Natur lichtintensiven Farben neigen die aufgehellten zu größerer Kühle. Ein aufgehelltes, kühles Blau findet sich vielfach in den frühmittelalterlichen Buchmalereien der Reichenauer Schule, zum Beispiel in dem Blatt *»Verkündigung an die Hirten«* (S. 84).

Der Hell-Dunkel-Kontrast läßt sich vor allem in der zwischen Schwarz, Weiß und allen Schattierungen spielenden Gestaltungen der Graphik – also Radierung, Holzschnitt und so weiter – ausprägen.

Rembrandts Radierung *»Emmaus«* veranschaulicht den Hell-Dunkel-Kontrast: Die hellste Stelle, das zentrale Lichtphänomen des Bildes, bildet die Lichterscheinung über dem leeren Stuhl. Sie bezeichnet die Gegenwart des Auferstandenen, die den Jüngern in diesem Moment wie ein Licht aufgeht. Sie spiegelt sich in der gleißenden Helligkeit – eigentlich heller als das Phänomen selbst – über der Hand des Jüngers, der das Tuch hält, über der Schale auf dem Tisch. Beim Bereiten des Mahls »geht es ihnen auf«, daß er nicht tot ist – so berichtet die Emmaus-Geschichte des Neuen Testaments. Beide Hände und das Gesicht der Jünger werden gleichsam zum Spiegel des Lichts. Mächtig wirft dieses Licht, das selbst »nicht von dieser Welt« ist, den Schatten des Mannes an die Wand, zeigt ihn als real. Dieser Schatten ist wiederum die dunkelste Stelle im Bild. Der Widerschein des Lichtes liegt zugleich auf der hohen geschlossenen Tür, eine von denen, hinter denen sich die Jünger nach der Hinrichtung des Jesus von Nazareth verschanzten, wie es im Evangelium heißt. Diese Tür – so kündet Rembrandt in seiner Sprache des Licht-Dunkel-Kontrastes an – wird aufgehen, nachdem die Ostererfahrung gemacht ist.

Rembrandt, Emmaus, ca. 1645

Kalt – Warm

Wärmepol der Farbskala ist Rotorange. Kältepol ist Blaugrün. Der Kalt-Warm-Kontrast hat uns bereits beschäftigt. Eine besonders überzeugende Wirkung findet er in dem Bild *»Grablegung«* (S. 113) von Emil Nolde. In ihren warm-getönten blaugrünen Mänteln nehmen die Jünger den kalten, grüngelben Körper des toten Christus auf. Die Lebendigkeit ihrer Hoffnung aber wird sichtbar im warmen Rotbraun, das vor allem auf dem Gesicht des Jüngers in der Mitte liegt und auf dem leidenschaftlich erregten Rot seiner Lippen.

Es gibt Experimente der Farbpsychologie, die die psychophysische Wirkung des Kalt-Warm-Kontrastes nachweisen:

Zwei Arbeitsräume wurden zum Beispiel der eine blaugrün und der andere rotorange gestrichen. Die Empfindung der Versuchspersonen für Kälte und Wärme differenzierte um drei bis fünf Grad. Das blaugrün gestrichene Zimmer wurde schon bei 15°C als kalt empfunden, das rotorange gestrichene erst bei 11–12°C. Blaugrün dämpft nachweislich den Impuls zur Blutzirkulation, während Rotorange ihn aktiviert. Selbst Rennpferde und Fliegen reagierten auf den blaugrün beziehungsweise rotorange gestrichenen Raum. Im blau gestrichenen Raum beruhigten sich die Rennpferde nach dem Rennen sehr rasch, während es im rotorange gestrichenen Raum längere Zeit dauerte, bis die Pferde sich abreagiert hatten. Im blauen Raum wurden sie nicht von Fliegen belästigt, während sie im roten von zahlreichen Fliegen umschwärmt waren[40].

Komplementarität

Die Wirkung der Komplementärfarben aufeinander ist allgemein bekannt: Sie steigern einander in ihrer Wirkung. So wird vor allem ein rotes Feld in Grün zur Plastizität und zum Vorspringen auf den Betrachter hin gesteigert. Ebenso verhalten sich Orange und Blau, Gelb und Violett. Ein gutes Beispiel für die Wirkungsweise der Komplementärpaare Grünblau – Gelborange und Gelb – Ultramarinblau bietet Emil Noldes schon mehrfach genanntes Bild *»Christus und die Kinder«* (S. 115). Wie ein Wirbel von Sonne und Leben drängt die Kinderschar aus dem Hintergrund des Bildes auf Jesus zu: Dieser Eindruck beruht primär auf der Wirkung der Lichtfarbe Gelb auf das Auge, die durch eingestreute Orange- und Rottöne in ihrer Wärmekraft noch gesteigert wird. Der Eindruck des Herandrängens der Kinder entspringt dem optischen Gesetz, nach dem der Gelb-Rotton der Kinder von dem Blau-Grün des Jesusmantels, der Komplementärfarbe, elementar angezogen wird. Auch die Mäntel der Jünger links in Violett bilden Komplementärfarben zu einigen Gelbtönen der Kinderkleider und verstärken so das Drängen der Kinder nach links hin. Die Wirkungsweise des Komplementärkontrastes wird noch gesteigert durch das Mitwirken des Kalt-Warm-Kontrastes und des Hell-Dunkel-Kontrastes, die beide die Kinder an die Christusgestalt heranziehen.

In einem weiteren Bild Emil Noldes *»Blumen und Wolken«* (S. 10) steht das intensive Blau des Rittersporns im Vordergrund gegen das Gelb-Orange des heranbrausenden Gewölks, das aus dem Hintergrund immer näher rückt und als warme Farbe zudem noch vom Auge herangezogen wird, während der Rittersporn in seinem tiefen Blau leise zurückweicht. Das Ringen der natürlichen Elemente – das Blau der Blume mit der Feuerfarbe des aufziehenden Gewitters – wird zudem noch durch weitere Komplementärkontraste ergänzt, die kontrapunktisch zueinander stehen, wie zum Beispiel die gelben Blumen im Vordergrund gegen die Violettfarben in der Wolkenwand. Auch Franz Marcs *»Zwei Katzen«* (S. 9) sind von Komplementärfarben bestimmt. Die kauernd-lauernde Katze in zielgerichtetem Gelb und die verspielt sich putzende in ruhigem Blau bilden einen stimmigen Komplementär-Kontrast, zugleich die beiden zusammengehörigen Seiten eines jeden Katzenwesens. Ein zweiter Komplementär-Kontrast innerhalb des gleichen Bildes bezieht das rote Rund am Hüftgelenk der blauen Katze auf den grünen Ball, der vor ihrer Pfote liegt, und bringt andererseits den roten Grund, auf dem die Katze liegt, mit dem grünen Hügel in Kontakt, der über ihrem Kopf erscheint.

Die Korrespondenz der Komplementärfarben Rot und Grün wird in ihrer Aussagekraft sehr deutlich in der Ikone des *Heiligen Nikolaus* (S. 82). Die Komposition verdankt ihre verkündigende Kraft dem Einsatz der Farbträger Rot und Grün. Die optische Mitte des Bildes ist das rote Gewand des vorderen Jüngers, dem andeutungsweise ein grünes, dann noch einmal ein rotes folgt. Rot herrscht auf diesem Bilde vor, es will zeigen, daß die Jünger in ihrer Angst von Liebesenergie umschlossen sind. Zwischen das Rot der Jünger und das negativ schmutzige Chaos-Grün schiebt sich allein das nußschalengroße, aber durch seine Form – quer liegende Schale – bergende Boot. Es schützt auch farblich vor dem krassen Nebeneinander der Komplementärfarben Rot und Grün, indem es die Vermittlerfarbe Braun trägt. So ist das Bild von einer Farbharmonie getragen, die Ruhe und Vertrauen vermittelt. Um den Schutz bildnerisch auszudrücken, umhüllt der Maler das ganze Bild, Schiff samt Chaoswasser, mit einem tiefen, warmen Rot.

Simultaneität

Wie stark das Auge die Komplementärfarbe verlangt, zeigt das Phänomen des sogenannten Sukzessiv-Kontrastes: Wir verstehen darunter mit Itten die Erscheinung, nach der nach längerem Beschauen einer Farbe anschließend bei geschlossenem Auge auf der Netzhaut die genaue Komplementärfarbe erscheint, das heißt also, daß nach längerem Betrachten von Rot auf der Netzhaut Grün entsteht beziehungsweise nach Gelb-Betrachtung Violett, nach Blau-Betrachtung Orange und jeweils umgekehrt. Das Entsprechende gilt für sämtliche Farbschattierungen.

Nun gibt es eine eigentümliche Erscheinung: Bei der Gegenüberstellung zweier nicht genau komplementärer Farben wird die Netzhaut dennoch zu einer eigentümlichen Selbsttätigkeit im Sinne des Komplementär-Kontrastes angeregt, die Johannes Itten wie folgt beschreibt: »Jede der beiden Farben sucht die andere in ihr Komplement zu drängen, meist verlieren beide ihren realen Wirklichkeitscharakter und leuchten in neuen Wirkungen auf. Die Farben scheinen in höchster dynamischer Erregung zu sein. Ihre Stabilität ist aufgelöst, und sie kommen in ein wechselvolles Vibrieren. Sie verlieren ihren objektiv wirklichen Charakter und schwingen in einem individuellen Wirkungsfeld unwirklicher Art wie in einer neuen Dimension.«[41] Hierdurch entsteht eine Kontrastwirkung eigentümlicher Art: »Beim Simultan-Kontrast handelt es sich um die Erscheinung, daß unser Auge zu einer gegebenen Farbe immer gleichzeitig, also simultan, die Komplementärfarbe verlangt.«[42] Diese Erscheinung eben bezeichnen wir als Simultan-Kontrast.

Das Auge des Menschen ist sozusagen nur dann im Gleichgewicht, wenn das Komplementärgesetz erfüllt ist: So sieht es in zwei nicht genau, aber annähernd komplementären Farben selbständig den Komplementär-Kontrast hinein. So erging es mir beispielsweise beim ersten Betrachten des Bildes von Frau C., das vom Gipfel des *Kilimandscharos* (S. 69) aus den Kontrast zwischen aufstrahlendem gelborangen Sonnenlicht und der brauenden Nebel- und Wolkenwand unterhalb des Gipfels ausdrücken will. Hier erschien mir zunächst das ganze graue Wolkenmeer in Blau-Violett-Tönung. Später bemerkte ich, daß die Hauptfarbe Grau ist, in das sich jedoch feine blaue, violette und grüne Töne mischen.

Mit Hilfe dieses Simultan-Kontrastes läßt sich optisch eine intensive Schwingung erzeugen, die negativ die irritierende Wirkung destruktiver Mächte, positiv die schwebend-klärende Transparenz bei der Erscheinung eines Engels ausdrücken kann. Eine negativ irritierende Wirkung strahlen etwa in dem Blatt aus der Apokalypse von Saint Sevér *»Satan und die Heuschrecken«* (S. 87) die disharmonischen Farbkontraste aus. Eine positiv geheimnisvolle Schwingung vermittelt dagegen die zart getönte farbliche Asymmetrie in der *»Verkündigung an die Hirten«* (S. 84) des Perikopenbuches Heinrichs II.: »Die Tatsache, daß sich stoffliche Wirklichkeitsformen und Farben in unwirkliche Vibrationen verwandeln können, gibt dem Künstler die Möglichkeit, Unsagbares auszudrücken.«[43]

Der Qualitätskontrast

Der Qualitäts-Kontrast stellt den Gegensatz von gesättigten, leuchtenden Farben zu stumpfen, getrübten dar. Die Farbqualität besteht im jeweiligen Sättigungsgrad der Farben. Reine Farben gelten als gesättigte Farben. Mit Weiß aufgehellt, werden sie kälter, mit Schwarz verdunkelt trüber. Ein gutes Beispiel für den Qualitätskontrast bietet das schon öfters genannte *Auferstehungsbild* von Matthias Grünewald (S. 88): Seine Sprachgewalt verdankt es nicht zuletzt dem Kontrast von schmutzig-trüben Erdfarben im Vordergrund sowie in den Gewändern der Grabwächter im Hintergrund und der aufstrahlenden Intensität des Farbspektrums um Christus, das alle Farben in ihrer intensiven Leuchtkraft enthält. Hier steht der Qualitäts-Kontrast im Dienst der Aussage: Lebensqualität gegen Todesqualität. Ebenso rein steht das Blau-Grün der Jüngermäntel auf Noldes Grablegungsbild gegen das kranke, gebrochene Gelb des toten Leibes Christi.

In Frau J.s Bild *»Kassandra«* (S. 67) bekommt der dunkle Flügel in seiner satten, kompakten Schwarztönung auf der linken Seite nicht zuletzt deshalb so viel Übergewicht, weil das ihm gegenüberstehende Rot nicht rein, sondern durch eine Aufhellung mit Deckweiß in seinem Farbcharakter gebrochen ist. Ein reines Rot enthalten dagegen die *»Drei Würfel«*

(S. 210) auf einem anderen Bild von Frau J., das damit dem Grau und auch dem schwach und in gebrochenen Tönen aufgetragenen Rot-Grün des Hintergrunds gegenüber den stärkeren Farbakzent zu setzen vermag.

Der Quantitätskontrast

Als letzten betrachten wir den Quantitäts-Kontrast: Er drückt das Größenverhältnis von zwei oder mehreren Farbflekken aus[44]. Die Wirkungskraft einer Farbe resultiert aus ihrer Leuchtkraft und aus der Fleckengröße, die sie einnimmt. Nach Goethe verhalten sich die Lichtwerte folgendermaßen: Gelb zu Violett wie Dreiviertel zu Einviertel; Orange zu Blau wie Zweidrittel zu Eindrittel; Rot zu Grün wie Einhalb zu Einhalb. Anschaulich wird das Verhältnis von Gelb zu Violett wie drei zu eins in dem schon beschriebenen Bild von Frau J. (S. 141): Hier entspricht der Raum des Gelbkreises mit der Inschrift *»wise«* etwa einem Viertel des Raumes gegenüber dem, den das Violett einnimmt. Kraft seiner Intensität und seines spezifischen Gewichtes für unser Sehorgan nimmt es jedoch dieser gelbe Kreis mit der gesamten Violettfläche auf und überstrahlt sie sogar. Von seinem Ausdruckswert her gesehen, bedeutet das: Der Spannung, der Passion, die dem Hintergrund ihres Lebens, der in Violett gestaltet ist, entspricht, hält der Radius der gewonnenen Lebensweisheit, dieser kleine Lichtkreis, stand, auch wenn er auf den ersten Blick der Unterlegene zu sein scheint.

Tut das Bild den genannten Gleichgewichtsgesetzen Genüge, so gewahrt das Auge eine innere Stimmigkeit im Bild. Wird das Gleichgewichtsverhältnis der Farben nicht gewahrt, so schlägt sich das Auge sofort auf die Seite des schwächeren Farbtons, nimmt ihn intensiver wahr, so daß er relativ leuchtender wirkt als die Farbe, die in größerer Menge vorhanden ist. Man beachte nur die überaus starke Lichtwirkung der hellen Farbtöne bei Geertgen *»Die Geburt Christi«*, die vor der übermächtigen Finsternis wie Juwele aufstrahlen. Auf dem gleichen Prinzip beruht der Hell-Dunkel-Kontrast Rembrandts, den wir bereits in seiner Emmaus-Radierung (S. 121) betrachtet haben: »Vermutlich unterliegen wir einem universellen Willen zum Gleichgewichtigen.«[45]

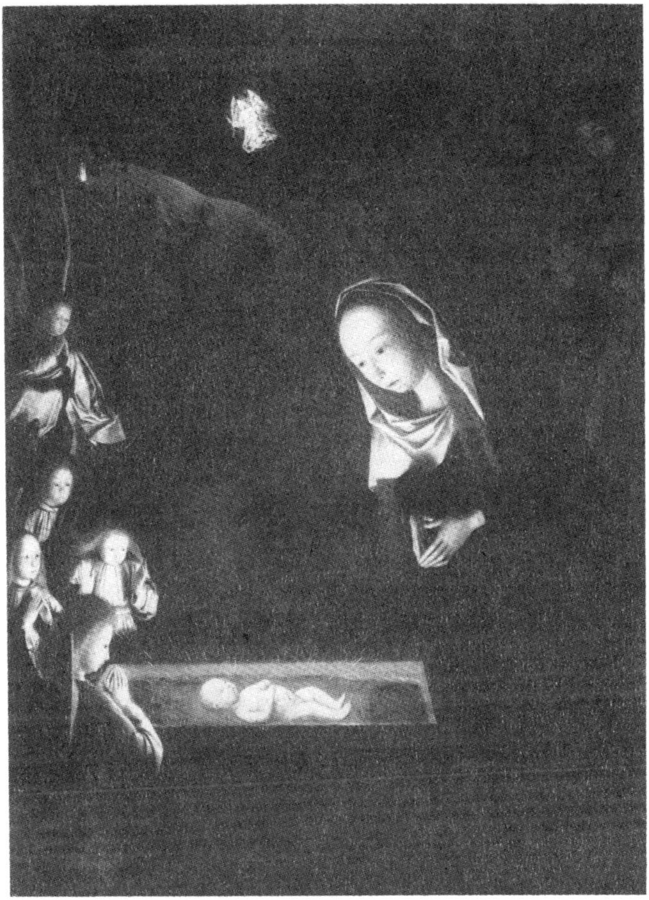

Geertgen, Die Geburt Christi

Dieser universelle Wille zum Gleichgewichtigen wird für die Aussage der Bilder wirksam: Auf der Geburt Christi von Geertgen streitet unser Auge für das Licht, das in die Dunkelheit kommt. In Rembrandts Emmaus-Bild verteidigt unser Auge das Licht des Auferstandenen, das in die vom Tod verdunkelte Welt der Jünger einbricht. Auf dem Bild von Frau J. streitet es für den Lichtkreis der Weisheit, mitten in einer schmerzlich und spannungsreich verdunkelten Wirklichkeit.

Die Perspektive

Zentral- oder Beleuchtungsperspektive

Jedes Kunstwerk verkörpert einen bestimmten Weltstandort und eröffnet dem Betrachter den Zugang zum gleichen Standort. So stellt etwa das aperspektivische *Pfingstbild* aus einem *englischen Psalter* auf einzigartige Weise dar, was es bedeutet, als Mensch zwischen Himmel und Erde zu leben und doch in einem »Umgreifenden« geborgen zu sein (Karl Japsers' Ausdruck »das Umgreifende« wird hier in seinem ursprünglich bildhaften Sinn verwendet). Durch die dreifache Bogenform, mit der die Gottesstadt die Erde mitsamt den Jüngern und

Pfingsten, Englischer Psalter

samt dem ganzen leeren Raum umfaßt, stellt diese Psalterillustration dar, was es heißt, durch den »Geist« aus der Gotteswelt im Raum dieser ungeheuren Freiheit dennoch gehalten zu sein. Die Verbindungsstränge zwischen dem Taubensymbol, der abstrakten »Geistwolke« und jedem einzelnen der Jünger zeigen, wie es möglich wird, in dieser Leere durch eine gemeinsame Bindung, einen gemeinsamen Geist, miteinander verbunden zu sein. Auf diesem Bild ist das Ereignis von Pfingsten mit einfachsten Mitteln ohne perspektivische Raumkonstruktion in kosmische Zusammenhänge gestellt. Der Raum Gottes als das schlechthin Umgreifende wird hier überzeugend sichtbar. Die beredten Gebärden der Jünger machen den Betrachter auf die Bedeutsamkeit dieser Perspektive für seine eigene Existenz aufmerksam.

Eines der ersten Bilder in Zentralperspektive finden wir in dem *»Abendmahlsaltar«* von *Dirk Bouts* (S. 131). Wir konzentrieren unsere Betrachtung auf die Fragestellung: In welcher Weise verändert die Einführung der Perspektive den Charakter eines Bildes? Die Zentralperspektive ist ein empirisches Gestaltungsmittel. Sie will den dreidimensionalen Erfahrungsraum und in ihm enthaltene Körper auf einer zweidimensionalen Fläche wiedergeben. Dabei sollen der Raum und seine Gegenstände dieselben Abstandsverhältnisse beibehalten, unter denen sie sich dem tiefengestaffelten Bild des Auges darbieten. Bei der Umsetzung auf die Bildfläche entstehen hierbei Verkürzungen und Verkleinerungen der entfernter im Raum gelegenen Gegenstände. Dabei wird eine doppelte Perspektive angewandt: die lineare Perspektive, die die Dinge verkürzt, um die Illusion der Entfernung im Raum hervorzurufen. Außerdem die sogenannte Farbperspektive, die die Farbe »verkürzt«, das heißt mit zunehmender Entfernung abschwächt. Um der Illusion willen werden also Entstellungen aller Gegenstände in Kauf genommen. Die perspektivische Darstellung beruht auf den Gesetzmäßigkeiten dreidimensionaler Raumwahrnehmung und ist durch deren Erforschung aufgekommen. Man überträgt die Probe auf die Realität durch nachkonstruierende Experimente der Naturwissenschaft auch auf die Malerei[46]. Die Malerei tritt mit ein in den Dienst einer naturwissenschaftlichen Welterforschung und Weltvergewisserung.

Neben das betrachtete Pfingstbild des englischen Psalters setzen wir nun das Abendmahlsbild von Dirk Bouts. Auch hier ist die Schar der Menschen von einem Umgreifenden umgeben, aber dieses Umgreifende ist nicht mehr der Raum Gottes, die Gottesstadt, sondern ein Wohnraum des 15. Jahrhunderts. Auch hier betonen Bogenformen das Bergende des Raumes, aber sie sind nicht mehr als absolute Formen ins Bild gesetzt, sondern als charakteristische Spitzbogenfenster der ausgehenden Gotik, bedeuten daher auch nicht mehr absolute Bergung durch ein Umgreifendes, sondern die relative Bergung durch eine heimelige Wohnstube. Dieser Wohnraum ist an die Stelle des selbstleuchtenden symbolischen Bildgrundes und der Eigenbedeutung des umschließenden Bildrahmens im englischen Psalter getreten. Er stellt den Bildraum als perspektivische Bildbühne her und steht als bestimmendes Vorzeichen vor der Klammer aller einzelnen Bildobjekte und Bildinhalte. Dieser Raum ist qualitativ vor der Summe aller Einzelgegenstände und Personen in diesem Raum vorhanden, er wird jedem Einzelobjekt seinen Stellenwert im Rahmen des Bildraumes zuweisen. Wir wollen die bildnerische Konstruktion dieses Raumes noch genauer untersuchen: Er ist vom Betrachter her, der außerhalb des Bildes stehend gedacht ist, konstruiert. Dessen frei gewählter Blickpunkt wird bestimmend für den Aufbau der Bildbühne. Seine Perspektive setzt sich ins Bild hinein fort, alle Linien des Bildes müssen auf den damit festgelegten perspektivischen Fluchtpunkt zulaufen. Dirk Bouts stattet seinen Raum mit einer Fliesen- und Dekkenstruktur aus, die die Ziele der perspektivischen Darstellung stark unterstützt. An den parallel vorzustellenden Dekkenbalken läßt sich der Verlauf der perspektivischen Fluchtlinien demonstrieren, ebenso an dem regelmäßigen Liniennetz der quadratisch gedachten Bodenkachelung. Zur perspektivischen Einordnung in den Raum ist die klare Rechteckform des Tisches besonders gut geeignet: An ihm lassen sich die Verkürzungen auf den Fluchtpunkt hin verdeutlichen. Allein durch diesen strengen Aufbau einer Bildbühne beweist Dirk Bouts sein Interesse am sehbildlichen Experiment, seine Intention empirischer Beobachtung. Der Betrachter ist zum Subjekt geworden, der das Dargestellte, was auch immer es beinhalte, zum Objekt bekommt. Man beugt sich dem Gesetz

Dirk Bouts, Abendmahlsaltar (Ausschnitt), 1464–1468

der menschlichen Wahrnehmung[47]. Die Konstruktion des Raumes ist so gestaltet, daß der Fluchtpunkt aller Linien zentral im Raum gelegen ist. An diese Stelle setzt Dirk Bouts die Gestalt Christi. Dies ist in zweifachem Sinne bedeutsam: Einmal ist die Konstruktion des Raumes vorgegeben, bevor der Standort Christi im Bildganzen gewählt werden kann, zum anderen aber – und hierin liegt die symbolische Bedeutung dieses Sachverhalts – kommt für Jesus hier gar kein anderer Platz in Frage als die zentralperspektivische Mitte des Bildes. Christus soll dem Thema nach sowohl die räumliche als auch geistige Mitte des Bildes darstellen, und von hier aus wird es für den Maler selbstverständlich, die perspektivische Mitte des Bildes auch als Sinnmitte, als Aussagemitte des Dargestellten zu gebrauchen. Christus kommt aber nicht wie im aperspektivischen Bild allein durch seine Person zur Geltung, sondern der Maler weist sie ihm erst durch die perspektivische Mittelpunktsfindung der Konstruktion, die vor ihm da ist, zu. Selbst wenn man durch eine Fotomontage die Gestalt Christi von ihrem Platz entfernen wollte, bliebe doch auch der leere Platz das perspektivische Zentrum des Bildes[48]. Obwohl die Bildmitte technisch verfügbar geworden ist, bleibt es doch bedeutsam, daß eben diese hier der Gestalt Christi zur Verfügung gestellt wird. Eine Verbindung zur Bildauffassung des Mittelalters bleibt gewahrt durch die ikonenhaft frontale Darstellung Christi, die bis in den Gesichtstypus hinein den Ikonentypus des Christuskopfes beibehält. Darüber hinaus fungiert die Tür als Ikonenrahmen, der die Christusgestalt exponiert. Die Wirkung dieser leeren Türfläche erinnert an die Wirkung des reinen, selbstleuchtenden Farb- und Goldgrundes der Ikonen. Darin wird Anspruch und Widersprüchlichkeit des Bildes deutlich. Es will Christus als eine absolute Offenbarung Gottes mit den Mitteln perspektivischer Darstellung verkündigen. Perspektivisch betrachtet heißt aber zugleich relativisch betrachtet. Christi Absolutheit wird zwar noch geglaubt, kann aber im neuen Weltperspektivebild nicht mehr bildnerisch sinnfällig werden. Während das Pfingstbild aus dem englischen Psalter die Realität Gottes als umgreifenden Raum dargestellt hat, rückt diese bei Bouts in die Mitte der räumlich erfahrbaren Welt. Daher kann die Wirklichkeit Gottes nur durch die Wirklichkeit eines Menschen innerhalb dieses Raumes repräsentiert werden. Die Darstellung Gottes kann innerhalb des perspektivischen Bildraumes nur in der Gestalt eines Menschen erfolgen, da – wie wir am Abendmahlsbild von Bouts eben nachzuweisen suchten – die perspektivische Darstellung auf empirisch erfahrbare Wirklichkeit beschränkt bleiben muß. Eine Gottesdarstellung als transzendente Wirklichkeit ist innerhalb dieser Bildwelt von vornherein eliminiert und muß, wo sie dennoch versucht wird, den Charakter einer Fiktion bekommen. Die absolute Geborgenheit in einem Umgreifenden, die wir am Pfingstbild ablesen konnten, wird hier ersetzt durch die relative Geborgenheit in einem vom Menschen geschaffenen Raum. Das Dasein zwischen Himmel und Erde, das den Standort des christlichen Menschen im englischen Psalter charakterisiert, ist hier zu einem Dasein im irdischen Raum geworden. Die Verbundenheit mit Gott, dort durch die Verbindung jedes einzelnen mit dem Geist des Umgreifenden gewährleistet, kommt hier in der perspektivischen Zuordnung der Tischrunde zum Mittelpunkt Christus zum Ausdruck.

Der symbolische Ausdruckswert der Perspektive läßt sich im Blick auf religiöse Bilder der christlichen Tradition in folgenden Punkten umschreiben:

1. Die Perspektive geht vom Blickpunkt des Betrachters aus. Alle Linien führen vom Betrachter aus auf den ihm vom Maler gesetzten Fluchtpunkt zu. Das bedeutet eine Subjektivierung der Sicht.

2. Die Perspektive verräumlicht die Fläche des Bildgrundes und kann daher nur plastisch-konkrete Abbilder leibhaftiger Menschen und ihrer Umwelt vermitteln. Das besagt, daß die biblischen, gleichnishaften Vorgänge nicht mehr überzeugend in ihrem Symbolgehalt, ihrer immerwährenden Aktualität dargestellt werden können, sondern nur noch als Historienbilder, die das Geschehen in die Gegenwart des jeweiligen Malers setzen. An dieser Tatsache liegt es, daß perspektivischen Bildern in höherem Maße das Kolorit der jeweiligen Entstehungszeit anhaftet als aperspektivischen, so daß man deshalb leichter das Gefühl bekommt, »alte Bilder« vor sich zu haben, die das biblische Geschehen eher historisieren als symbolisieren.

3. Die Perspektive bringt die Linien um ihre konturenbildende Schärfe. Sie löst sie in die schattierende und modellierende Umrißlinie auf, fügt sie in Bildraum und Bildatmosphäre ein und bringt sie damit zumindest teilweise um ihre zeichenhaft symbolische Macht. Die ausladende Gegenständlichkeit, zu der ein perspektivisches Bild oft durch den selbstgeschaffenen natürlichen Raum gezwungen ist, überdeckt dann dessen symbolische Mitte.

4. Die Perspektive bringt alle Farben um den ihnen eigenen Bedeutungswert und nähert sie im Rahmen des natürlichen Raumes auch den natürlichen Gegenstandsfarben an. Sie be-

kommen eine neue Funktion als Beleuchtungswerte. Für ihre Symbolik bedeutet das, daß sie nicht mehr direkt durch ihren ursprünglichen Bedeutungswert die innere Einstellung der Gestalt charakterisieren können. Nur in Verbindung mit ihrer Stellung im Raum und ihrer Stellung im einfallenden Licht können sie zum Aufleuchten gebracht werden und darin einen Teil ihres zeichenhaften Ausdruckswertes zurückgewinnen.

5. Die Verwendung der Perspektive zur Wiedergabe der natürlichen Raumverhältnisse verlangt, strenggenommen, die Verwendung des Beleuchtungslichts sowie die Wiedergabe der natürlichen Lichtverhältnisse. Symbolisch gesehen bedeutet das, daß die Darstellung biblischer Geschehnisse auf die richtige Beleuchtung von außen angewiesen ist, um ihre Bedeutsamkeit erhalten zu können. Sie muß erst ins richtige Licht gesetzt werden, um ihren Verkündigungsgehalt zu entfalten, sie spricht nicht mehr wie im aperspektivischen Bild für sich selbst.

6. Mit der Verräumlichung der Bildfläche wird die Frage nach dem Hintergrund aktuell. Wandelt sich der frühmittelalterliche Goldgrund beim Vordringen plastischer Gestaltung im Hochmittelalter zunächst zur tapetenartigen Rückwand des Bildes, weicht er bei Giotto dem blauen Hintergrund, der den natürlichen Himmel bereits suggeriert, so wird er zu Beginn der Renaissance durch einen kulissenartigen Architekturkomplex und schließlich immer mehr durch die freie Landschaft ersetzt. Ein perspektivisches Abbild natürlicher Raumverhältnisse kann nicht ohne Hintergrund auskommen, darum muß nun auch für die biblische Darstellung ein angemessener Hintergrund geschaffen werden.

Auch im spontan aus dem Unbewußten heraus gestalteten Bild bedeutet eine zentralperspektivische Konstruktion, daß

1. der Maler einen Standort, einen Standpunkt außerhalb des Bildes bezieht, dem alle Bestandteile des Bildes – Gegenstände, Farben und Formen – zugeordnet sind. Der Wirklichkeitsausschnitt, den er darstellt, ist jeweils perspektivisch gesehen begrenzt, in Nähe und Ferne, Vorder-, Mittel- und Hintergrund unterschieden. Es wird dreidimensionaler Raum gestaltet, die dargestellten Dinge bekommen dadurch eine Vorder- und Rückseite, frontale und Seitenansichten, sie werfen einen Schatten.

2. Eine bestimmte Beziehung beziehungsweise Gegenüberstellung und Konfrontierung von Figur und Grund werden möglich. Alle diese Darstellungsmöglichkeiten sind von Relevanz, wenn es um den psychologischen Ausdruckswert des Darzustellenden und um die psychologische Interpretation des Dargestellten geht. Perspektive bedeutet als psychologischer Ausdruckswert, einen bewußten (damit auch in bestimmtem Grad distanzierten) Standort gegenüber dem darzustellenden psychischen Inhalt zu beziehen, einen bewußten, subjektiven, also ich-nahen Standort, dem alle Inhalte und bildnerischen Darstellungsmittel zugeordnet, ja untergeordnet werden. Perspektive ist eine Möglichkeit, Abstand zu nehmen, einen Schritt vom Dargestellten zurückzutreten, um einen psychischen Inhalt, der, aus zu großer Nähe betrachtet, vielleicht überwältigen würde, zulassen und darstellen zu können. Perspektivische Zuordnung setzt die Fähigkeit voraus, einen Standort zu beziehen, zu reflektieren, Orientierung im Raum zu gewinnen, Prioritäten zu setzen, und die Fähigkeit zu klarer Konstruktion. Hinzu kommt die Fähigkeit, sich zeichnerischer Techniken und Konstruktionsmöglichkeiten zu bedienen, die Fähigkeit zu perspektivischer Raumwahrnehmung ist hierfür unerläßlich.

Da perspektivisches Sehen und Zeichnen auch in der Schule gelehrt wird – sogar innerhalb der Geometrie und Stereometrie –, ist auch die Frage zu stellen, ob eine gewisse Konventionalität des Ausdrucks vorliegt, wo zentralperspektivisch gezeichnet wird, ob der Wunsch, es richtig zu machen, vielleicht sogar in einer gewissen Zwanghaftigkeit den Maler beherrscht. Bewußtes Tun jedenfalls, ordnende, strukturierende Tätigkeit steht bei jeder perspektivischen Zeichnung im Vordergrund und kann auch dazu dienen, unbewußte Inhalte zu strukturieren, zu ordnen, aber auch dazu, sich von ihnen zu distanzieren.

Die dritte Dimension ins bisher flächige Bild hineinzutragen gibt der Darstellung eines Problems samt seines Hintergrunds, seines Umfeldes und seines Schattens zugleich besondere Chancen. Für das Gesetz der Unterschiedenheit beziehungsweise der Zusammengehörigkeit von Figur und Grund findet sich eine breite Skala bildnerischen und psychologischen Ausdrucks. Auch psychologische Sachverhalte können im perspektivischen Bild von mehreren Seiten gezeigt werden, sie werden in ihrer mehrdimensionalen Körperlichkeit dargestellt und wahrgenommen. Gerade bei der Darstellung von Gegenständen und Körpern, auch der des eigenen Leibes, erweist sich in der Art der perspektivischen Darstellung oft, wie weit Körperlichkeit für den betreffenden Menschen überhaupt erfahrbar geworden ist.

Dabei ist bei der zentralperspektivischen Konstruktion immer nur ein bestimmter, relativ willkürlich gewählter Blickwinkel möglich: Dabei läßt sich auch erfahren, daß ich, wenn ich die eine Seite des Gegenstandes darstelle, nicht zugleich die andere auch darstellen kann, sondern daß ich sie dabei außer acht lassen, in den Hintergrund treten lassen muß.

Der gewählte Blickwinkel läßt allerdings deutlich werden, was für den Betrachter klar im Blickfeld des Bewußtseins liegt. Bei psychischen Inhalten wird evident, was dem Maler bewußtseinsmäßig näher oder ferner liegt, was er sich heranholt oder auch was er von sich wegrückt. Es darf nicht unterschätzt werden, daß diese Darstellungsweise nicht nur dazu geeignet ist, sich die Dinge und deren psychische Intention nicht zu nahe kommen zu lassen – was einer Verdrängungstendenz entspräche –, sondern auch dazu, solche Inhalte aus einer schützenden Distanz heraus überhaupt erst einmal ins Visier zu nehmen, die, da angst machend, sonst überhaupt nicht zugelassen werden könnten.

Wichtig für die psychologische Interpretation ist natürlich, zuerst einmal zu beachten, welchen Standort und Blickwinkel der Maler für seine perspektivische Konstruktion gewählt hat – eine Nah- oder Ferneinstellung, Vogel- oder Froschperspektive, Zoom- oder Weitwinkelperspektive – und worin der psychologische Ausdruckswert der gewählten Einstellung liegt. Welche Gegenstände wiederum sind scharf eingestellt, fokussiert, und welche dienen als Hintergrund, mehr als umgebende Atmosphäre?

Bei den nun zu besprechenden Bildern eines ca. 30jährigen Studenten, M. J., ist der jeweils gewählte, später wechselnde Standort in seiner Korrelation zum seelischen Ausdruck des Bildes gut zu beobachten: Die Bilder entstanden in einer Malgruppe, die sich im allgemeinen in wöchentlichen Sitzungen zu je 1½ Stunden während eines Semesters traf: Zum vorgegebenen Motiv Blau gestaltet der Maler das erste Bild (*»Landschaft in Blau«*, S. 142) allein mit Hilfe dieser Farbe und der Perspektive – er wählt Vogelperspektive – einen sehr weiten, offenen Raum, der den Blick aus großer Höhe auf einen See lenkt, wobei an der Horizont-Linie, die als Linie aber nicht wahrnehmbar ist, Himmel und Erde miteinander verschwimmen. Die Horizontlinie, deren Umrissenheit Paul Brutsche in seiner Studie zur Perspektive[49] als Zeichen für die Festigkeit der Ich-Struktur einer gewissen Orientierung und eines Entscheidungsvermögens bewertet, ist hier nicht stark akzentuiert, weil wohl gerade das Entgrenzte dieses blauen Raumes erfahrbar gemacht werden soll. Will der Maler ein »ozeanisches Gefühl«, eine Befreiung in der Phantasie damit ausdrücken?

Der Standort im Vordergrund des Bildes, wohl auf einem Berg oder Höhenzug, ist durch Intensivierung der blauen Farbe und klare Konturierung gekennzeichnet, ebenso der Himmel direkt über dem Betrachter am oberen Rand des Bildes. Hier ist durch eine zart konturierte Wolke, die vergleichsweise groß und dem Betrachter nahe dargestellt ist, eine weitere perspektivische Wirkung erzielt: Der Betrachter erweist sich der Wolke näher als dem See tief unten in der fernen Ebene. Eine weitere Wolke, oder ist es doch eine Insel, die zwischen der Höhe des Betrachterstandpunktes und der Tiefe, in der der See liegt, schwebt, läßt die große Entfernung zwischen Betrachter und See noch stärker erfahrbar werden. Welche psychologische Landschaft stellt sich in dieser so dargestellten realen Landschaft dar? Eine Distanziertheit von der Realität, ein abgehobener Standort, der der Sehnsucht entspringen mag, Weite zu erleben, Überblick, Entgrenzung zu erfahren. Auch ein Bild anfänglicher Schöpfung, in der vieles noch ungeschieden ist und in der der Dampf, der schöpferische Geist, als Wolke über dem Wasser schwebt, mag einem in den Sinn kommen. Zugleich fällt auf, daß die Helligkeit des Bildes, sein Licht, von der hellen Fläche des Sees herrührt.

Das zweite Bild, *»Fensterkreuz«* (S. 142), hat der Maler zu Hause konzipiert. Er hatte mehrere Wochen lang daran gearbeitet und brachte es in die letzte Stunde vor den Sommerferien in die zu der Zeit schon drei Monate laufende Malgruppe mit. Das Bild stellt in seinem Ideenreichtum und seiner ästhetischen Durchgestaltung den Höhepunkt der Serie dar. Elemente der früheren Bilder – die weite Landschaft, der Strom, der bewegte Himmel, die Zentralperspektive, aus der der Betrachter von erhöhtem Standort aus in den Raum hineinblickt – sind wieder aufgenommen. Neu ist die Genauigkeit und Präzision der Gestaltung, die Klarheit der Horizontlinie, die ein gefestigtes Ich bekundet; neu sind die vielen symbolischen Elemente, die den Bildinhalt anreichern und die ihm eine symbolistisch-surrealistische Komponente verleihen. Neu ist die genaue Ausgestaltung des Vordergrundes der Bildbühne. Der Maler versetzt sich und uns an das Fenster eines Innenraums, an zwei gegenüberliegende Fenstertischchen, die wie im Eisenbahnabteil wirken: Von hier aus sehen wir in das Mittelfeld des Bildes, die weite Landschaft mit dem Strom, bis zum Horizont, der im Licht der untergegangenen Sonne steht und in dessen dunkler Höhe, in der linken oberen Ecke der Sichelmond aufsteigt, während von rechts der Planet Saturn in seinem charakteristischen Ring erscheint. Die drei Zonen jedes zentralperspektischen Bildes – Vorder-, Mittel- und Hintergrund – sind hier besonders genau herausgearbeitet und als Medien seelischen Ausdrucks eingesetzt. Der Vordergrund, bisher noch in keinem seiner Bilder thematisiert, wird hier mit besonderer Bewußtheit und großer Sorgfalt behandelt: Ein Innenraum, aus dem die beiden Tischplatten zum Fenster hin vorstoßen, wird suggeriert. Zu ihnen gehört die große violette Kindertasse, die auf dem linken Tisch steht, wie auch das große Herz – ein Lebkuchenherz? – auf dem rechten Tisch, dessen Spitze durch eine Bruchlinie abgetrennt ist, ein »gebrochenes Herz« also haben wir hier vor uns. Tasse und Herz sind überdimensional groß, dem Betrachter am nächsten, dreidimensional körperhaft gestaltet. Die Inhalte, die sie symbolisieren, stehen also im Vordergrund und sind für den Maler und für den Betrachter vordringlich gesetzt: einerseits die Tasse als Trinkgefäß, Symbol für orale Bedürfnisse, zurückverweisend auf die vieles versagende Kindheit dieses elternlos im Heim aufgewachsenen Jungen, und dazu das Herz mit der Bruchstelle, Symbol einer gefährdeten Beziehung – hinweisend auf den realen Abschied von einer ihm wichtig gewordenen Partnerin, den der Maler in den Wochen, in denen er das erste Bild gestaltet, zu bestehen hat. Diese Inhalte, die der Maler im Schutz einer gebändigten Darstellung, in perspektivischer Distanzierung, nun benennt, stehen im Vordergrund seines Erlebens. Sie stellen zugleich die Basis seiner Bildkomposition dar.

Der Innenraum, der im Vordergrund gestaltet ist, schließt in sich mit dem Fensterrahmen ab, zu dem das eigentümliche Fensterkreuz gehört, das einerseits an die Konstruktion eines hochgezogenen Schiebefensters erinnert und damit den Blick von den Tischen her in die Tiefe der Landschaft freigibt, zugleich aber dazu auffordert, die Perspektive zu wechseln, ja auf den Kopf zu stellen, indem die umgekehrt angebrachte Inschrift INRI den Betrachter veranlaßt, gleichsam vom Himmel her auf die Tische herniederzublicken und dadurch mitzuerleben, wie sich von dort her das Kreuz, das Kreuz Christi, wie ein Schicksalszeichen auf die beiden Tische mit den Symbolen der Bedürfnisse und der Beziehung niedersenkt. Hier durchbricht gleichsam die »Bedeutungsperspektive«, wie ich sie nennen will, das Gesetz der formalen perspektivischen Konstruktion, die das dreidimensionale Raumerlebnis adäquat wiederzugeben versucht. Die »Bedeutungsperspektive« wiederum zeigt, daß man das Bild und die in ihm enthaltenen psychischen Sinnbezüge nur dann wahrnehmen kann, wenn man perspektivische Veränderungen vornimmt, die das Bild allerdings selbst implizit enthält und herausfordert. Perspektivisch kleiner als Tasse und Herz ist zum Beispiel die dunkle nonnenhaft verhüllte Frau dargestellt, die von links an den Rand des Tisches tritt und mit dem Rücken zum Betrachter steht. Er kann ihr Gesicht nicht erkennen. Als letzte Figur des Bildes gemalt, ist sie dem Bewußtsein des Malers ferner, verhüllter als Tasse und Herz: Wohl erinnert sie ihn an eine der Nonnen, die das Heim leitete, in dem er seine Kindheit verbrachte, doch bedeutet sie mehr – wohl eine dunkel verhüllte Gestalt des Mütterlichen, die aus dem kollektiven Unbewußten kommt (der Ecke, die in dem vom Schwarz dominierten Bild verstellt war) und die ihm noch nicht recht begreiflich ist. Deshalb wird sie von ihm unwillkürlich kleiner gemalt als die bewußten Gegenstände und Inhalte, wenn auch im Vordergrund des Bildes stehend, vor der Tischkante, und somit dem Betrachter eigentlich am nächsten. Könnte dieser Standort auch bedeuten, daß diese Gestalt und der seelische Inhalt, den sie symbolisiert, dem Maler während der Gestaltung des Bildes eigentlich am nächsten gerückt ist und für ihn jetzt primär »dran« wäre?

Neben den schon durchgespielten Motiven des Mittelfeldes, dem Lebensstrom, der hier schmal und etwas eckig verläuft, enthält das Bild die symbolischen Motive an dem ausdrucksstark gestalteten Himmel, der sein Abendlicht nach vorn auf das Fensterkreuz, auf Tasse und Herz wirft und der damit die enge Verbundenheit von Figur und Grund, von Vordergrund und Hintergrund aufweist und unterstreicht. Die Abendstimmung, die den Hintergrund kennzeichnet, taucht alle Gegenstände des Vordergrundes in eine wehmütige, feierliche Atmosphäre: in die des Abschieds. Als schicksalhaft, vom Himmel, seinen Gesetzen und Gestirnen ausgehend, wird dieser Abschied interpretiert durch das Auftauchen des Planeten Saturn, der hier zu einer Landung auf der Erde, also im Lebensbereich des Malers, ansetzt, Saturn, der in astrologischer Sicht dunkle, schicksalhafte Herausforderungen schickt, aber als der Maßgebende auch die Kraft gibt, sie zu ertragen und zu überwachsen. Saturn gilt als Meister der Strukturierung und der Beschränkung. Der Maler gestaltet also hier den Versuch, eine als unabweisbar erscheinende Trennung auf sich zu nehmen durch Zulassen des lebensgeschichtlichen Hintergrunds (Tasse, Lebkuchenherz), der Wehmut und des Abschieds (Sonnenuntergang mit melancholischem Licht) und der Verbindung dieser Emotionen mit sinnhaltigen überpersönlichen Symbolen wie dem Kreuz, dem Saturn und dem aufgehenden Mond, einem Zeichen der Wandlungsfähigkeit und des Neuanfangs nach durchlittener Dunkelheit.

Die Perspektive dient, so stellten wir fest, einerseits der Distanzierung, dem Abstandnehmen von einem Problem, sie dient zugleich der Strukturierung und Einordnung der schmerzhaften Inhalte in ein übergeordnetes Koordinatenkreuz. Die Einfassung in den Rahmen eines Fensters ermöglicht zusätzlich, das im Vordergrund stehende Problem der Trennung zu fassen, es gefaßt zu ertragen und seinen Hintergrund, seine Tiefendimension aus einer gewissen Distanz heraus wahrzunehmen – so den Verlauf des Lebensstromes und der schicksalhaft darüber waltenden Mächte, Kreuz, Saturn

WISE

Landschaft in Blau

Fensterkreuz mit Saturn, Tasse und Herz

Haus, Kirche
und
schwarze Brücke

Das Boot
im Sturm

Roter Mensch im blauen Raum

und Mond. Die auf dem Kopf stehende Inschrift auf dem Kreuz gibt darüber hinaus den Anstoß zu einer perspektivischen Umkehrung des gestalteten Bildraumes, die Anregung, das irdische Geschehen einmal sub specie aeternitatis, vom Himmel her, zu betrachten. Diese Abschiedssituation zu bestehen durch ein Sich-darüber-Erheben, das scheint der Sinn der Verständigung mit sich selbst zu sein, die der Maler durch die Gestaltung dieser Bildperspektive erreicht.

Bedeutungsperspektive

Als Beispiel einer zunächst eher zweidimensionalen Malweise – wie sie uns in der Maltherapie übrigens sehr viel häufiger begegnet –, aus der sich jedoch eine eigenwillige Bedeutungsperspektive entwickeln kann, sei nun die Bilderfolge der 50jährigen Frau K. angeführt. Nach einem zunächst glücklich erlebten Sommerurlaub mit ihrem Mann wurde sie von der Entdeckung aufgeschreckt, daß ihr Mann an Krebs erkrankt war. Die Bilderfolge zeigt ihre Versuche, mit dieser Erschütterung umzugehen, Symbole zu finden, die es ihr ermöglichten, das zunächst nicht Integrierbare bewußt in ihr Leben aufzunehmen. Das erste Bild *»Die drei Bäume«* stellt jedenfalls auf

Die drei Bäume

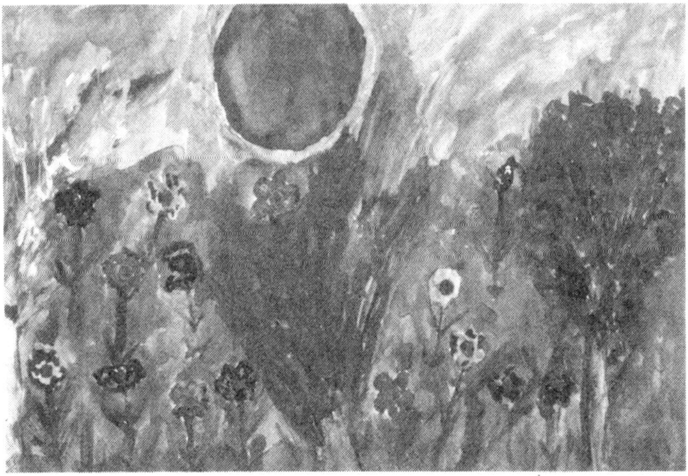

den ersten Blick eine unbefangen vital gemalte hellgrüne Sommerwiese dar, auf der vier rote und zwölf blaue Blumen wachsen, überdimensioniert groß, als sollte sich der Blick an ihnen festhalten können. Die Seheinstellung ist sehr nahe – die Blumen haben natürliche Größe –, als liege die Malerin selbst auf der Wiese. Der Blickwinkel des Betrachters fällt von schräg unten ins Bild, so daß der Horizont hochgezogen erscheint und der Himmel nur eben ein Viertel der Bildfläche einnimmt, während drei Viertel der Wiese gehören. Übergroß steht die Sonne in diesem Himmelsstück, maisgelb, fast in der Mitte des Horizonts, nur leicht nach links verschoben. Auch sie ist überdeutlich, in einer Bedeutungsperspektive nahe herangeholt, als müßte sich die Malerin ihrer vergewissern. Hier ist eine »Bedeutungsperspektive«, wie wir sie nennen wollen, geschaffen, die der »Beleuchtungsperspektive« der zentralperspektivischen Konstruktion entgegengesetzt empfunden ist: Müßte dort die Sonne am Horizont durch die Fluchtlinie verkleinert erscheinen, so wird sie hier vergrößert, dieser Raum ist nicht optisch, sondern psychisch empfunden und entsprechend dem psychischen Stellenwert der Gegenstände konstruiert. Struktur geben dem Bild die drei Bäume, die in der Bildmitte sowie am rechten und am linken Bildrand stehen. Nur der linke überragt mit seinem Wipfel den durch die grüne Wiese gebildeten Raum, der die anderen beiden in sich enthält. Er ist in Weiß getaucht, in Reif bis zum Stamm hinunter, während der rechte in gelbgrünem Laub steht und rote Früchte trägt. Der Baum auf der Seite des bewußten, wirklichkeitszugewandten, bisher extravertierten Lebens ist fruchtbar, so zeigt die Malerin, und sie stellt damit die Beziehung zu ihrem Mann dar, mit dem sie auch drei Kinder hat.

Der Baum auf der Seite des Unbewußten, aus dem auch die künftigen Entwicklungen aufsteigen, ist von Reif bedeckt, Frost ist auf ihn gefallen, mitten im Sommer. Der Schrecken über die für ihren Mann lebensbedrohliche Situation, die Angst, ihn zu verlieren, hat sich in diesem vom Frost befallenen Baum in ihrem unbewußten Gefühlsbereich niedergeschlagen, während die Blumen im zentralen Bereich des Bildraums, im bewußten Gefühlsbereich, noch blühen und die Sonne noch wärmt. Dieser bereifte Baum durchstößt den grünen Lebensraum, der bewußt so breit angelegt ist und der das bisherige zukunftsfrohe Umfeld ihres Lebens war, nach dem Himmel, nach der sogenannten »Ewigkeitsecke« hin. In der Mitte des Bildes, unmittelbar unterhalb der Sonne, steht der mittlere Baum mit vier sonnenfarbigen Ästen, bei denen nicht sicher festzustellen ist, ob sie überhaupt Laub tragen oder ob sie, laublos, von Licht, vielleicht auch von Feuer umflossen sind. Ich möchte annehmen, daß dieser zuvorderst im Bild stehende Baum der eigentliche Lebensbaum der Malerin ist, der von der Farbe der Sonne, also der Farbe des Lichts, der Wärme, des Blühens, des erkennenden Gefühls getragen ist, eine Farbe, die auch die beiden anderen Bäume in der Krone noch enthalten. Stamm und Wurzel dieses Baumes sind allerdings in diesem Bild nicht wahrnehmbar, sind unterhalb und außerhalb des Wirklichkeitsausschnitts, den dieses Bild darbietet, vorzustellen. Der Kontakt der Krone mit der Sonne – der Kontakt des Bewußtseins dieser Malerin mit dem Lebenslicht, mit dem Leben schlechthin – ist hier besonders wichtig; er wird dem Reif, dem möglichen winterlichen Tod, entgegengehalten. Dahin weisen auch die Blumen, deren Blühen als Ausdruck lebendigen Gefühls in der Bezogenheit zu ihrem Mann der Bedrohung entgegengesetzt ist. Die Vierheit der roten Blumen zeigt eine gewisse Abrundung und Reife des vitalen Gefühls in dieser Beziehung und in der Malerin selber an: Die Zwölfheit der blauen Blumen – blau deutet auf seelische und geistige Komponenten hin – zeigt vielleicht die mögliche Entwicklung an, wenn die dritte Phase, die die drei Bäume andeuten, integriert werden könnte: ein Reifen seelischer und geistiger Möglichkeiten über das bisherige vital gelebte Leben hinaus. Im übrigen erscheint mir der mittlere Baum aber mehr als der *eine* Lebensbaum, der rechts und links in zwei Aspekte aufgefaltet ist: in den der entfalteten Fruchtbarkeit des Sommers und den der winterlichen Kahlheit unter dem Schnee.

Indem beide Aspekte in diesem Bild aufgenommen sind, arbeitet die Malerin in einem ersten Entwurf an der Annahme und Hereinnahme des Bedrohlichen in das Ganze ihres bisherigen Lebens. Noch will sie es fast nicht wahrhaben unter den im Vordergrund stehenden Symbolen blühenden Lebens. Durch die Dreiteilung des Bildes mit der zentralen Achse des mittleren Baumes und der überdimensionierten Sonne wird die Bedeutungsperspektive, die Seheinstellung geschaffen, mit der die Malerin die Orientierung in ihrem erschütterten Lebensgefüge wiederzugewinnen sucht: Dabei wählt sie nicht einen Standort, der sie über die Situation stellt, sondern einen, auf dem sie sich der Situation unterstellt, sie nimmt eine Lage in Bodennähe ein, die ihr auch ermöglicht, viel tragenden Boden, Wiese darzustellen und unter sich zu wissen.

Auf dem zweiten Bild (*»Haus, Kirche und schwarze Brükke,* S. 143) wird unter dem Druck der andrängenden Emotionen der Bildraum noch kühner, gemäß einer psychischen Bedeutungsperspektive gestaltet. Die Seheinstellung ist nun von etwas ferner her gewählt, um etwas mehr Überblick zu gewinnen und gleichsam, noch einige Schritte zurücktretend, etwas Abstand nehmen zu können. Der Blick wird zunächst auf das gelbe Haus gelenkt, das plastisch und dreidimensional, wenn auch keineswegs zentralperspektivisch gestaltet ist, mit gleichzeitig sichtbarer Front- und Seitenansicht. Die Frontseite gehört der Tür, die geschlossen, aber mit einer roten Türklinke mit Aufforderungscharakter versehen ist. Die drei Fenster der Seitenmauer sind mit blühenden Blumenkästen versehen, ebenso wie diejenigen in dem leuchtend roten Dach, das viel Libido für dieses Haus anzeigt, in dem der Kamin raucht, in dem gekocht und geheizt wird – für dieses Zuhause der Malerin und ihrer Familie also, das jetzt noch vollständig ist. Neben dem Baum mit den reifen Äpfeln steht ein weißblühender Baum vor dem Haus. Das Motiv des ersten Bildes ist wiederaufgenommen, der linke Baum, dort unter Frost, steht hier, weiß, in Blüten: ein Hoffnungsmotiv, ein illusionäres Motiv? Will und kann sie den Reif, die Bedrohung im Grunde doch noch nicht wahrhaben, der auf ihr Leben gefallen ist? Die Bäume stehen nicht mehr wie im ersten Bild zentral für die Bildsymbolik, sondern sind wie ein Zitat, wie ein Bild im Bild, verkleinert in den Vorgarten des Hauses gerückt. Sie sind Nebenmotiv geworden, bleiben aber noch im Blickfeld. Sehr groß sind dagegen hier die drei anderen Bäume hinter dem Haus, Laubbäume, nicht Obstbäume, die das Bild nach der Zone der Außenwelt, des bewußtseinsnahen Handelns und Bewältigens hin, absperren. Von ihnen her fallen zudem noch einige schräge Schatten in die sogenannte »Mutterecke«, die auch hier wie eine absperrende Reihung brauner Geraden wirken. Der Raum öffnet sich vielmehr allein nach links, dem Raum der Introversion, der Passivität hin, in den weniger bewußten Bereich der Psyche. Dorthin führt der Weg, der von der Haustür ausgeht, nach links unten, in die Ecke des kollektiven Unbewußten also, wo er auf einen Fluß stößt, über den in die gegenüberliegende, die am wenigsten zugängliche Ecke eine schwarze Brücke führt, deren Seiten wie mit spitzen Zähnen bewehrt sind, Formen, an denen man sich, wenn man sie vom Tastsinn aus betrachtet, verletzen und aufspießen könnte: Es ist also eine Brücke, die eigentlich keine Brücke ist, die nicht zum Betreten einlädt, sondern eher dazu, sie zu meiden. Immerhin ist überhaupt diese Brücke da, die zum Bereich des Gefürchteten, wohl zu der Begegnung mit der Realität des Todes, die aus dem Unbewußten auftaucht, hinführt. Diese Brücke ist das, was in der Bedeutungsperspektive des Bildes am nächsten an den Betrachter herangeholt wird. Die Wahrnehmung dieser Brücke und damit des Bereiches, zu dem sie führt, steht also am dichtesten vor Augen, ist der Malerin und dem Betrachter am nächsten auf den Leib gerückt. Abrupt aber wendet sich nun der Weg im Bild – der ja ebenfalls zu den blickleitenden Elementen gehört –, dreht um 90 Grad ab und führt in eine imaginäre Bildtiefe hinein, in der sich Wiese und Himmel unklar vermischen, auf ein kirchenähnliches Gebäude zu – die spitzen Doppeltürme legen diese Deutung nahe –, das aperspektivisch zweidimensional am Himmel hängt, in der Zone der Vater- und Ewigkeitssymbolik, und mit der Rückwand die Sonne berührt, die, noch etwa am gleichen Ort wie im ersten Bild stehend, hier seltsam glanzlos und funktionslos geworden ist. Die Zweidimensionalität und der seltsame Standort am Himmel des Bildes lassen das Kirchengebäude und was es symbolisieren mag, die religiöse Hoffnung, die die Kirche angesichts des Todes vermittelt, als etwas unkonkret Konturenloses, vielleicht Illusionäres erscheinen im Vergleich zum Haus, das die gleiche helle Farbe trägt; aber auch zu der Konturenschärfe der schwarzen Brücke, mit deren spitzen Kanten sich die Türme der Kirche allerdings formal berühren. Die beiden Kirchturmspitzen stoßen wie fragend, wie anklagend in die »Vaterecke« vor. Das Unkonkrete dieses Kirchengebäudes jedoch läßt das Abbiegen des Weges nach oben wie ein Ausweichen erscheinen, wie eine Fluchtmöglichkeit. Die Kirche ist dem Betrachter am fernsten, der Weg dorthin ist sogar unter Verwendung der Fluchtlinie als ein sich in der Ferne verengender gestaltet. Unübersehbar vor Augen liegt statt dessen die schwarze Brücke.

Hier nun, bei der Auseinandersetzung mit dem Todesproblem, bei dieser Brücke, setzt das dritte Bild der Malerin (*»Weg um den See«*) ein und findet unter Gestaltung einer noch persönlicheren Bedeutungsperspektive ein überzeugendes Symbol für den Umgang mit dem bisher nicht Integrierbaren. Es ist einerseits Vogelperspektive gewählt, um einen großen Überblick über die gesamte seelische Landschaft gewinnen zu können; der Weg führt nun rund um einen See, und die Brücke dient dazu, daß der Kreis sich schließen kann. Andererseits erscheint der See samt dem Weg und dem von der Brücke überspannten Abfluß des Sees wie ein Spiegel, in dem die Malerin sich in die Augen blicken und ihr Schicksal reflektieren kann. So betrachtet, kommt plötzlich eine Naheinstellung ins Spiel, die jede zuvor eingenommene Distanzierung durchbricht, aber auch durchbrechen darf, da nun ein Symbol gefunden ist, das die nahe Konfrontation mit dem Erschreckenden ermöglicht. Zunächst aber erschafft die Malerin einen umfassenden, eben aus Vogelperspektive betrachteten Bildraum. Er ermöglicht einerseits, einen realen Landschaftshintergrund einzufangen, der mit dem konkret Erlebten und seiner inneren Verarbeitung zu tun hat – so umwanderte die Malerin, als sie die schlimme Nachricht von der Erkrankung ihres Mannes bekommten hatte, viele Tage lang aufgewühlt einen in die Berge eingebetteten See, an dem ein Dorf mit Kirche und Friedhof lag. Andererseits ermöglicht der weite Bildraum, eine seelische Gesamtlandschaft darzustellen, das innere Umkreisen, die meditative Zircum-ambulation des Loches, der Tiefe, die sich plötzlich vor ihr und in ihr aufgetan hat, mit all der damit verbundenen Angst. Immer wieder kommt sie an dem dunklen Zeichen der Kirche und des Kirchhofs, diesem memento mori, vorüber, immer wieder gelangt sie an ein Ende des Weges, von dem es keine Rückkehr gäbe, wenn da nicht die Brücke wäre, eine Brücke, die jetzt nicht mehr nacht- und todesschwarz, sondern auf einmal erdbraun zurückführt in das Land der Lebenden, in die »Mutterecke« mit dem großen, dichtgrünen Lebensbaum, der bis zur Sonne, die jetzt in der »Bewußtseinsecke« steht, heranreicht. Die zahnartigen Zacken der Brücke des vorigen Bildes sind zu einem Geländer umfunktioniert und integriert worden: Diese Brücke erweist sich als begehbar. Damit ist gewiß noch keine Lösung gefunden, jedoch eine Möglichkeit, mit dem Problem umzugehen, umzugehen im Sinne einer meditativen sinnenden Zircum-ambulation, die allmähliche Annäherung an das so umkreiste Unzugängliche zuläßt. Dabei bleibt das Umfeld, vor allem in Gestalt der Häuser, dreidimensional, der Weg ist polyperspektivisch angelegt, von jedem Standort des Weges aus erscheint das Umfeld neu: Die Bäume sind so um den See gestellt, daß sie jeweils vom Blickwinkel des zircumambulierenden Betrachters aus vor ihm stehen, während sie für einen Betrachter außerhalb des Bildes, der zentralperspektivisch ins Bild blickte, schief beziehungsweise fast auf dem Kopf zu stehen schienen. Diese mit einem gedachten Wanderer auf den Wegen des Bildes mitwandernde Perspektive können wir als polyperspektivisch im Gegensatz zur monoperspektivischen Einstellung eines außerhalb des Bildes stehenden Betrachters bezeichnen. Der gesamte Bildraum ist hier als Halbrund im Sinne der Erfahrung eines zircum-ambulierenden Wanderers gestaltet.

Weg um den See

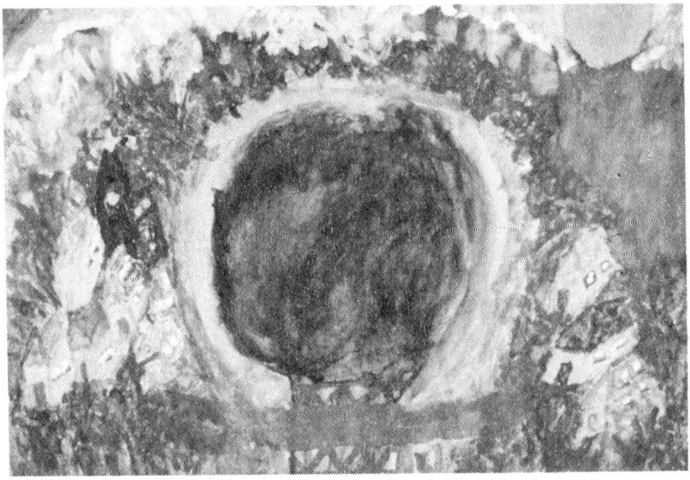

Ähnlich polyperspektivisch angelegt sind alte Weltkarten, die der subjektiven Sicht antiker Globetrotter und ihrer Erfahrung eines immer wiederkehrenden Horizontes und einer jeweils neu erscheinenden Perspektive entsprechen, wobei sich zuletzt die Kreise schließen. Das alte Weltbild gibt die Erde als Scheibe wieder.

Bemerkenswert erscheint hier, daß gegenüber der dreidimensionalen Auffassung und Darstellung der Häuser der umkreiste See selbst samt Weg und Brücke zur Zweidimensionalität des symbolischen Zeichens reduziert, abstrahiert wird. Körperlichkeit, Räumlichkeit, sinnenhaft Anschaubares ist dreidimensional; Zeichenhaftes, nur geistig Anzuschauendes erscheint oft zweidimensional. Der umkreiste See nähert sich in seiner symbolischen Gestalt dem ägyptischen Sonnenzeichen, das Hathor zwischen den Hörnern trägt und das an die immer wiederkehrende auferstehende Sonne erinnert beziehungsweise an die Schlaufe des Ankh-Kreuzes, eines Lebenszeichens, das uns Unsterblichkeit vermitteln soll. Die besondere Gestalt des Brückenweges schließlich, der vom Tor eines der Häuser rechts zum Tor eines der Häuser links führt – also zwischen Bewußtem und Unbewußtem, zwischen dem Land der Lebenden und dem Land der Toten vermittelt –, erinnert an eine der ägyptischen Sonnenbarken, die das lebenspendende Gestirn allnächtlich durch das Reich der Toten einem neuen Aufgang und damit der Auferstehung entgegenfährt. Nicht bewußte Überlegung hat meines Erachtens diese symbolische Form in das Bild dieser Malerin eindringen lassen – die zwar gelegentlich eine Austellung ägyptischer Kunst besuchte, aber sonst nicht ausdrücklich mit religionsgeschichtlichen Phänomenen befaßt war –, sondern unbewußte Intuition für angemessene, der Tiefe ihrer Angst gewachsene Symbole. Der Kreis, das Umkreisen sind in sich solche Symbole, die sonst Unvereinbares, nicht Integrierbares zu umfassen und zu zentrieren vermögen. Die Öffnung zur Tiefe hin, die hier durch den Abfluß des Sees dargestellt wird, läßt zugleich der gestauten Energie des Sees einen Ausweg, eine Entlastungsmöglichkeit. Natürlich ist dieser runde Raum auch Symbol des Mutterleibes, der etwas austragen kann: Der Geburtskanal ist vorgesehen, ist zu öffnen, wenn auch zur Zeit durch die Brücke zusammengehalten. Auf Sammlung der Energie, Durchtragen und Austragen also kommt es hier an, bis eine gewandelte Lebenseinstellung, die den Tod einbezieht, reif wird und ans Licht treten kann.

Der bloßen Zentralperspektive oder Beleuchtungsperspektive, die dem frei gewählten Sehwinkel und einem bestimmten Lichteinfall entspricht, dem alles zugeordnet wird, haben wir in der zweiten Bilderfolge nun die sogenannte Bedeutungsperspektive gegenübergestellt, die der Bewegung des Malers im Bilde selbst entspricht und ihr folgt, gleichsam bildimmanent entwickelt ist und sich durch wechselnde Blickwinkel auszeichnet. Wir können sie auch als polyperspektivisch bezeichnen und sie damit der Monoperspektive gegenüberstellen, die einen von außen konstruierten Bildraum mit verkürzenden Fluchtlinien bevorzugt. Die polyperspektivische Darstellungsweise, die Bedeutungsperspektive also, ist zugleich die ältere, frühere: Ontogenetisch gesehen, hat jeder Mensch als Kind die polyperspektivische Bedeutungsperspektive beim Malen angewandt, da sie dem inneren Mitgehen und Mitfahren des Kindes innerhalb des Malprozesses allein entspricht. Phylogenetisch gesehen ist sie die ursprünglichere, die den frühen Hochkulturen eigen war. In der ägyptischen Kultur zum Beispiel galten die Bilder als lebendig und wurden den Toten ins Grab mitgegeben. Die frühmittelalterliche Malerei gestaltet eine polyperspektivische Bedeutungsperspektive, um das Handeln Gottes durch das Bild zu vermitteln und den Betrachter zum Gesehenen zu machen. Ein solches Bild wird nicht durch eine bestimmte Sehperspektive von außen wahrgenommen, sondern es geht gleichsam aktiv auf den Betrachter zu, ordnet ihn seiner Perspektive unter, macht ihn zum Betrachteten. Die Moderne seit dem Kubismus, vor allem seit Picasso, hat die polyperspektivische Darstellung wiederentdeckt. Der ungeübte Maler, der vor allem Bildvorstellungen aus seinem Unbewußten aufsteigen lassen will, greift bei der Darstellung des innerlich Gesehenen unwillkürlich nach dieser von der Moderne rehabilitierten komplexen Darstellungsweise, die ihm als Kind vertraut war. Wichtig erscheint deshalb, die aperspektivische Seheinstellung nicht mit seelischer Primitivität oder gar mit einem Neurosemerkmal zu verwechseln[50].

Das Licht

An der Verwendung des Lichtes können wir Entscheidendes über Sinn und Funktion eines Bildes ablesen. Wolfgang Schöne hat nachgewiesen, daß wir an der Lichtführung eines Bildes ein Indiz für die hinter dem Bild stehende Weltsicht haben. Er führt ein Begriffspaar ein, das wir im folgenden von ihm übernehmen, weil es die beiden wesentlichen Möglichkeiten des Bildlichtes klar umreißt: Er unterscheidet das »Sendelicht« von dem »Beleuchtungslicht«[51]. Wie Schöne wollen wir unter »Sendelicht« jenes Licht verstehen, das vom Bilde aus auf den Betrachter zustrahlt, das nicht wie das »Beleuchtungslicht« aus der Perspektive des Betrachters auf das Bild gelenkt wird. In der definierten Unterscheidung zwischen Sendelicht und Beleuchtungslicht wird einsichtig, daß der Gebrauch des Bildlichtes dem Wesen nach mit Gebrauch oder Nichtgebrauch perspektivischer Darstellungsmittel zusammenhängt. In einem mit den Mitteln der Perspektive verwirklichten Bild kann der Betrachter sich von dem Dargestellten distanzieren, er steht wie vor einem Guckkasten, in den hineinzusehen seiner freien Entscheidung überlassen bleibt. Die gedachte Beleuchtungsquelle liegt im perspektivischen Bild meist nicht im Bildraum selbst, sondern gehört der Welt des Betrachters an. Das Licht fällt in den Bildraum ein, als wenn es von außen auf die Bildfläche projiziert würde. Umgekehrt verhält es sich beim Sendelicht.

Die *»Fußwaschung Christi«* im Evangeliar Ottos III. hat keine Beleuchtungsquelle, die außerhalb des Bildes läge. Das Licht strahlt aus dem Bild direkt auf den Betrachter des Blattes zu. Das Bildlicht macht ihn gleichsam zum Gesehenen. In gleichmäßiger Helligkeit – so sieht es zunächst aus – liegt das Bild vor uns. Die dargestellten Personen sind in gleichbleibender Lichtintensität ins Bild gebracht.

Die Blickrichtung des Beschauers folgt keiner Lichtlinie, die von einer Beleuchtungsquelle außerhalb des Bildes in dieses hineinprojiziert werden könnte. Nur die Gestalt Christi erscheint von einem besonderen Licht umgeben. Dieses aber lebt von der Goldfarbe, es ist gleichsam identisch mit dieser Farbe selbst. Auf einem »Bild im Bilde« erscheint die Gestalt Christi in dem hellen Goldlicht, das aus dem Bilde herausstrahlt. Der Raum, in dem Jesus dargestellt wird, hat Eigenlicht, er öffnet sich durch die Farbe Gold in eine Tiefe, wie sie sich jenseits der Welt des Beschauers auftut.

Die Farbe Gold ist für die Buchmalerei des Mittelalters und schon für die frühchristlichen Mosaiken von entscheidender Bedeutung. Das Gold vermag die Dimension Gottes anzuzeigen, es erweitert die Bildfläche um diese Dimension, indem es auf sie hinweist und das Geschehen des Neuen Testamentes auf dem Hintergrund dieses Goldlichtes darstellt. Der »Sendeglanz«[52] der Farbe Gold taucht das Bildgeschehen in das Licht der Sphäre Gottes ein. Das Gold repräsentiert das Eigenlicht des Bildes in »höherer Potenz«[53]. Der Goldgrund ist zugleich, wie Schöne meint, »idealer Raum« oder »Fläche ohne Ende«[54], die in ihrer Lichtintensität das Licht der übrigen

Fußwaschung Christi, Evangeliar Ottos III., Ende 10. Jh.

Farben des Bildes gleichsam nach vorn blendet, auf den Betrachter des Bildes zusendet. An dem schon genannten Visionsbild der Hildegard von Bingen (S. 20) läßt sich auch quellenmäßig nachweisen, daß der Maler das Eigenglanz/Sendeglanz-Licht von Gold- und auch Silbergrund ausdrücklich gewählt hat, um das Licht Gottes darzustellen. »Der besondere Wert der Scivias-Miniatur in Verbindung mit dem Visionstext Hildegards liegt darin, daß das Gold hier nicht nur als Kostbarkeit (Goldmetall) und als Farbwert die göttliche Machtfülle repräsentiert . . ., sondern auch einmal nachweisbar als Lichtwert das Licht Gottes.«[51a]

Halten wir uns vor Augen, daß die Leser der mittelalterlichen Evangeliare zugleich betende und meditierende Menschen gewesen sind, so verstehen wir den Sinn des Sende- oder Eigenlichtes, besonders der ottonischen Buchmalerei, noch in einer tieferen Sicht: Das Bild wird hier zur Meditationsanregung, der Sehende weiß sich zugleich als der vom Bilde her Gesehene. Das Bildlicht wird zum Licht des Glaubens. Die gleiche Wirkung vermag das Bildlicht auch auf den heutigen Betrachter auszustrahlen, wenn er sich dessen Strahlkraft aussetzt.

Wir kennen eine lange Tradition der mittelalterlichen Lichtmetaphysik, deren Anliegen, wenngleich nicht deren Spekulation, in die Buchmalerei eingegangen ist. Sie weist zurück auf die Tradition der johanneischen Theologie. In ihr finden wir leitmotivisch den Gegensatz von Licht und Finsternis wieder, er wird zum entscheidenden Schlüssel für die Botschaft des Evangeliums. Die Welt Gottes ist hier als die Welt des Lichtes verstanden: Christus wird zum Träger und Vermittler dieses Lichtes, das in die Finsternis des Todes einbricht. Dieses Licht ist dem Menschen nicht verfügbar, sondern leuchtet ihm auf, wenn Gott es sendet. Christus ist im Johannesevangelium der Vermittler des Gotteslichtes. Durch ihn hat die Welt teil am Licht Gottes. Wir haben in der Geschichte der christlichen Kunst Musterbeispiele für dieses johanneische Denken, das bildnerisch umgesetzt wird, so daß es dessen Botschaft geradezu repräsentiert: Neben der ottonischen Buchmalerei mit ihrer expressiven Verwendung des Goldgrundes ist es vor allem die Glasmalerei des 13. Jahrhunderts. Die Kirchenfenster werden zur Manifestation der Lichtbotschaft des Neuen

Testaments. In ihnen materialisiert sich gleichsam die Botschaft vom Gotteslicht: Das Licht, das durch die bunten Fenster in den Kirchenraum fällt, wird eins mit der auf dem Glas dargestellten Glaubenswirklichkeit. Wolfgang Schöne führt aus, wie auf den Glasmalereien der Kirchenfenster Lichtquelle und Dargestelltes miteinander identisch werden[55]. Auf die Möglichkeiten der Glasmalerei, das Dargestellte wie durch ein Licht von außen transparent und transzendent werden zu lassen, greift in unserem Jahrhundert in einzigartiger Ausdruckskraft vor allem Marc Chagall zurück. Durch die Verwendung reiner Farben erscheint das Sendelicht des Bildes in ungeheurer Intensität, wie wir es zum Beispiel in der Fraumünster-Komposition Marc Chagalls erfahren, in der jedes der fünf spätromanischen Fenster auf einen einzigen Farbton gestimmt ist[56].

Das Sende- und Eigenlicht der mittelalterlichen Bilder wird im 14./15. Jahrhundert mit dem Beleuchtungslicht vertauscht. Hinter diesem Vorgang verbergen sich entscheidende Wandlungen im Weltbild und in der entsprechenden theologischen Einstellung. Der Blick des Betrachters wird von nun an von außen gelenkt, er nimmt durch die Technik des Beleuchtungslichtes im Bild eine Augenblicksaufnahme des Geschehens wahr. Damit wird die innere Distanz zwischen Bild und Betrachter vergrößert: Durch die Lichtführung auf der Bildfläche wird das im Bild Dargestellte zum verfügbaren Objekt für das Auge des Betrachters.

Wohin die Technik des Beleuchtungslichtes führen kann, sehen wir an einer Darstellung El Grecos: *»Die Entkleidung Christi«* (S. 158). Die dargestellte Szene wird gegen den Willen des Malers zum Theater, zum Schauspiel. Der Betrachter beobachtet das Bild, er wird von den Bildfiguren nicht mehr »gesehen«, wie wir das bei den mittelalterlichen Sendebildern feststellten. Das Bildlicht ist hier wie von einer Rampe von außen gesteuert. Es kommt gleichsam vom Zuschauerraum ins Bild hinein. Meisterhaft allerdings ist dieser Scheinwerfer von außen eingestellt. Das vorne leicht von rechts einfallende Licht zentriert sich auf die Gestalt Christi und reflektiert in dem Purpurrot seines Mantels. In den Lichtkegel fallen weiterhin der Arm und die Gestalten der entkleidenden Soldaten, die Figur des Kriegsknechts, der das Kreuz zur Hinrichtung

El Greco, Die Entkleidung Christi, 17. Jh.

vorbereitet, sowie die klagenden Frauen. Die Hauptpersonen der Handlung sind im hellen Raum, die Statisten bleiben in großer Schar im Dämmerlicht des Bildhintergrundes. Das selektive Prinzip der Lichtführung aber verrät sich als ein theatralisches: Christus wird hier zur Schau gestellt. Nun trifft sich das an sich genau mit der Intention des Themas, der Entkleidung Christi. Die theatralische Pose des Bildes geht aber so weit, die Gestalt Christi selbst in eine schaustellerische Haltung zu versetzen. In fast pantomimischer Gestik ist die rechte Hand aufs Herz gelegt. Der Brennpunkt des Lichtes fällt mit dieser Hand zusammen. Der Betrachter verfolgt ein Schauspiel, in dem für ihn selbst gar kein Platz mehr ist: Die Szene bleibt durch die Lichtführung des Bildes an dem einen Augenblick hängen, in dem Christus die Hand aufs Herz legt. Wie durch ein Schlaglicht ist die Situation Christi festgehalten. Der Betrachter blendet mit dem Maler ein Licht auf die Bildfläche, er selbst wird von keinem Bildlicht getroffen. An Grecos Bild wird deutlich, wo die Gefahren des Beleuchtungslichtes für das religiöse Bild liegen: Sobald der Betrachter nicht von dem Eigenlicht des Bildes angezogen wird, verwandelt sich das Bild allzu leicht in eine Szenerie, ästhetische Kategorien verdrängen den Verkündigungsanspruch des Bildes.

Anders verläuft die Lichtführung in dem Bild von Hieronymus Bosch, *»Tunnel der Wiedergeburt«* (S. 161): Die Figuren leben ganz von dem Licht, das auf sie fällt, von einer Sphäre her, die außerhalb des eigentlichen Bildgeschehens liegt. Dennoch befindet sich die Lichtquelle innerhalb des Bildes, in der Tiefe des Bildes gleichsam. In der unteren Bildhälfte sehen wir die Figuren vor uns, die am Höllenfluß Rast machen. Der Fluß bleibt völlig dunkel, ebenso der Hintergrund des Bildes. Das Licht, das auf die Gesichter der Menschen fällt, dringt von oben her, wie durch eine Lichtröhre, auf die bemalte Fläche. Was von dem Lichtstrahl getroffen wird, liegt im Hellen, alles andere bleibt im Dunkeln. Die bestrahlten Figuren wenden wie geblendet ihr Gesicht der Lichtquelle zu. Sie öffnet sich in die Tiefe des Bildraums hinein, die in hellem Blaugrün aufglänzt. Der Engel und die Figur, die in das Bild hineinschweben, werden durchsichtig von der Helligkeit, ihre Körperhaftigkeit löst sich auf. Schemenhaft sehen wir an der Öffnung des ins Bild dringenden Lichtschachtes eine weitere Gestalt.

Die Bedeutung dieser Lichtführung im Bild ist evident: Die Lichtröhre läßt den Beschauer einen Blick ins Licht Gottes tun, aber der Beschauer sieht wie in ein Fernglas hinein, in dem sich ein Schauspiel vollzieht. Der Betrachter wird zum Zuschauer, das Licht greift nicht in seine eigene Welt über. Zwar kommt das Licht im oberen Bildraum aus einer transzendenten Sphäre, doch ist diese Transzendenz eine durch Licht und Perspektive vom Maler inszenierte, nicht aber die Transzendenz, die durch das Eigenlicht des Dargestellten den Betrachter selbst ergreifen könnte. Die Jenseitigkeit dieses Lichtes ist zugleich das Produkt einer raffinierten Beleuchtungstechnik.

Die Kunstgeschichte kennt jedoch einzigartige Beispiele, an denen sich zeigen läßt, auf welche Weise ein expressiv verwandeltes Beleuchtungslicht wieder zu einer symbolisch eminenten Bedeutsamkeit kommen kann. Hier sind vor allem Grünewald, Rembrandt und für die Moderne Emil Nolde zu nennen. Bei ihnen wird in der Gestaltung religiöser Bilder das Beleuchtungslicht zu einem expressiven »Bedeutungslicht« erhoben, durch das dem Betrachter etwas von dem mittelalterlichen Bildeigenlicht wiedergegeben ist.

Hier tragen die Farben selbst in ihrer jeweiligen Leuchtkraft und Intensität die Lichtqualität des Bildes: Wo die Farben ihre Leuchtkraft entfalten und steigern, dort liegt auch jeweils der Ausdrucks- und Aussageakzent des Bildes. Das Auferstehungsbild Grünewalds (S. 88) eignet sich besonders gut, um diese Zusammenhänge zu zeigen. Dem Dunkel des Bildvordergrundes, auf dem wir die larvenartig hingestreckten Grabeswächter sehen, steht das strahlende Licht entgegen, in das die Gestalt Christi eingetaucht ist. Durch die gebrochenen Farben des Vordergrundes tritt der Kontrast zu der Lichtglorie des Auferstandenen stark in Erscheinung. Die gesamte Skala des Farbspektrums ist aufgeboten, um die Lichtwirkung der Christusgestalt zu steigern. Das von ihr ausgehende Licht ist zwar ein »Beleuchtungslicht«, das frontal in das Bild hineingeblendet wird, doch hat dieses Beleuchtungslicht alle Eigenschaften des Sendelichtes aufgenommen: Christus wird hier selbst zur Quelle des Lichtes, das im Dunkel des Bildes aufgeht. Ein Lichtmeer öffnet die Bildfläche nach rückwärts in einen transzendenten Raum, ebenso nach vorwärts zum Betrachter hin. Die Totalität des Farbspektrums nimmt Sendelichtcharakter an, gewinnt die Funktion des mittelalterlichen Goldgrundes auf einer neuen Ebene zurück. Die weiße Gestalt des Auferstandenen und der unter der Lichtfülle durchsichtig erscheinende Grabstein stärken den Eindruck, daß dieses Licht zeichensetzenden Charakter zurückgewonnen hat. Die-

Hieronymus Bosch, Tunnel der Wiedergeburt, um 1500

ses Bild sendet Licht gewordenes Charisma aus: Der Leib des Auferstandenen transformiert sich in Licht. Das Schwarzblau des Himmels bildet als dunklen Hintergrund den Raum des Todes, in den die Lichtfülle des Auferstandenen einbricht. Von der Gestalt Christi breitet sich das Licht über die Bildfläche aus, obwohl Grünewald die Technik des Beleuchtungslichtes für seine Darstellung mitbenutzt hat.

Über die gleiche Sprachgewalt verfügt das Beleuchtungslicht bei Rembrandt. Er ist bekannt als Meister des Hell-Dunkel-Kontrastes. Wir wollen hier auf seinem Kreuzigungsbild nachzeichnen, welch hohe symbolische Relevanz die Technik des Beleuchtungslichtes als expressives »Bedeutungslicht« zurückgewinnen kann. Rembrandts Kreuzigungs-Bild lebt vom Hell-Dunkel-Kontrast, der Zug um Zug auch theologische Bedeutung gewinnt. Aus einem bildjenseitigen Raum bricht das Licht in das Bild ein. Das Kreuz Christi ist in ein Lichtmeer hineingestellt, das von oben her in das Bild einströmt. Dieses Licht der Transzendenz scheidet die dargestellten Figuren in zwei Gruppen: in die, die auf der Seite Christi stehen, und in die, die im Schatten bleiben. Der Lichtkegel überstrahlt den reuigen Schächer so vollkommen, daß sein in sparsamster Strichführung dargestellter Körper sich in dieses Licht hinein

Rembrandt, Kreuzigung

aufzulösen scheint. Er hat den Kopf zurückgelegt, den Körper dem Licht entgegengestreckt, das ihn einhüllt und überflutet. Das Licht wird hier zum Zeichen der Gnade, die ihm entgegenströmt, zum Symbol der Todesüberwindung. Der zweite Schächer bleibt im Dunkel, sein Körper hängt schlaff in der Finsternis. Auf seiner, der linken Bildhälfte sehen wir die Schriftgelehrten und eine unübersehbare Menge diskutierenden Volkes, umgeben von wachehaltenden Soldaten. Hier ist die Seite des Unbewußten. Die rechte Bildhälfte als der Raum der Bewußtwerdung des Lebens zeigt die klagenden Frauen unter dem Kreuz Christi, die innerlich auf der Seite des begnadeten »Schächers« stehen. Die Gegenwart Gottes wird im Bild Rembrandts als Licht schaubar. Sie bricht als Lichtfülle in den dunklen Raum des Todes ein. Durch die Symbolkraft der Lichtführung wird das Beleuchtungslicht des Bildes zum Bedeutungslicht auch in einem theologisch-symbolischen Sinn: Die schöpferische Kraft des Lichtes vermag mit Christus auch den mitangeklagten Menschen zu erhellen, ja noch im Sterben zu »erleuchten«. Wie das mittelalterliche Eigenlicht der Buchmalerei bringt das expressive Bedeutungslicht Rembrandts den Beschauer seines Bildes in eine Entscheidungssituation zwischen Licht und Finsternis. Wie stark für Rembrandt das Licht die Gegenwart Gottes repräsentiert, können wir uns noch an einem seiner Emmaus-Bilder (S. 121) deutlich machen: Da sitzen die beiden Jünger am Tisch. Neben ihnen strahlt ein Licht auf, in dem sie die Gegenwart des Auferstandenen begreifen. Im direkten Wortsinne geht ihnen ein Licht auf. Darum verzichtet der Maler hier ganz und gar auf jede Darstellung des Auferstandenen. Seine Gegenwart wird im Aufleuchten des Lichtes spürbar. Das Licht ist Offenbarungsträger der transzendenten Gotteswirklichkeit geworden.

In der Moderne zeigen einige Bilder Emil Noldes durch ihre Lichtsymbolik eine verwandte Intention. Durch den Verzicht auf perspektivische Darstellung erreichen die Bilder Noldes wieder Flächigkeit und damit symbolische Ausdrucksintensität. Das Bildlicht wird von der Farbe allein getragen. Prüfen wir das an Noldes Bild *»Das Abendmahl«* (S. 114) nach: Im Zentrum des Bildes sitzt Christus. Er hält den Abendmahlskelch in der Hand und reicht ihn einem der Jünger. Seine Gestalt ist in sehr lichtstarken Farben gemalt. Sie wirkt als

Lichtquelle des Bildes. Auf den hellen Gesichtern der Jünger sehen wir den Widerschein dieses Lichtes, das sich von Jesus ausgehend auf der Bildfläche verbreitet. Es hat Zeigecharakter und ist Offenbarungsträger der göttlichen Gegenwart, die sich den Jüngern im Abendmahl mitteilt. Die Lichtführung im Bilde folgt dem Abendmahlsgeschehen. Die Blicke der Jünger richten sich auf die Gestalt Christi, von der das Licht ausgeht, und begleiten die darreichende Gebärde Christi gegenüber dem Jünger, der den Kelch aus seiner Hand empfängt. Nolde gibt dem Bild hier das Sendelicht zurück. Der Maler gibt das im Bild dargestellte Geschehen gleichsam sich selbst zurück, indem er sich der Möglichkeit entäußert, aus der Abendmahlsszene ein Schauspiel zu machen, in das ein Schlaglicht vom Beschauer aus hineingeworfen wird. Hier wird das Licht allein von den Farben getragen, ihrer Leuchtkraft und Intensität. Es bedarf keiner besonderen, an der Perspektive orientierten Lichtführung in diesem Bild. Wo die Farben aufglühen und aufleuchten, erhellen sie zugleich das Lebens- und Ausdruckszentrum des Bildes, seine »Botschaft«.

Entsprechend dem Beleuchtungs- beziehungsweise Bedeutungs- oder Sendelicht in der religiösen Malerei wird das Licht auch in der spontanen Malerei aus dem Unbewußten gebraucht. Es gilt auch hier: Wo das Beleuchtungslicht wie von außen ins Bild einfällt, bewahrt der Maler eine gewisse Distanz zum Dargestellten, so dramatisch es auch sein mag, er beleuchtet es wie von außen und setzt ihm von außen her ein Licht auf. Wo andererseits der Maler die Farben selbst sprechen läßt, ihre reine Leuchtkraft einsetzt, ohne sie durch perspektivisch bedingte Lichtführung und die entsprechende Schattenbildung zu brechen, dort teilt sich das, was ausgedrückt werden soll, samt der zugehörigen Emotion auch unmittelbar mit. Angesichts des Gemalten kann dann der Maler selbst zum Gesehenen werden. So begegnet zum Beispiel ein zu der Zeit krebskranker Maler, ein sehr beherrschter Mann, seiner elementar-naturhaften Angst vor dem Tode, die er schließlich zuläßt, im direkten Gegenüber zu dem in grünlichem Ockergelb gemalten *Gesicht eines Indianers* (S. 19). Die expressive Farbe selbst ist hier das Licht, das ihm über die Bedrohlichkeit seines Zustandes aufgeht.

Die weißen Gesichter, die den mit dem Rücken zum Betrachter stehenden Mann im Bild aus der Tiefe des düsterblauen Raumes heraus anstarren – Ausdruck einer äußerst kritischen Begegnung dieses Mannes, eines Alkoholikers, mit sich selbst in seiner damaligen Situation –, versetzen den Betrachter in die gleiche Position wie den Mann im Bild, geben ihre Frage, wer er wirklich sei, jenseits seiner vielen Gesichter und Masken, auch an den Betrachter weiter. In dem Bild des gleichen Malers (*»Roter Mensch im blauen Raum«,* S. 144) ist das Licht innerhalb der Farbkomposition des Bildes selbst von rechts aus dem Plusplusquadranten rechts oben kommend gesehen. Hier dringt das Bewußtseinslicht befreiend und wegweisend in eine ganz vom Blau des Unbewußten umgebene Situation des Malers ein, der als winzige rote Gestalt wie auf einem Eisblock, umgeben von Meeren, steht. Der Gebrauch des Lichtes hängt auch hier davon ab, ob eine zentralperspektivische Komposition vorliegt oder nicht, wobei nur die wenigsten spontanen Maler das technische Vermögen haben, perspektivisch und unter Verwendung von Hell-Dunkel-Effekten zu malen.

Wo es aber geschieht, ist es doppelt bedeutsam. Ich erinnere an die Bilder von M. J. (S. 142), die wir im Kapitel zur Perspektive näher betrachtet haben. Vor allem aus dem letzten

Die weißen Gesichter

seiner Bilder, der vom Fenster aus gesehenen Landung des Saturn, scheint das Licht wie aus der Tiefe des Bildes, des dem Sonnenuntergang noch nachleuchtenden Himmels, hervorzubrechen und beleuchtet den Querbalken des Fensterkreuzes sowie die beiden Fenstertische mit Tasse und Herz: Es gelingt M. J. hier eine expressive Gestaltung des Beleuchtungslichtes, das aus dem Bilde auf den Betrachter zustrahlt und ihm die bedeutsamsten Objekte des Bildes und seiner Aussage vor Augen rückt. Auch hier ist die mit der perspektivischen Konstruktion gegebene Distanz zum Geschehen gewahrt, doch so, daß die in ihm enthaltene Gefühlsintensität gleichsam wie aus der Tiefe des Bildes hervorbricht und auf den Betrachter zustrahlt.

Die Proportion

Proportion bezieht sich immer auf die Ganzheit einer Gestalt, in unserem Falle auf die Ganzheit der Komposition. Von Proportion zu sprechen, ohne sich auf eine vorgestellte Ganzheit zu beziehen, ergäbe keinen Sinn.

Über die Proportion eines Bildes nachzudenken, das heißt, die Verhältnisse innerhalb des Bildes wahrzunehmen und zu interpretieren, zum Beispiel:

– die Größenverhältnisse der Figuren beziehungsweise der Objekte zueinander;

– die Verhältnisse der Farben und Formen untereinander, aber auch zueinander;

– die Verhältnisse innerhalb der Bildfläche, der rechten zur linken Seite, der Höhe zur Tiefe, aber auch der Nähe und der Ferne innerhalb eines perspektivischen Bildraumes, zwischen dem Vordergrund und dem Hintergrund.

Proportion hat auch mit Gewichten und Gewichtungen innerhalb des Bildes zu tun, zum Beispiel mit den jeweiligen Quanten von Farben und Formen innerhalb einer Komposition: mit dem, was in einem Bild durch Farbe hervorgehoben, was andererseits durch das Fehlen von Farbe blaß belassen ist und wie sich beides zueinander verhält.

Sosehr alle Bildkompositionen bestimmte Proportionen enthalten, drücken sie sich doch in unterschiedlicher Weise durch ihre Proportionen aus: Es gibt Bilder, die vor allem durch die Proportionen ihrer linearen Komposition sprechen, andere durch diejenige ihrer Farbkomposition, wieder andere durch die proportionale Zuordnung der Objekte zueinander.

Die Proportionen werden wir bei der Interpretation vor allem bei solchen Bildern hervorheben, bei denen sie auf eine besondere Weise sprechen: Dies wird vor allem da der Fall sein, wo sie sich von einer Norm der Proportionalität abheben, indem sie durch eine besondere Akzentsetzung oder gar Übersteigerung eine bestimmte eigentümliche Gestaltung hervorheben.

Diese Akzentsetzung beginnt schon bei den einzelnen Figuren innerhalb eines Bildes, wenn zum Beispiel die normale Proportion einer menschlichen Figur, ihre »Wohlproportioniertheit«, durch eine expressive Vergrößerung oder Verkleinerung verändert wird. Wenn zum Beispiel in der frühen mittelalterlichen Buchmalerei die gebenden oder auch empfangenden Arme und Hände von Figuren überproportional hervorgehoben werden (wie in den Bildern *»Verkündigung an die Hirten«* [S. 84] oder *»Fußwaschung Christi«* [S. 155]), so ist die Figur unter dem Aspekt des Gebens, auch Weisunggebens oder -empfanges, über die normalen Größenverhältnisse hinaus überproportioniert, das heißt, hier liegt ihre Bedeutsamkeit.

Die Schafe wiederum sind so klein wie die Erdschollen innerhalb jenes Blattes *»Verkündigung an die Hirten«* dargestellt. Sie reichen den Hirten im Vordergrund des Bildes nur bis an ihren Stiefelschaft. Sie sind verkleinert im Blick auf ihre natürliche Proportion im Verhältnis zum Menschen. Hier sind sie angesichts des Einbruchs von Transzendenz in Gestalt des Engels wie zu »Erdenwürmern« verkleinert. In dieser Proportion drückt sich natürlich auch ein Problem der christlichen Verkündigung im Blick auf Tier und Natur aus.

Klein wie der eines Kindes ist der tote Leib Christi auf Emil Noldes Bild *»Grablegung«* (1915) (S. 113) dargestellt. Die normale Größe behält nur sein Haupt, das hierdurch in dieser Komposition überproportioniert erscheint. Will Nolde hier zeigen, daß Christi Leib kindlich klein und hilflos in die Arme der Jünger gelegt ist, die ihn in ihrer hingebenden Sorge, in ihrem Glauben bergen und aufheben müssen, während auch im Tode sein Haupt, sein Geist noch immer machtvoll erscheint? Will er bildlich zum Ausdruck bringen, was wir oft im Traum erleben, daß uns nämlich Menschen, die uns zu entschwinden, zu sterben drohen, im Traumbild körperlich winzig klein begegnen und erscheinen? (Die Etrusker malten ihre Verstorbenen andererseits ganz in die Länge gezogen, gleichsam wie mit den Häuptern schon den Himmel berührend.)

Es könnte andererseits auch so sein, daß Nolde in der Zeit, in der er dieses Bild malt (1915), das bisherige Christusbild klein zu werden, zu entschwinden droht. Von geringer Strahlkraft, proportional gesehen, ist zugleich die fahle Gelbfarbe des Leichnams gegenüber dem tiefen, leuchtenden Blaugrün der Jünger-Mäntel. Allerdings ist die Stellung der Jünger im Bild wiederum sehr bodennah, erdnah: Sie hocken nämlich alle drei auf den Fersen.

Die Perspektive, aus welcher der Betrachter ins Bild blickt, ist ebenfalls sehr bodennah: Er müßte sich gleichsam vor die Gruppe hinhocken und sie von da ins Visier nehmen. Der Fotograf müßte den Ausschnitt außerdem zoomen, vergrößern. Die Himmelszone ist in diesem Bild abgeschnitten, so sehr, daß sogar noch ein Teil der Jüngerköpfe abgeschnitten erscheint. Die Jünger wirken in diesem Bildraum wie niedergedrückt. Es ist ein gedrücktes, gequetschtes Bild entstanden, dem der freie Horizont fehlt. Diese Perspektive entspricht dem Thema der Grablegung des toten Christus: Nur aus einer bodennahen, erdnahen Sicht kann die Hoffnung auf eine Auferstehung erwachsen.

In Noldes Bild *»Christus und die Kinder«* (S. 115) ist die Proportion zwischen rechter und linker Bildhälfte aussagekräftig: Die Köpfe der vier Jünger zur Linken, gleichsam »hinter dem Rücken Jesu«, sind alle in der oberen Zone, etwa einem Fünftel der Bildfläche entsprechend, der Komposition vereint, wobei die Gestalten nur etwa bis Hüftgegend, bis zum Beinansatz ins Bild gebracht sind, also noch viel länger wirken müßten, wenn sie ganz dargestellt wären. Der Fußbereich fehlt aber völlig in diesem Bild.

Auf der Seite der Frauen und Kinder dagegen reichen die Köpfe bis in die untere Zone: Während die Jünger über der Sache zu stehen wähnen, dabei »verkopft« wirken, füllen die Kinder samt ihren Müttern mit ihrer vitalen Neugier und Zuwendung alle Stufen und Zonen des rechten Bildfeldes aus. Die abweisenden Jünger und die erwartungsvollen Kinder sind in diesem Bild zahlenmäßig im Verhältnis vier zu zehn vertreten. Doch nicht nur zahlenmäßig, sondern auch im Blick auf den Bildraum und die Kraft der Farbe Gelb im Verhältnis zu Violett haben die Kinder in diesem Bilde das absolute Übergewicht, den Vorrang.

Nicht nur im Blick auf die menschliche Figur oder die Gestalten der übrigen Lebewesen oder Objekte, die auf dem Bilde dargestellt sind, kann sich, wie wir sehen, solche Proportionierung oder Überproportionierung zeigen, sondern ebensogut in der Komposition als ganzer, im Blick auf die Aufteilung der Bildfläche, des Bildraums und die Anordnung der Objekte in ihm. Dabei gilt das Gesetz der Differenzierung. Wenn wir etwas in der Proportion drei zu sieben darstellen wollen, so müssen wir den Bildraum in zehn Teile teilen, um diese Proportion veranschaulichen zu können: Proportion hat also immer auch mit der Aufteilung des Ganzen, mit seiner Differenzierung, zu tun. Differenzierte Raumverhältnisse im Bild weisen auch auf ein differenziertes Bewußtsein im Blick auf das dargestellte Thema oder Problem hin. Dabei gilt, daß die Verhältnisse um so klarer sind, je überschaubarer die Teile bleiben: Ein Verhältnis von 23 zu 27 beispielsweise wäre kaum mehr zu erfassen und würde nicht von Differenziertheit, sondern mehr von Unüberschaubarkeit und Diffusität sprechen.

Die Vorstellung von den guten Proportionen eines Bildes geht zurück auf die Vorstellung von der rechten Proportioniertheit des menschlichen Körpers, das heißt eines angemessenen Verhältnisses der Teile zum Ganzen. Leonardo da Vinci

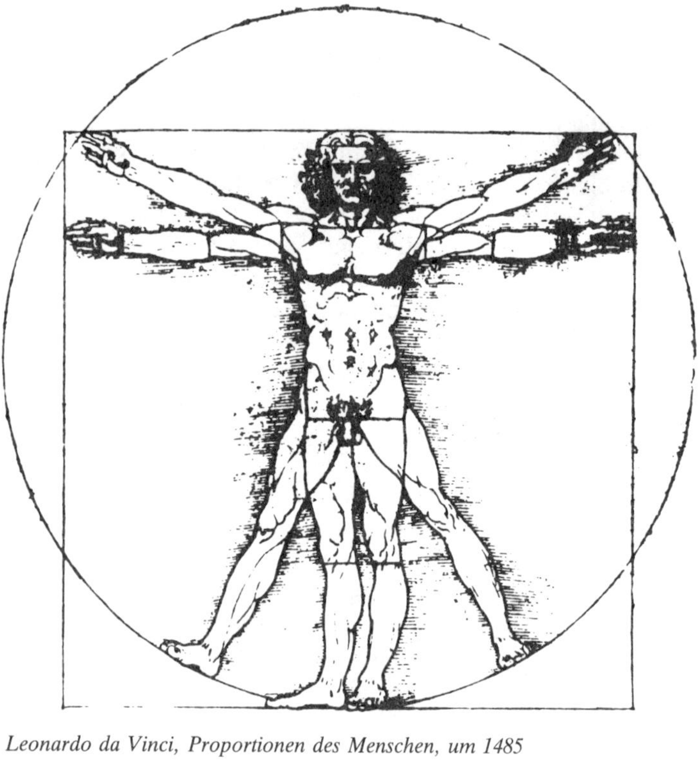

Leonardo da Vinci, Proportionen des Menschen, um 1485

hat um 1485 die *Proportionen des Menschen* in einem Schema dargestellt, wobei der Körper des Menschen einem Quadrat einbeschrieben ist: Dieses Quadrat wiederum ist mit einem Kreis verbunden, in dem der Mensch wie in einem Rad mit gespreizten Beinen und schräg nach oben gebreiteten Armen steht. Leonardo hat dem Kopf ein Achtel des Gesamtkörpers eingeräumt: Kopf mit Rumpf zusammen bilden vier Achtel, also die Hälfte des Körpers; die Beine von der Beckengegend, dem unteren Kreuz an die andere Hälfte des Körpers. Die Brust wiederum enthält zweimal die Breite des Kopfes; die Arme samt Händen enthalten sie je dreimal: so daß also auch die Körperbreite achtmal die des Kopfes enthält. Der Mensch ist also bei ausgebreiteten Armen ebenso breit wie hoch und läßt sich insofern einem Quadrat einschreiben und damit auf ein vollkommenes Maß beziehen.

Auf einer irischen Darstellung des 8. Jahrhunderts hat der *gekreuzigte Weltenrichter* (S. 173) statt dessen ein Haupt, das statt eines Achtels ein Drittel des gesamten Körpers beansprucht. Der Kopf also ist überproportioniert dargestellt, soll hier als Zeichen der geistigen Kraft und Ausstrahlung des Weltenrichters gesehen werden. Die ausgestreckten Arme entsprechen jedoch nicht einmal einer einzigen Kopflänge, geschweige denn einer dreifachen wie bei Leonardo da Vinci. Bei dieser Darstellung des gekreuzigten Weltenrichters, eigentlich einem Paradox, wird dessen machtvolle Gestalt mit gebundenen Armen und Händen dargestellt: Seine ganze Macht und geistige Ausstrahlung liegen hier im Haupt.

Noch der gekreuzigte Christus in Manessiers Blatt *»Verfinsterung«* (S. 233) entspricht, einem gleichseitigen Dreieck einbeschrieben, das sich leicht zu einem Quadrat ergänzen ließe, den Dimensionen eines wohlproportionierten Menschen. Nur hängt seinen Füßen diese übergroße, schwere schwarze Kugel an, vielleicht die Erdkugel selber, wodurch diese hochragende Menschengestalt zugleich mit der Erdenschwere verbunden und verkettet wird. Die gute Proportion des Menschen wird einerseits verzerrt durch dieses ungeheure Gewicht zu seinen Füßen, das mit ihm wie zu einer Gestalt verschmilzt, andererseits enthält die Bildkomposition als ganze eine stimmige Proportion, indem jener schwarzen Kugel eine blaue Kreisform fast gleicher Größe, eine blaue Sonne oder vielleicht auch ein »Loch im Himmel« gegenübergestellt ist. Diese beiden Kreisformen korrespondieren miteinander und wiegen einander auf, wobei die schwarze Kugel zugleich dem Bildvordergrund der schwarzen Gerüststruktur, der blaue Kreis dagegen dem Bildhintergrund zugehört.

Der Renaissance war es ein ausgesprochenes Anliegen, das Bild des Menschen in harmonischen Proportionen zu fassen beziehungsweise seine harmonische Proportionalität darzustellen. In diesem Zusammenhang gestaltete Leonardo da Vinci die erwähnte Radierung, in der der Mensch, aufgerichtet und mit seitlich ausgebreiteten Armen, genau in ein Quadrat eingezeichnet ist.

Auch wenn wir es nicht so exakt berechnen, können wir die guten Proportionen eines Menschen auf einen Blick erfassen, wir nennen solch einen Körperbau wohlproportioniert. Andererseits gibt es Körperproportionen, bei denen uns sofort auffällt, daß der Kopf im Verhältnis zum Ganzen zu klein oder entsprechend auch zu groß geraten ist. Manche Menschen haben vergleichsweise lange Arme oder große Hände; auch können Beine oder Füße im Vergleich zu dem ganzen Körper unverhältnismäßig groß sein. Auch der Rumpf kann unverhältnismäßig kurz oder auch lang geraten sein. Die Verhältnismäßigkeit bezieht sich dabei jeweils auf die gute Proportionalität des Körpers als ganzen.

Die Malerei, besonders die frühe, aber auch die des Expressionismus, verändert bei ihrer Projektion des menschlichen Körperbildes auf die Bildfläche häufig ganz bewußt die Proportionen des Menschen, um besondere Regionen des Körpers in ihrer Ausdrucksfähigkeit, ihrer Symbolik gegenüber dem ganzen hervorzuheben. So fallen, wie schon erwähnt, in der frühmittelalterlichen Buchmalerei die überbetonten Arme, Hände und Finger auf; aber auch das Auge als Organ des Sehens, des Ansehens und des Angeblicktwerdens ist in den Gestalten der frühmittelalterlichen Buchmalerei jeweils übergroß, überproportional dargestellt. Geht es hier doch jeweils um das Gesehen-, das heißt das Angenommenwerden eines Menschen durch einen Engel oder auch durch Christus.

Immer wenn die Bedeutsamkeit einer besonderen Körperregion durch Überproportionierung betont wird, treten andere Regionen dafür in den Hintergrund. Auf Noldes frühen Bil-

Der gekreuzigte Weltenrichter, Bronzeplatte auf einem Buchdeckel, Irland, 8. Jh.

dern sind die Köpfe der Menschen oft übergroß gestaltet, dagegen die Unterkörper von einem anderen Objekt überdeckt oder sogar durch den Bildrand abgeschnitten.

Besonders bedeutsam sind die Veränderungen in der Körperdarstellung bei spontanen Zeichnungen aus dem Unbewußten, wo sie weniger bewußt als vielmehr unwillkürlich auftreten, da sich in ihnen weniger zeichnerische Absicht oder auch Unvermögen als vielmehr unbewußtes Körperleben und Selbsterleben ausdrückt. So ist der kleine *rote Mensch* (S. 144) in dem überwältigenden *Blau-Raum,* den ein 35jähriger Mann gemalt hat, seiner Körperproportion nach ein Kleinkind, bei dem der Kopf ein Drittel der Körperlänge ausmacht. Wie ein kleines Kind also fühlt sich dieser Mann in dem verwirrenden, schwankend schwindelerregenden Raum aus lauter Blau – ist es Wasser, ist es Eis? – ausgesetzt. Auch die Verhältnisse Raum zu Mensch beziehungsweise die entsprechenden Farben Blau zu Rot sind für diesen Menschen erdrückend, er wird winzig angesichts des Raumes; sein Rot, wenn auch die emotional stärkste Farbe, ist unterrepräsentiert im Blick auf die übergroße Ausdehnung des Blau. Dieser Mensch nimmt in seiner Höhe nur ein Achtel der Raumhöhe ein. Zudem ist das Quentchen Licht, das in diesen überwiegend von schattigem und schwärzlichem Blau beherrschten Raum fällt, gegenüber dem Dunkel unterrepräsentiert.

Jolande Jacobi hat für die Deutung der psychischen Entsprechungen zu solchen proportionalen Verschiebungen des Körperbildes unter anderem auch auf das Schema der Graphologie hingewiesen[57], in dem in Analogie zum Körperschema des Menschen die Kopfregion dem Geistigen, die Brust/Bauch-Region dem Gemüthaften und die Becken/Bein-Region dem Triebhaften zugeordnet sind. Sind in einer Schrift und entsprechend in der Körperdarstellung die Oberlängen größer als die Unterlängen, so haben wir es beispielsweise mit einem Menschen zu tun, bei dem geistige Beweglichkeit, ideelle und theoretische Neigungen eher überwiegen und andererseits eine gewisse Triebunsicherheit herrscht; umgekehrt haben wir dort, wo die Unterlängen – beziehungsweise Becken/Bein-Region – überbetont sind, einen eher triebsicheren Menschen vor uns, bei dem praktische Neigungen überwiegen, während geistige Interessen zurücktreten. Existentiell beziehungsweise symbolisch interpretiert, bezieht sich die Proportionalität, die sich in einem Bild ausdrückt, zugleich auf die Proportionen, die unser Körperschema physisch, aber auch psychisch kennzeichnen; sie beziehen sich andererseits auf die Proportionen, die unser Leben selbst beherrschen. Alles im Leben steht in einem bestimmten Verhältnis zueinander: Gelingen zu Mißlingen; Erfolg zu Mißerfolg; Bezogensein zu Alleinsein. Im allgemeinen erfahren wir unser Leben als eher ungünstig proportioniert. In ihrer Fähigkeit zur Selbstregulierung hat unsere Psyche die Tendenz, das Leben in erträgliche Proportionen zu bringen, die Überproportionierung von negativen Einflüssen und Erfahrungen auszugleichen oder sich an die unproportionierten Verhältnisse anzupassen, indem sie Gegengewichte schafft, die die Proportionen des Ganzen neu ordnen. Der Individuationsprozeß, von dem wir in der Jungschen Psychologie sprechen, kann auch als ein ständiger Versuch angesehen werden, das im Leben Erfahrene in erträgliche, ja optimale Proportionen zu bringen. Als illusionär würde dabei allenfalls die Vorstellung erscheinen, sich auf ideale Verhältnisse – gleichsam auf den Goldenen Schnitt hin – proportionieren zu können. Die Proportionen, in denen die unterschiedlichen Elemente des Bildes zueinander stehen, zeigen zugleich an, wo die Energie der Libido sich befindet. Dasjenige, das akzentuiert ist oder in Relation zu anderen Aspekten des Bildes größer und gewichtiger dargestellt ist, zeigt dementsprechend auch an, was dem jeweiligen Maler wichtig ist, sei es in einem positiven oder einem negativen Sinn. Die Proportionen zeigen zugleich an, wie die Potentiale der Psyche verteilt sind.

Zahlen und Zahlenverhältnisse

Die Anzahl von bestimmten Gegenständen, Farben und Formen im Bild werden bei der Interpretation oft berücksichtigt. Es wird aber nicht immer gefragt, in welchem Sinne Zahlen beziehungsweise Zahlenverhältnisse für den Aufbau und den Aussagegehalt eines Bildes eigentlich relevant sind. Sie sind es zunächst im Blick auf die Strukturierung der Bildfläche beziehungsweise des Bildraumes in der jeweiligen Komposition, zum Beispiel spielte der Goldene Schnitt in den künstlerischen Gestaltungen der Architektur, Plastik und Malerei vielfach eine Rolle.

Die Bildfläche kann aber nach ganz anderen Zahlenverhältnissen gegliedert sein. An dem roten Rand des Blattes *»Verkündigung an die Hirten«* (S. 84) sind sogar goldene Markierungen wie bei einer Meßskala angebracht: zwölf Einheiten für die Bildhöhe, neun Einheiten für die Breite, die also im Verhältnis drei zu vier zueinander stehen. Die rötliche Himmelszone nimmt nur zwei Zwölftel, also ein Sechstel des Bildrahmens ein, während der übrige Raum vor einem goldenen Bildgrund steht. So gering noch ist also die Zone des Morgenrotes, die den Tag ankündigt, in diesem Weihnachtsbild, das von der Botschaft des Engels an die Hirten spricht. Der Raum des Irdischen, in dem die Schafe und die Hirten sich bewegen, nimmt fünf Zwölftel des Bildes ein – fünf ist erfahrungsgemäß die Zahl des natürlich-irdischen, noch »unerlösten« Menschen –, wobei bezeichnenderweise die erhobenen Hände, mit denen die Hirten den Engel begrüßen, die potentielle Grenzlinie ihres Bereichs zu dem des Engels hin bereits überschreiten, während wiederum dessen Füße den Bereich der Hirten berühren. Der Engel selbst nimmt sieben Zwölftel des Raumes – die Sieben als heilige Zahl – ein. Diese Zahlen strukturieren den Bildraum.

Die Zahlen, andererseits als Anzahl der dargestellten Figuren und Gegenstände verstanden, samt ihrer jeweiligen Verteilung im Raum geben dem Bild in Verbindung mit der Farbe seinen besonderen Rhythmus. Hier zum Beispiel stehen dem einen Engel links zwei kleine sitzende Hirten und rechts ein größerer, der im Gehen begriffen ist, gegenüber: Engel und Hirten stehen also in einem Verhältnis von eins zu drei zueinander, während dem Engel ein ungleich größerer Bildraum zugehört. Hirten und Tiere wiederum stehen in einem Verhältnis von drei zu fünf, wobei die Tiere so aufgegliedert sind, daß dem einen, das sich auf einer höheren Ebene des Berghanges befindet, vier Tiere auf der Basis des Bildes gegenüberstehen. Wenn wir die farbliche Gliederung noch hinzunehmen, stehen dem blauen Tier auf der höheren Ebene ein gold-gelbes Paar und zwei weitere blaue Schafe gegenüber (vier gilt zugleich als die Zahl der Erde).

Eine besondere Rolle spielt im Aufbau dieses Bildes die Zwei als Zahl der Bewußtwerdung, der Unterscheidung. Den Engel selbst umgeben zwei wehende Gewandtücher, die den beiden Flügeln entsprechen – wie vom Wind beschwingt und getragen tritt er ins Bild ein. Vor allem mit dem großen Hirten, der sich im Laufen nach ihm umwendet, nimmt er Kontakt auf, ihm wird er zum Gegenüber, während die linkssitzenden Hirten wie ein Brüder- oder Zwillingspaar wirken, dem wiederum das Zwillingspaar der Tiere entspricht, die einander so gegenüberstehen, als würden sie sich angesichts des Engels gerade ihrer Tierheit bewußt. 23 braungrüne Erdschollen – 23 ist eine unteilbare Primzahl – stehen dem Engel als irdische Materie gegenüber, ein autonomer, zunächst unauflöslicher Komplex des Irdischen.

Sowohl in der Aufteilung des Bildraumes als auch in der mengenmäßigen Verteilung der Bildgegenstände im Raum wirken die Zahlen als anordnende Faktoren. Sie charakterisieren andererseits durch die jeweilige Anzahl der Bildobjekte, die zusammengehören, wie hoch die energetische Ladung des dargestellten Themas oder Problems ist, zugleich aber auch, in wie viele Aspekte sich dieses Problem beziehungsweise dieser Komplex auffalten läßt oder schon aufgefaltet hat.

Sehr hoch ist zum Beispiel die energetische Ladung des Problems, das sich in der Sechzehnzahl von Mönchen ausdrückt, die in dem Bild eines an Krebs erkrankten Mannes die Wegrichtung in den linken unteren Quadranten nehmen. Diese *Mönche* (S. 36) in ihren braunen Kutten drücken das Motiv und das Problem der Entsagung, ja der Weltentsagung angesichts des Todes aus, das sich dem Mann in seiner schweren Erkrankung stellt. Als eine durch vier teilbare Zahl deutet sich zugleich das Thema der Abrundung und der Vollendung dieses Lebens an (die Vier symbolisiert Vollständigkeit, Vollkommenheit), das hier potenziert erscheint. Auch wirkt das hiermit ins Bewußtsein getretene Problem trotz seiner Schwere und Tragik nicht unlösbar – die Zahl Sechzehn nämlich ist teilbar, und teilbare Zahlen sind depotenzierbar –, vielmehr ist es im Zeichen der Sechzehn als auflösbares, angehbares gekennzeichnet: In ihren braunen Kutten geben sich die Mönche als Franziskaner zu erkennen, das Bild des heiligen Franziskus wird hinter ihnen sichtbar, der in seiner tiefen Hingegebenheit selbst den nahenden Tod als »Schwester Tod« begrüßen und annehmen konnte. Auch der Maler konnte diesen Aspekt seines Bildes, dessen Thema ein von ihm geträumter Traum ist, wahrnehmen und schließlich akzeptieren. Viermal vier Aspekte enthält das Thema für ihn: Sie wollen anhand dieses Bildes meditativ entfaltet werden, sub specie aeternitatis, wie man im Mittelalter sagte, unter dem Blickwinkel der Ewigkeit. Sie wollen meditiert sein im Blick auf die mögliche Vollendung dieses Lebens, das in seiner letzten Phase noch besonders schöpferisch wurde, da jener 50jährige Mann sein Erleben, seine Auseinandersetzung mit dem Sterben in einer bewegenden Bilderfolge, von der das genannte nur ein Beispiel ist, zu gestalten vermochte. Das hier angesprochene Problem ist durch die geordnete Darstellung unter dem anordnenden Faktor der Zahl Sechzehn bereits als strukturiertes gekennzeichnet, das ins Leben eingebaut werden kann.

Je nach der Zuordnung zu einer Zahlengruppe und deren Einfügung in den Bildraum ist ein Problem im Bild charakterisiert: Die Zuordnung zu zählbaren Gruppen kann übrigens auch durch verwandte Farben oder formverwandte Figurationen von Bildobjekten erkennbar werden. Sind zusammengehörige Objekte unverbunden und ohne zählbare oder strukturierbare Anordnung über das Bild verstreut, so ist der entsprechende Komplex noch völlig unbearbeitet beziehungsweise noch unbearbeitbar, da er sich diffus und ungreifbar über den ganzen Lebensraum und alle verfügbaren Objekte ausgebreitet hat.

Die bisher betrachteten Bilder zeigten die Figuren beziehungsweise Gegenstände immer im Vollzug einer Bewegung, eines Weges begriffen, die Zahlen traten in ihnen als zählbare Gruppierungen von Figuren, Tieren oder auch als Randmarkierungen auf. Nun gibt es eine andere Bildform, deren speziellste das sogenannte »Mandala« ist, in der die Zahlen eindeutig als anordnende Faktoren der Strukturen, der geometrischen Figurationen und der rhythmischen Gliederungen erscheinen. So enthält zum Beispiel ein *Kali-Yantra* aus Rajastan (18. Jahrhundert) ein Dreieck, bezogen auf seinen Mittelpunkt, wobei das Dreieck wiederum selbst aus fünf konzentrisch ineinanderliegenden Dreiecken besteht: Das Dreiecksgebilde als Ganzes ist von einem Kreis umschwungen, der sich wiederum in acht Blütenblättern wie ein Lotos entfaltet. Umgeben ist das Ganze von einem quadratischen Rahmen, der sich an jeder seiner Seiten mit je einem Tor nach außen öffnet. So stellen also Figurationen, welche die Vier, die Acht, fünfmal die Drei und schließlich die Eins als Mitte enthalten, ein proportional, rhythmisch und strukturell kunstvoll gefügtes Gebilde dar, das letztlich ein über quadratischem Grundriß errichtetes Heiligtum ist, in dessen Mitte eine Lotosblüte blüht und deren Inneres wiederum sich zu einem Teich gestaltet, in

Kali-Yantra, 18. Jh.

dem sich fünffach die Yoni der Göttin Kali spiegelt, von allen Seiten her bezogen auf den befruchtenden Mittelpunkt, das eine schöpferische Prinzip, den Ursprung.

Alle Bilder, ob aus religiöser und künstlerischer Tradition entstanden oder aus der spontanen Kreativität des Unbewußten, enthalten zugleich eine rhythmische Gliederung durch die Anordnung und Anzahl der Formen, Farben und Gegenstände, die in ihnen zur Darstellung kommen. Dabei sind die Zahlen anordnende Faktoren, die bereits auf die strukturelle Gestaltung des Bildes einwirken. Demgegenüber ist die Menge bestimmter dargestellter Gegenstände nur sekundär, während die Struktur den Ausdruck des Bildes viel stärker prägt. Die Zahlen und Zahlenverhältnisse als Ordnungsfaktoren des Makrokosmos fungieren so auch im Mikrokosmos der Psyche und natürlich auch auf deren Projektionsfläche, dem Bild.

Pythagoras, als Zahlenmystiker ebenso bedeutend wie als Mathematiker, drückt es so aus: »Zahlen und Maß sind das Wesen der Dinge und beherrschen sie, weil sie die Anordnung des Wesens verursachen.«[58] Nach seiner Sicht vermittelt die Zahl zwischen Göttlichem und Menschlichem, sofern sie dem Menschen die Struktur des göttlichen Geistes, nach der der Kosmos und der Mensch selbst gestaltet ist, übermittelt. Dabei entsprechen vor allem die unteilbaren Primzahlen archetypischen Anordnungen unserer Psyche. Als nicht Auflösbare stellen sie »in sich Abgeschlossenes, Individuelles«[59] dar, bis hin zu autonomen Komplexen oder derzeit unauflösbaren Konflikten, die sich erfahrungsgemäß oft in der Elfzahl der dargestellten Objekte ausdrücken. Die Zahl Fünf steht für den natürlichen Menschen, der – wie der erste Adam – noch »unerlöst«, noch unverwandelt durch den geistig spirituellen Bezug auf seine transzendente Bestimmung ist.

Alle Zahlen haben archetypischen und zugleich einen jeweils individuellen Charakter, stellen Zahlenindividualitäten[60] dar: Es sind aber alle geraden Zahlen gegenüber den ungeraden in ihrem Grundcharakter miteinander verwandt. Sie drükken mehr das ruhend Statische, Ausgeglichene aus, während die ungeraden eine dynamisch aktive Komponente haben. Es ginge aber zu weit, hieraus einen weiblichen oder männlichen Charakter bestimmter Zahlen abzuleiten, wie Jacobi es unkritisch gegenüber bestimmten Zahlentraditionen tut[61]. Die Zuordnung von Zahlen zu einem bestimmten Geschlecht ist willkürlich, da innerhalb der zahlensymbolischen Tradition recht widersprüchlich überliefert: So wird zum Beispiel die Drei in unserer europäischen Tradition überwiegend als männlich geprägte Zahl verstanden, wofür als überragendes Beispiel die christliche Dreieinigkeit als Vater, Sohn und Geist angeführt wird, doch ist bei dieser Zuordnung übersehen, daß es in der Religionsgeschichte zahllose weibliche göttliche Triaden gibt, die wie beispielsweise in Kreta die Auffaltung des Bildes der Großen Mutter in Persephone, Demeter und Hekate bedeuten. Wie unterschiedlich die Überlieferungen hier sind, kann uns ein Blick in das vielbenutzte Herder-Lexikon »Symbole« beweisen, in dem es unter dem Stichwort »Zahlen« unter anderem heißt: »Die geraden Zahlen wurden häufig als männlich, hell oder gut, die ungeraden als weiblich, dunkel oder böse, verstanden«[62], eine Aussage, die natürlich gut mit der Dämonisierung des Weiblichen im christlichen Kulturkreis zusammenstimmt. Demgegenüber behauptet Jacobi – in Übereinstimmung zum Beispiel mit den Zuordnungen des I Ging –, daß die geraden Zahlen das »weiblich Empfangende«, die ungeraden aber das dynamisch Aktive, Männliche symbolisierten. Die ersteren gehörten zum Reich des Eros, die letzteren zu dem des Logos. Wie verhängnisvoll solche geschlechtsspezifischen Zuordnungen der Zahlen bei der konkreten Bildinterpretation sich auswirken können, zeigt sich, wenn sie hieraus etwa folgert: »Findet sich in einem Bild aus dem Unbewußten einer Frau eine ungerade Zahl als Symbolträger, dann entspricht das für einen Zug von Männlichkeit an ihr, wie umgekehrt beim Mann, wenn ein Bild die Symbolik von geraden Zahlen enthält. Kommen gerade und ungerade Zahlen auf demselben Bild vor, zum Beispiel drei weiße und zwei gelbe Blumen derselben Art, dann zeugt das für eine gewisse Unsicherheit im Gefühl (Blumen stehen für Gefühle!) oder gar im Bezug auf das eigene Seelisch-Geschlechtliche. Heute sind Frauen oft von der Drei, Männer von der Zwei bestimmt, was dann, laut Jung, auf eine Art seelische Geschlechtsverschiebung hinweist.«[63] Dies alles könnte, folgte man dem Herder-Lexikon, auch zu den umgekehrten Schlüssen Anlaß geben.

Eine andere Beobachtung scheint mir im Blick auf die Verwendung von Zahlen als Anordner seelischer Strukturen bei der Bildgestaltung und der entsprechenden Interpretation von Bedeutung zu sein: Jede Zahl läßt sich einerseits unter ihrem qualitativen oder andererseits unter ihrem quantitativen Aspekt begreifen. Alle Zahlen lassen sich einerseits im Blick auf eine bestimmte Anordnung im Raum, zum Beispiel als strukturgebende Anordner bestimmter geometrischer Figuren wie Quadrat oder Kreuz, verstehen und deuten, andererseits als Anordner bestimmter Gruppierungen von Gestalten und Objekten, die zum Beispiel einen bestimmten Weg im Bild beschreiten, eine bestimmte Richtung einnehmen, also eher als eine bestimmte Anordnung in der Zeit beziehungsweise der Bewegung des Bildes vorzustellen sind.

Es liegt jedem Bild entweder eine mehr statisch-räumliche oder eine mehr dynamisch-zeitliche Komposition zugrunde, die sich auf die Bedeutsamkeit der Zahlenverhältnisse im Bild und ihre Interpretierbarkeit auswirkt. Zeitlich-dynamische oder Handlungsbilder lassen die Gestalten beziehungsweise Objekte oft im Profil erscheinen, hier können auch verschiedene Gruppen und Menschen oder Objekte aufeinandertreffen. Räumlich statische Bilder lassen die Gestalten und Objekte eher frontal erscheinen und ordnen sie in ihrer strengsten Form als Mandala-Bilder in geradezu geometrisch geordneten Gruppierungen einander zu.

Die Eins

Für Anfang und Ursprung steht in unserem Zahlensystem die Eins. Die Eins ist Einheit und Ganzheit zugleich. Sie ist unteilbare Monade, Zellkern, enthält ungeschieden alles in sich, was werden kann. Als Einheit ist sie zugleich die Ganzheit des noch Unentfalteten, sie kann aber auch die Einheit des wieder Eingefalteten bedeuten, entsprechend dem Doppelaspekt des Weiß in der Farbsymbolik, das die Leere des Anfangs und die des Endes zugleich bedeutet. Die Eins enthält immer auch einen Rückbezug auf den Ursprung, kann die Rückkehr in den Ursprung besagen. Alle Zahlen sind letztlich Auseinanderfaltungen der in der Eins enthaltenen Aspekte, zugleich bleibt der Rückbezug auf die Eins in allen Zahlen enthalten. In ihr lassen sie sich immer wieder zu einer Einheit zusammenfassen. Ordnen wir zum Beispiel die Drei in einem gleichseitigen Dreieck an, so läßt sich der Mittelpunkt dieses Dreiecks als Rückbezug der Drei auf die Eins verstehen, ebenso können wir uns die Vier im Quadrat angeordnet vorstellen und den Mittelpunkt des Quadrates als den Rückbezug der Vier auf die Eins. Die Eins kann Symbol Gottes sein, aber auch Symbol der Individualität, des im Selbst enthaltenen Personenkerns. Die Figur der Eins, ob arabisch (1) oder römisch (I) geschrieben, wurde auf die Figur des aufrechtstehenden Menschen bezogen. In manchen älteren Spekulationen, zum Beispiel bei den Pythagoräern, wird die Eins noch nicht als Zahl im engeren Sinne verstanden, da sie noch keine zu zählende Vielheit ausdrücke; als erste wirkliche Zahl galt ihnen vielmehr die Zwei.

Der Punkt einerseits und der Kreis andererseits sind Veranschaulichungen der Eins auf der Fläche: Der Punkt kann einerseits den Anfang einer Bewegung setzen, ist aber, vor allem im Meditationsbild, im Mandala, ein Symbol für das Zentrum, das Zusammenfallen aller Realitäten und Potentialitäten in eines. Außerdem bezeugt er als Mittelpunkt eines Kreises den Bezug der Eins zum Ganzen und umgekehrt. Wie der Mittelpunkt im Kreis, so ruht nach den geistigen Traditionen des Ostens, auf die sich auch C. G. Jung bezieht, das kleine Ich im umfassenden Selbst; so sucht das Selbst ständig den Rückbezug zum Ich, um sich realisieren zu können.

Der Kreis als in sich zurückführendes Zeichen ist Symbol für die Einheit und Vollkommenheit, zugleich für den Kosmos. Entsprechende Formen finden sich vor allem in den Yantras und Mandalas im indischen und im buddhistischen Raum. Zum Beispiel in dem schon erwähnten Kali-Yantra (S. 179).

In der christlichen Kunst finden sich jedoch ebenfalls ausdrucksstarke Gestaltungen des Einen im Ganzen beziehungsweise der Einheit des Ganzen, wie zum Beispiel in dem *Visionsbild der Hildegard von Bingen* (S. 20). Da steht eine saphirblaue Menschengestalt – Christus? die Sophia? oder das umfassende Selbst der Hildegard? – als das Eine im Zentrum der konzentrischen Lichtkreise aus rotem beziehungsweise silbernem Licht. Sie ist Symbol des unverwechselbar Einen, ist einender Mittelpunkt dieser kosmischen Lichtfluten. Der Mittelpunkt des Kreises wäre übrigens zugleich das Hara-

Zentrum der Gestalt, aus dem, nach östlicher Lehre, die vitale und spirituelle Energie des Menschen entspringt, die ihn mit den kosmischen Energien verbindet.

Ein anderes solches Bild des Einen im Ganzen, in dem sich das Ganze zugleich wiederfindet, stellt das romanische Fresko über dem Torbogen der spanischen Kirche St. Clemente de Taull (S. 103) dar: Hier ist es die eine Hand, die in der Mitte eines vierfach konzentrischen Kreises erscheint und mit der uralten Gebärde des Segnens und des Wegweisens sich als göttliche Hand zu erkennen gibt, die aus dem Zentrum des Kosmos heraus sich dem Menschen zuwendet.

Zugleich bedeutet die Eins auch die Individualität, das Einzig- und Alleinsein des menschlichen Ich. Die Einzigkeit und Einsamkeit angesichts des Todesschicksals drückt sich erschütternd in einem weiteren Bild jenes krebskranken Mannes aus, der ein *Ruderboot* (S. 34/35) darstellt mit einer einzigen Ruderbank: Es ist nur für einen Menschen befahrbar. Es kann ihn keiner begleiten. Der Bug jenes Bootes aber weist eindeutig in jene linke untere Ecke, die bei schwerkranken Menschen erfahrungsgemäß immer wieder abwärtsführende Entwicklungen anzeigt.

Die Zwei

Ist die Eins die Setzung, so ist die Zwei die Gegenüberstellung, in der das erste sich seines Eigen-Seins und So-Seins bewußt werden kann: Es gibt von nun an das Eine und das Andere, das Hier und das Dort, das Jetzt und das Dann, auf der Fläche entsteht aus dem Punkt eine Linie. Die Zwei ist die Zahl des Gegenübers: Sobald ein Zweites da ist, hat man einen Partner, kann ein Paar entstehen, aber auch schon eine Reihenfolge, die einen ersten und einen zweiten setzt.

Zwei enthält das Zwillingsmotiv: Eines kann und muß das andere anblicken, und ein jedes wird sich seiner selbst am anderen bewußt. Es ist die Zahl der Bewußtwerdung: Inhalte, die im Traum als Zweiheit auftauchen, etwa zwei Katzen, überschreiten damit die Schwelle der Bewußtwerdung. Die Träumerin ist sich in diesem Fall des Katzenhaften in ihr selbst bewußt geworden. Die Zwei ist die Zahl der Schöpfung und der Zeugung. Sie ist die Zahl des gegengeschlechtlichen Paares, das sich vereint und fruchtbar wird. Die Zwei steht am Beginn einer jeden Entwicklung in Analogie zu der Zellteilung, in der eins zu zwei wird und sich jeweils im Zweierrhythmus fortsetzt. Die Zwei ist aber auch die Zahl der Spaltung, der Gegensätze, der Unterscheidung, ja der Scheidung. Auch die Dissoziierbarkeit der Psyche drückt sich in ihr aus. Bei den Pythagoräern galt die Zwei als die erste wirkliche Zahl, weil sie die erste Mehrheit darstellt, die die Vielheit erst hervorbringt. Sie ist das Symbol der Verdoppelung (Zwillingsmotiv), des Gegensatzes (Zwietracht, Konflikt), aber auch des Gleichgewichts. So kann sie im Bild im Sinn eines räumlichen Nebeneinanders oder auch Gegeneinanders zweier Objekte dargestellt werden, aber auch im Sinn einer Bewegungsrichtung von einem zum anderen, als eine Schrittabfolge, ein Weg, der alle Entwicklungsprozesse erst in Gang setzt. Auch die Zeit mit ihrem Janus-Gesicht, von denen eines in die Vergangenheit und eines in die Zukunft blickt, steht im Zeichen der Zwei. Alle Phänomene einer dualistischen Weltsicht beruhen auf der Zwei: die Gegensätze von Hell und Dunkel, Licht und Schatten, Tag und Nacht, Himmel und Erde, Oben und Unten, Vorn und Hinten, Rechts und Links, die sich jeweils bei bildnerischen Gestaltungen so deutlich auf die Bildfläche projizieren lassen und die entsprechenden übertragenen Bedeutungen wie Gut und Böse, Aktiv und Passiv, Männlich und Weiblich in sich tragen und symbolisieren. Die Zwei deutet auf die androgyne Natur der Psyche hin, die immer Männliches und Weibliches zugleich in sich enthält. Im Märchen taucht die Zwei vielfach als Geschwistermotiv auf: »Brüderchen und Schwesterchen«, »Die beiden Brüder«, »Goldmarie und Pechmarie« – wobei bei Geschwisterpaaren unterschiedlichen Geschlechts häufig eines dem anderen hilfreich zur Seite steht wie bei »Hänsel und Gretel«, »Brüderchen und Schwesterchen«, während beim gleichgeschlechtlichen Geschwisterpaar eher eines den Schatten des anderen darstellt wie bei »Goldmarie und Pechmarie«, und selbst dann, wenn die Schwestern einander hilfreich bleiben, wie zum Beispiel in »Die Zottelhaube« die wilde zottelige Schwester der Schattenaspekt der sanften schönen bleibt und umgekehrt.

Schwestern

Das Zwillingsmotiv taucht bei einer Analysandin auf, die, nach einer Fehlgeburt in ihrer Weiblichkeit verunsichert, ein Bild *»Schwestern«* malt, das sich geradezu spiegelbildlich gegenübersteht: Die Gesichter beider sind jedoch noch relativ ungestaltet, ein Zeichen dafür, daß es bei dieser Gegenüberstellung um Selbstvergewisserung im Wiederfinden einer weiblichen Identität geht.

Als Beispiel einer Art Zellteilung, bei der der schwarze kompakte Zellkern, gleichsam ein autonomer Komplex, durch Teilung, die ihn wieder fruchtbar macht, verändert wird, dient das Blatt *»Verfinsterung«* (S. 233) aus der Folge von Alfred Manessier zu Pâques, Ostern. Hinter dem schweren schwarzen Kreis stehen hier zwei helle Kammern in Gelb und Rosé, wobei an den Rändern die ausgeflossene grüne Farbe wie junges Moos zu sprossen beginnt. Die Auferstehung aus dem Grab kündigt sich durch eine Art Zellteilung an, die hier in der linearen und farblichen Komposition des Bildes, in den Formen des Bildrahmens selber, vor sich geht.

Das Motiv des einen, der ein Gegenüber findet, ist in dem Blatt *»Die Verheißung an Abraham«* (S. 29) der Wiener Genesis verdeutlicht: Hier steht in einem fast leeren Raum im linken unteren Quadranten, dem des kollektiven Unbewußten, ein Mensch erwartungsvoll mit geöffneten Armen, über denen, bereit zu empfangen, ein Tuch ausgebreitet liegt: *Abraham.* Seine Augen suchen an dem nur angedeuteten halbrunden Segment eines Himmels nach einem Zeichen, und er findet eines: die Hand, die ihm vom Himmel her den Weg weist, nur die Richtung gibt sie an. Und doch ist Unabsehbares geschehen: Zu dem einen, dem Menschen, ist ein ganz anderes, ein transzendentes Gegenüber gekommen, das ihm künftig die Richtung weist. Und mit diesem Zweiten vermag er seinen Ort, seinen Standort zu verlassen, es entsteht ein Aufbruch nach vorn, eine Entwicklung, ein Weg.

Vielfach stellt sich das Zweierprinzip auch in der Aufspaltung der Bildfläche in eine helle und eine dunkle Hälfte dar, wobei die eine mehr die positiv, die andere mehr die negativ empfundenen Inhalte enthält. Auf dem Bild einer 29jährigen Frau ist das frontal dargestellte *Geteilte Gesicht* (S. 49) wie durch einen Keil, der von oben ins Bild hineinstößt, in zwei Hälften aufgespalten: Die linke Hälfte des Gesichts hat helle und heile Haut, bei der rechten Hälfte dagegen wirkt es, als sei die Haut abgezogen, als träten blutige Adern hervor. Dieser Gesichtshälfte sind ein entlaubter Baum und ein blutiges Kreuz beigegeben, Symbole einer qualvollen Kindheit und Jugend nach dem frühen Tod der Mutter; der linken Gesichtshälfte hingegen heilende Symbole, wie der Vier-Jahreszeiten-Baum, der auch harte Zeiten einschließt, und der vierfache Regenbogen.

Die Drei

Die Drei ist vor allem eine dynamische Zahl: In ihr stellt sich Bewegung, Antrieb und Schwung wie im Dreivierteltakt, Entwicklung dar. Ihr gegenüber erscheint die Zwei statisch: Die Polarität in der Zwei drängt nach der Drei als dem Neuen, dem erweiterten Ganzen. Im Märchen erscheint die Drei häufig als Zahl der Erfüllung eines in sich geschlossenen Ganzen: als Anzahl der Proben, die zu bestehen, der Rätsel, die zu lösen sind, ehe die Erlösung geschehen kann. Die Drei gehört zu den in den Märchen am häufigsten vorkommenden Zahlen. In der Mythologie bestimmen die drei Nornen, die drei Moiren das Lebensschicksal eines Menschen, dreimal klopft das Schicksal, zuletzt in Gestalt des Todes, an. Der Kreuzweg als dreifache Weggabelung ist eine Aufforderung zur Entscheidung, die das künftige Schicksal bestimmt. Elementar wird die Drei erfahren, wo aus der Vereinigung von Frau und Mann das Kind entsteht. Die Synthese aus Eins und Zwei ergibt die Drei: Symbol eines Prinzips der Vermittlung, zugleich eines umfassenderen Prinzips, das die Gegensätze zu einem größeren Ganzen vereint. »Dreiheit ist die Entfaltung des einen zur Erkennbarkeit«, sagt Jung[64]. Die Philosophie kennt den Dreischritt als Prinzip der Vermittlung zwischen Denken und Sein beziehungsweise als Prinzip des dialektischen Prozesses von der These und Antithese zur Synthese (Hegel). Zahlreichen Ordnungsvorstellungen liegt die Drei zugrunde: den drei Kardinaltugenden des Christentums: Glaube, Hoffnung und Liebe; den drei Grundprinzipien der Alchimie: Schwefel, Salz und Quecksilber.

Göttliche Dreiheiten sind in zahlreichen Religionen bekannt wie auf Kreta die Göttin-Triade von Persephone, Demeter und Hekate, zugleich die drei Lebensphasen der Frau als Mädchen, Mutter und weise Alte umfassend; in Ägypten sind es Isis, Osiris und Horus, ein göttliches Elternpaar mit seinem Sohn; im Hinduismus die männliche Göttertriade aus Brahma, Vishnu und Shiva, die die Phasen des Schöpferischen im Erschaffen, Erhalten und Zerstören symbolisiert. Ihnen sind im Hinduismus jedoch immer entsprechende weibliche Partnerinnen beigegeben. Das Christentum kennt allein den dreieinigen Gott, Vater, Sohn und Heiligen Geist, den Schöpfer, den Erlöser und den Parakleten als Tröster und Offenbarer, die sowohl in der Einheit ihres Seins und Wirkens als auch als fortschreitende Offenbarungen des einen Gottes im Verlauf der Heilsgeschichte verstanden werden können. Im Blick hierauf meint Jolande Jacobi, hier im Gefolge C. G. Jungs, den Schluß ziehen zu können: »Allerdings muß die Dreiheit als etwas, das abstrakt Geistiges symbolisiert, aufgefaßt werden, die eine in der konkreten materiellen Realität noch nicht existierende Qualität bezeichnet. Kommt diese hinzu, dann entsteht eine Vierheit, die überall als Ausdruck von Inkarniertem, Komplettisiertem, Geschaffenem, Materiellem verstanden wird. Die christliche Trinität befindet sich zum Beispiel theologisch religiös definiert im metaphysischen Bereich; wird sie zur Vierheit ergänzt, so wird sie zur irdischen Wirklichkeit. In diesem Sinne ist die Kombination drei und eins etwas anderes als einfach die Vierheit, die das Irdische darstellt.«[65] Dem ist zu entgegnen, daß auch die Dreiheit, wenn man sie dynamisch, im Vollzug begriffen auffaßt, eine Ganzheit enthält: Das beweist die uralte Dreizahl für die Hauptphasen der Zeit, die in Vergangenheit, Gegenwart und Zukunft verläuft. Die alte heilsökonomische Auffassung der Trinität sieht sie als Offenbarungen des einen Gottes in der Zeit, in der Zeit des Alten, des Neuen Testaments und schließlich in der Zeit des Heiligen Geistes, der Realisation des geoffenbarten Gottes im einzelnen Menschen und in der Menschheit als ganzer. Die Drei ist in der christlichen Symbolik häufiger dem Himmel als der Erde zugeordnet, häufiger dem Männlichen als dem Weiblichen, obgleich es wichtige Ausnahmen gibt wie zum Beispiel die *Dreiheit der Marien am Grab* (S. 191), die zurückweisen auf die vorchristlichen weiblichen Triaden der Schicksalsgöttinnen oder der triadischen Erscheinungsweise der großen Göttin auf Kreta. Die Dreiheit bleibt nicht nur im Abstrakten: Ihren bedeutsamsten Bezug zum Konkreten hat sie in der Vorstellung der drei Dimensionen, der dritten Dimension vor allem, die die Fläche zum Raum, den Grundriß zum Baukörper, den Umriß zur Leibhaftigkeit bringt. Sie hat für die Bildgestaltung die allergrößte Bedeutung. Denn wo die Perspektive auftaucht, werden die Bildobjekte plastisch, werden sie gegenständlich, werfen die Dinge und die Menschen einen Schatten, eine Tatsache, die auch für die psychologische Bedeutsamkeit des Bildes eine außerordentliche Aussagekraft hat.

Auf Rembrandts »*Emmaus*«-Bild (S. 121) offenbart sich den beiden Jüngern, die zwischen Hoffnung und Zweifel, zwischen dem einen und dem anderen zerrissen sind, ein drittes, das Hoffnung und Zweifel schlechthin transzendiert: Es geht ihnen wie ein Licht auf, daß die Gegenwart des Auferstandenen unter ihnen ist. (Im Sinne des Christus-Wortes: »Wo zwei oder drei in meinem Namen versammelt sind, da bin ich mitten unter ihnen« [Matthäus 18,20].) Rembrandt stellt diesen Lichteinbruch über dem leeren Stuhl dar, der gleichsam für den Auferstandenen bereitsteht.

Den *drei Marien am Grabe* auf Duccios Gemälde (14. Jahrhundert), die zugleich in drei Stationen, drei Schritten – Jesus ruht drei Tage im Grabe – auf den Sarkophag zugehen, begegnet am Grab wieder das Eine, der Bote aus der Transzendenz, der Engel, der die Lebensbotschaft verkündigt – zugleich ist er ein Viertes, das die Unruhe des Fragens und Hoffens zur Ruhe bringt, indem er die Auferstehungsbotschaft, die das leere Grab bereits enthält, konkretisiert, bekräftigt: »Er ist nicht hier, er ist auferstanden« (Matthäus 28,6).

Die dritte Dimension, die die Dinge im Raum konkretisiert, wird besonders spürbar an der perspektivischen Konstruktion des Sarkophags, der die Realität des Todes bezeugt, zugleich aber widerlegt in der Gestaltung der Grabplatte, die die Form eines schwerelos schwebenden rautenförmigen Parallelogramms trägt. Der Übergang von der dynamisch unruhigen Drei zur ruhenden Vier wird auch in den vier Quadraten ausgedrückt, welche die von vorne sichtbare Seitenwand des Sarkophags schmücken, über der der Engel sich niedergelassen hat. Dieses Bild zeigt sehr anschaulich den Übergang von der Drei zur Vier, der immer ein Übergang von einer mehr dynamischen Ganzheit, einer Bewegungsganzheit im Vollzug, zu einer mehr statischen, zur Ruhe gekommenen ist.

Eigentümlich ist das Dreiheitsprinzip in einem Blatt aus Alfred Manessiers Passionszyklus, *»Verfinsterung«* (S. 233), gestaltet: Die am Kreuz ausgespannten Arme Christi, die bis zu den beiden Schächern reichen, sind hier in einer Dreieckskonstruktion mit seinen Füßen verstrebt, so daß sich ein weibliches Dreieck bildet, dessen Spitze nach unten reicht und das sie nun alle drei zu einer einheitlichen Figur zusammenfaßt wie zu einem Symbol der Gegensatzvereinigung, die einen der Transzendenz geöffneten, einen ihr verschlossenen und einen erlösenden Menschen miteinander vereint, wobei der erlösende das übergeordnete Dritte, die Synthese bildet, zugleich die Mittelachse des Dreiecks: Als solcher erhebt er sich um Haupteshöhe über dessen Querbalken. Auch Beckenkreuz, Schulterkreuz und Kopf bilden als Knotenpunkte noch einmal eine Dreiheit. Es ist ein weibliches Dreieck, in das

Duccio di Buoninsegna, Die drei Marien am Grabe, 14. Jh.

Christus in dieser Komposition hineinstirbt, so wie der Heros der antiken Mythen im Zeichen des Dreiecks der großen Göttin sich hingab[66]. (Nehmen wir auf der Mittelachse des Dreiecks zu Beckenkreuz, Schulterkreuz und Kopf auch noch den schwarzen Schwerpunkt um die Füße Christi hinzu, den Ort des sogenannten Suppedaneum, so entsteht eine Vierheit, die wie eine Stufenleiter durch seinen Leib emporsteigt oder aber von seinem Haupt herabsteigt bis hin zu seinen Füßen.)

Vincent van Gogh, Krähen über dem Weizenfeld

Einen dreifach gegabelten Kreuzweg enthält eines von van Goghs letzten Bildern, *»Krähen über dem Weizenfeld«* (S. 191), aber auch das Bild *»Mönche«* (S. 36) jenes 50jährigen Mannes, der zu der Zeit an Krebs leidet: Drei Wege treffen sich in seinem Bild, formieren sich zu einem Dreieck mit einer Insel von sieben Bäumen in der Mitte, aber die Richtung, die die Gruppe von Mönchen einschlägt, von denen jeder ein kleines Kind trägt, ist die nach links unten, die Richtung der »abwärtsführenden Entwicklungen«[67]. Bei näherem Zusehen zeigt sich aber, daß auch die Richtung der beiden anderen Wege auf den topographischen Ort der Sehnsucht, des Heimwehs nach dem Ewigen zulaufen. Dieses Bild wirkt, als sei die Entscheidung bereits gefallen, der Maler sieht dem auf ihn zukommenden Tod ins Auge. Genau in der Gegenrichtung ist der *Initialbuchstabe L* (S. 81) aus dem Hillinus-Evangeliar, der mit dem Bericht von der Geburt Christi beginnt, ins Bild gesetzt: Er öffnet sich nach der rechten Seite hin, um das aufblühende Reis oder die Rose freizugeben, die den Neubeginn des Lebens bedeutet. Mit dreifachen goldenen Verknotungen ist dieser Buchstabe im rechteckigen Bilderrahmen, der die irdische Welt in ihrer Vierheit bedeutet, festgemacht: rechts unten im Symbolfeld der Materie und des Mütterlichen, links unten im Symbolfeld des kollektiv Unbewußten und oben in der Mitte im Bereich des überindividuellen Bewußtseins, dem Feld der Beziehung zur Transzendenz.

Die Vier

Die Vier ist – wie die Drei auch – einerseits ein raumgliederndes und andererseits ein zeitgliederndes Ordnungssymbol. Als raumgliedernd ist sie vor allem auf die Erde bezogen und in dieser Hinsicht ein Totalitätssymbol: Es gliedert den Erdraum zugleich in vier Himmelsrichtungen, in vier Windrichtungen. Die Vier ist symbolisch mit der Figuration des Quadrats einerseits und der des Kreuzes andererseits eng verbunden und wird im Blick auf das Quadrat als etwas in sich Abgeschlossenes, in sich Ruhendes, im Blick auf das Kreuz als etwas Gegensatz-Vereinendes empfunden. Nach C. G. Jung bildet die Quaternität die Voraussetzung eines jeden Ganzheitsurteils, sofern dieses – pars pro toto – einen vierfachen

Aspekt haben muß: »Die Vier symbolisiert die Teile, Qualitäten und Aspekte des Einen.«[68] Sie gilt als Symbol der Vollständigkeit, vor allem, wenn sie auf einem Bild in geordneter, strukturierender Form, also in Gestalt eines Quadrates oder Kreuzes oder auf diese bezogen, erscheint. Wobei die beiden Figurationen die Vier in einer unterschiedlichen Weise symbolisieren: Das Quadrat beziehungsweise das Rechteck stellt sie mehr als das Vollständige, das den Lebensraum allseitig erfüllt, dar, während das Kreuz ihre gegensatzvereinende und damit auch ganzmachende Funktion hervorhebt[69]. Vier Temperamente, vier Funktionen werden der menschlichen Psyche zugeordnet, und der Erde als ganzer die vier Elemente. Die Bibel kennt vier Paradiesesströme; aber auch die vier Evangelisten. Als Tetramorph, als Viergestalt, werden bis zum Spätmittelalter sowohl die vier Cherubim wie auch die vier Evangelisten-Symbole bezeichnet, wenn sie zu einer einzigen Gestalt mit vier Gesichtern und vier Flügeln zusammengefaßt sind. Es handelt sich vermutlich ursprünglich um ein Sinnbild der Allgegenwart Gottes. Zeitgliederndes Ordnungssymbol ist die Vier von alters her durch ihren Bezug zu den vier Mondphasen, den vier Jahreszeiten und den vier Lebensaltern des Menschen. Mit vier Jahren, sagt mir eine Bekannte, habe sie sich erstmals als eine Persönlichkeit gefühlt, und sie erinnert sich noch gut an diese Zeit, auf die ja auch die Früherinnerungen der meisten von uns zurückgehen. Raum- und Zeitvorstellungen sind zusammengefaßt im modernen Weltbild von den vier Dimensionen, der Höhe, der Länge, der Breite und der Zeit. Die vierte Dimension hat das moderne Weltbild um die entscheidende Dimension gegenüber dem früheren erweitert.

Kommt man jedoch von der Dreiheit des Ganzen beziehungsweise des Göttlichen her, wie es die christliche Überlieferung tut, so ist die Kombination drei plus eins etwas anderes als einfach die Vierheit, die das Irdische darstellt. Ich zitiere noch einmal Jacobi: »Allerdings muß die Dreiheit als etwas, das das Abstrakt-Geistige symbolisiert, aufgefaßt werden, die eine in der konkreten materiellen Realität noch nicht existierende Qualität bezeichnet. Kommt diese hinzu, dann entsteht eine Vierheit, die überall als Ausdruck von Inkarniertem, Konkretisiertem, Geschaffenem, Materiellem verstanden werden kann.«[70]

Ein schönes Beispiel hierfür ist die Auferstehungsdarstellung *»Christus begegnet Maria Magdalena«* im Evangeliar Heinrichs III. (S. 85), in dem im Garten der Auferstehung die Dreiheit in den beiden Engeln und Jesus sich ausdrückt, die nun durch Maria Magdalena ergänzt wird, die Frau, die realisiert, daß in dem vermeintlichen Gärtner wirklich der auferstandene Christus vor ihr steht. Das vierte, das hinzukommt, um das Spirituelle zu konkretisieren, ist hier, wie häufig, die Frau. Auf dem Bild *»Weißes Segel auf rotem Grund«* spielt die Vier eine markante Rolle. Vier goldgelbe Linien, vier Zonen, davon die innerste ganz in Gold, bilden die konzentrischen Dreiecke auf dem Segel des Bootes, mit dem der vom Tod gekennzeichnete Mann sich anschickt, seinen Schicksalsstrom zu überqueren. Jenseits des Stromes erwarten ihn vier grüne Bäume, eine Hoffnung auf Ganzheit, die sich auch schon in der Gestaltung des Segels ausdrückt, dessen Dreiecksform sich durch einen inneren Viererrhythmus ergänzt. Hier steht das Boot, der Mensch, der es malt, bereit, unter einem Zeichen der Vollendung auszufahren und so an der in Schwarz getauchten Brücke, deren Bögen noch den Fünferrhythmus des natürlichen Menschen tragen, vorbeizugelangen, sie zu überwinden.

Weißes Segel auf rotem Grund

Die Vierheit des Irdischen drückt sich zugleich markant in all den durchgestalteten rechteckigen Bildrahmen aus, die in der frühmittelalterlichen Buchmalerei immer den Raum der Erde bedeuten, in den ein Geschehnis aus der Transzendenz einbricht, in dem es sich zugleich konkretisiert oder auch, indem es ihn überschreitet, sprengt. Rahmensprengend in diesem Sinne ist die *Lichtvision* Hildegard von Bingens (S. 20), in deren Mitte eine saphirblaue Menschengestalt erscheint – Christus oder die Sophia, vielleicht auch Hildegards umfassendes Selbst.

Wie mit goldenen Knoten im irdischen Raum befestigt, erhebt sich die Blüte der Christgeburt aus dem Initialbuchstaben L, der das Evangeliar einleitet, in dem von Christi Geburt berichtet wird (S. 81).

Die Fünf

Die Symbolik der Fünfheit in einem Bilde hängt davon ab, wie sie im Bildraum angeordnet ist: Befindet sich das Fünfte im Zentrum einer Vierheit, so haben wir es mit der Zusammenfassung der Vier in einem zentralen Einheits- und Wesenspunkt zu tun, mit der quinta essentia, der Quintessenz des Bildes. Die Alchimisten sehen in der Quintessenz als der fünften, zu den vier Elementen hinzukommenden Wesenheit den Leben erzeugenden Spiritus, den Äther, den Geist. (Eventuell hängt die Fünfzahl der Ornamentik in christlichen Kirchen des Mittelalters mit ähnlichen Spekulationen zusammen.) In China spielte die Fünf als Symbol der Mitte eine besondere Rolle.

Die Glieder der Fünfheit können jedoch im Bilde mehr im Sinne einer Aneinanderreihung auftauchen, dann haben wir es mit der natürlichen Ganzheit des Menschen zu tun, wie sie sich in der Fünfzahl seiner Extremitäten ausdrückt, seiner Finger an jeder Hand, mit deren Hilfe er zugreift und handelt, seiner Zehen, mit deren Hilfe er sich fortbewegt. Die aneinandergereihten fünf Finger gelten in der im Islam bekannten Form der »Hand der Fatima« als magischer Schutz gegen den bösen Blick. Die Fünf ist zugleich die Zahl der Sinne, die Zahl einer auf Entfaltung der fünf Sinne beruhenden, sinnenhaften Verwirklichung des natürlichen Menschen. Als pentagramma veneris, als Stern der babylonischen Liebesgöttin Ischtar, gilt die Fünf hingegen als ein Symbol der Liebe. Der in einem Zug dargestellte fünfzackige Stern, auch Drudenfuß genannt, ist ein uraltes magisches Zeichen, ein im Mittelalter oft verwendetes Abwehrzeichen gegen dämonische Mächte, die sogenannten Druden. Auch die Gnostiker stellten ihn oft auf ihren Abraxas-Gemmen dar.

Den Pythagoräern galt dieses Zeichen der natürlichen Ganzheit als Symbol für Gesundheit und Erkenntnis. Als in sich selbst verschlungene Form wird das Zeichen im Christentum, gleichsam ein »getauftes« Zeichen, ein Bild für das Alpha und Omega, den Anfang und das Ende, sowie schließlich für Christus selbst. Als Fünfzack findet man es auch auf Passionsbildern als Allegorie der fünf Wunden Christi.

Den Pythagoräern galt die Fünf als Vereinigung von Zwei und Drei, der ersten geraden mit der ersten ungeraden Zahl, als Symbol der Hochzeit und der Synthese. Im alten China ist die Fünf die Zahl der harmonischen Verbindung von Yin, das der Zwei zugeordnet ist, und Yang, das man mit der Drei verbunden sieht; außerdem kannte man im altchinesischen Kulturkreis fünf Planeten, fünf Metalle, fünf Töne, fünf Gerüche.

Im Hinduismus ist die Zahl Fünf sogar die Zahl des Lebensprinzips: Shiva wird unter fünf Gesichtern, gelegentlich unter fünf Linga-Darstellungen verehrt.

Eine Komposition, in der die Fünf als das Zentrum, als quinta essentia aufscheint, ist das Initialblatt aus dem Hillinus-Evangeliar (um 1000, S. 81): Den vier Blüten des Kosmos ist in der Gestalt Christi hier eine fünfte entsprungen, die das Wesen des Ganzen zusammenfaßt und vereint gemäß dem Beginn des Johannes-Prologs: »Im Anfang war das Wort ...«

Als ein Fünftes dagegen, das den spirituellen Vorgang, in dem Maria Magdalena im Garten der Auferstehung Christus erkennt, wahrhaft ins Irdische inkarniert, steht ein Baum, der seinerseits fünf Äste aufweist, in einem Blatt der Buchmalerei aus dem Evangeliar Heinrichs III. *»Christus begegnet Maria Magdalena«* (S. 85). Auch in der Buchmalerei aus dem Scivias-Codex nach der Vision Hildegards von Bingen (S. 20) ist die saphirblaue Gestalt im Mittelpunkt – Christus oder die Sophia? – eine quinta essentia gegenüber der Vierheit, die aus dem Rahmen (der die irdische Welt ausdrückt), dem blauen Hintergrund (dem ewigen Hintergrund des Kosmos) sowie dem silbernen und dem rotgoldenen Lichtkreis (der Offenbarungswirklichkeit) besteht.

Es läßt sich aber auch das *»Geteilte Gesicht«* (S. 49) jener 29jährigen Malerin als quinta essentia des Bildes ansehen, das von der Vierheit der Symbole umgeben ist, die die Daseinssituation jener Frau ausmachen: rechts die beiden Symbole ihres Leidens, der entlaubte Baum ihrer Kindheit und das blutende Kreuz ihrer Jugendjahre; links, aus dem Unbewußten aufsteigend, die befreienden Symbole, der Vierjahreszeiten-Baum der Jahresganzheit, in der auch karge Zeiten aufgehoben sind, und schließlich der vierfache Regenbogen, das alte Versöhnungszeichen nach der Sintflut, in der Zone der Sehnsucht und des Heimwehs nach Transzendenz.

Fünf Brückenbögen – die Zahl des natürlichen Menschen, seiner Bedürfnisse und seiner Gebundenheit – muß andererseits der krebskranke Mann, der das Bild *»Weißes Segel auf rotem Grund«* (S. 194) gestaltet hat, überschreiten, beziehungsweise er muß mit seinem Boot daran entlangsegeln, um ans andere Ufer, ans Jenseits seines bisherigen Lebenshorizontes zu gelangen: Fünf bittere Stationen der Abschieds- und der Trauerarbeit angesichts des nahen Todes sind zu bestehen.

Innerhalb des Zehnersystems stellt die Fünf immer eine Hälfte dar, zugleich wohnt ihr die Tendenz inne, nach ihrer zweiten Hälfte zu rufen und damit Ganzheit zu intendieren.

Die Sechs

Die Symbolik der Sechs zeigt sich anschaulich in der Figur des sechseckigen Sterns (auch als Hexagramm, Salomonsiegel und Davidsstern bekannt), in dem sich das weibliche Dreieck, dessen Spitze nach unten weist, mit dem männlichen Dreieck, dessen Spitze nach oben weist, verbunden hat. Deshalb wird die Sechs oft als Ausdruck eines Ausgleichs, einer Verbindung des Gegensatzpaares männlich und weiblich angesehen, so zum Beispiel im Hinduismus, wo sie als Symbol der Vereinigung von Yoni und Lingam gilt. Wegen der polaren Dreiheiten, die sie in sich schließt, wird die Sechs in Zahlenmystik und -symbolik oft auch direkt mit der Ehe in Verbindung gebracht. Das Hexagramm als Figur aus zwei übereinanderliegenden oder miteinander verschlungenen Dreiecken – im Judentum, Christentum, Islam, aber vor allem auch im Hinduismus bekannt – ist im weitesten Sinne ein Symbol der Vereinigung und Durchdringung, zum Beispiel zwischen sichtbarer und unsichtbarer Welt. In der Alchimie ist es einerseits Symbol der Vereinigung von Feuer und Wasser, andererseits für die Vereinigung aller Gegensätze, da zusammengefaßt aus den Grundzeichen für die Elemente Feuer, Luft, Wasser und Erde. Der Davidsstern als Glaubenssymbol des Judentums ist zugleich nationales Emblem des Staates Israel geworden: »Als Hitler den Juden als Kennzeichen den sechszackigen gelben Stern aufzwang, merkte er nicht, daß er ihnen damit ein Ganzheitssymbol zu tragen befahl, das als höchste Auszeichnung und nicht, wie er beabsichtigte, als Makel hätte verstanden werden können.«[71]

Der Sechs wird zugleich ein »zyklischer Ablaufcharakter«[72] zugeschrieben, was durch das Sechstagewerk, das Bibel und Koran beschreiben, veranschaulicht ist. Bei den Pythagoräern gilt sie als Mitte zwischen Zwei und Zehn (wobei die Eins nicht als eigentliche Zahl gewertet wird) und dadurch als vollkommene Zahl. In China wird sie mit den Einflüssen des Himmels in Zusammenhang gebracht. Im christlichen Bereich wird der Sechsstern als Stern von Bethlehem zum Ganzheitsbild, das den drei Magiern den Weg zum neugeborenen Christus weist; auch ist die Sechs heilig als Zahl der sechs Schöpfungstage. In der Apokalypse jedoch erscheint sie als Zahl des Bösen: Sechshundertsechsundsechzig ist die Zahl des apokalyptischen Tieres. Ob bei dieser Abwertung der Sechs auch die Ablehnung der Sexualität, zu der die Sechs als Vereinigungssymbol in Beziehung steht, mitgewirkt haben mag?

Aus sechs Pfählen setzt sich der sperrige schwarze Zaun zusammen, der auf Manessiers Blatt *»Verfinsterung«* (S. 233) die verdunkelte Erdkugel zu Füßen des Gekreuzigten gefangenhält. Zu der Form eines weiblichen Dreiecks, das die zusammenspannenden schwarzen Linien aus den ausgebreiteten Armen und den Füßen Christi bildet, gehörte das männliche Dreieck, das mit emporgerichteter Spitze den befreienden Sechsstern bilden könnte. Doch diese erlösende Vereinigung ist hier noch niedergehalten: Die Sechs verkörpert hier statt dessen den eigentlich widersinnig blockierenden Zaun.

Sechs Erdschichten weist das in »Formen« auf Tafel I abgebildete *»Stück Erde«* einer 52jährigen Frau auf, bis auf der obersten Schicht das zarte Pflänzchen keimen kann. Nach Jacobi enthält die Sechs auch einen Hinweis auf die »zum Zeugen beste Konstellation«[73]. An der Stelle, an der das den Himmelskreis und das Erddreieck verbindende Kreuz den Erdbereich wie zeugend durchbricht, entsteht auf dem Bild eines Theologen (ebenfalls auf Tafel I in »Formen« abgebildet) eine Kennzeichnung von sechs roten Markierungspunkten, drei zur Rechten, drei zur Linken des Kreuzes. Hier vereinigen sich Himmel und Erde, damit aber auch männlicher und weiblicher Symbolbereich.

Die Sechs spielt in dem Duo-Dezimal-System, dem Zwölfersystem, das unserem Zehnersystem vorausging, eine wichtige Rolle: In England bildet sie noch heute als die Münzeinheit Sixpence, die sechs Pfennige oder einen »Sechser« darstellt, den Grundwert im Zahlungssystem.

Die Sieben

Die Sieben gilt als heilige Zahl. Der siebenarmige Leuchter im Judentum verweist auf sie. Er steht wiederum im Zusammenhang mit dem Schöpfungswerk der sieben Tage, aber auch mit weiterer kosmischer Symbolik – man kennt sieben Planeten, sieben Himmel – und ist wohl auch mit dem frühen Lichtbaum der Babylonier verwandt. Von alters her kennt man die vier verschiedenen Mondphasen zu je sieben Tagen. So gilt die Sieben als eine Zahl, in der sich die Dynamik der zweifachen Drei mit dem Siebten (dem Sonntag) zu einer gewissen Abrundung und Ganzheit verbindet. Nach Jacobi ist die Sieben »die Zahl der Fülle, die der Vollendung in der Acht vorangeht«[74]. Sie sei Hinweis auf eine kommende Ganzheit.

Sie vereint additiv in sich die Himmelssymbolik der Drei mit der erdhaften Symbolik der Vier. Jacobi findet diese Verbindung von der Drei mit der Vier vor allem in der Figuration des »Hauses« wieder, in der Quadrat und Dreieck zu einer Würfelform verbunden werden, der ein rechteckiges Dach aufgesetzt ist: »Dies ist gleichsam ein Abbild der Ganzheit des Menschen, in dem das Stoffliche der Vier mit der aufgesetzten, geistig bestimmten Drei das ganze Wesen der sterblich-unsterblichen Kreatur versinnbildlicht. In dieser Weise ist in der noch schlüsselgebundenen Malerei des frühen Mittelalters bei den Christgeburtsbildern das Haus, die Krippe, der Stall dargestellt, in dem der Herr das Licht der Welt erblickte.«[75] Im Altertum kennt man sieben Planeten, wobei Sonne und Mond einbeschlossen sind, als Inbegriff der göttlichen Ordnung. Die Chinesen bringen die sieben Sterne des Großen Bären mit den sieben Körperöffnungen und den sieben Öffnungen des menschlichen Herzens in Zusammenhang. Der Buddhismus wiederum kennt sieben Himmel, während man in Babylon auch von den »bösen Sieben« weiß, einer Gruppe von sieben Dämonen. In Griechenland ist die Sieben unter anderem dem Apollo heilig und spielt eine wichtige Rolle in der Mythologie. Man kennt die sieben Söhne des Helios, die sieben Söhne und sieben Töchter der Niobe, die sieben Hesperiden; dazu die sieben Tore Thebens, die sieben Weltwunder, aber auch die »Sieben gegen Theben«.

In der Bibel taucht die Sieben mehrfach auf, sowohl in positiver wie in negativer Bedeutung, doch immer drückt sie eine Ganzheit aus. In der Apokalypse des Johannes ist sie den zentralen Symbolen zugeordnet: Hier hören wir von sieben Gemeinden, einem Buch mit sieben Siegeln; aber auch von den sieben Köpfen des apokalyptischen Tieres und den sieben Schalen des göttlichen Zorns. Als Zahl für Ganzheiten spielt die Sieben in den Märchen neben der Drei die wichtigste Rolle: Wir kennen Märchentitel wie »Die sieben Brüder«, »Die sieben Geißlein«, »Die sieben Raben«.

Mit sieben Knoten ist das Eingangsblatt des Hillinus-Evangeliars (S. 81) (um 1000) versehen. Vier von ihnen gehören zu dem rechteckigen Rahmen, der in der Buchmalerei immer das Feld des Irdischen verkörpert; sie enthalten kleine Blüten. Mit dreien von ihnen, in Gold, ist der Initialbuchstabe L, aus dem eine große festliche Blüte aufbricht, an dem Rahmen befestigt: Sie symbolisiert das Reis, die Ros', die in der Weihnachtsnacht entsprungen ist. Die Zahl des Ewigen, die Drei, verbindet sich hier mit der Zahl des zeitlich Irdischen, der Vier, zur heiligen Siebenzahl der Inkarnation.

Sieben Bäume stehen auf dem dreieckigen Rasenstück, das wie eine Insel zwischen dem dynamischen Gefälle der dreifachen Wege liegt, die die schicksalhafte Situation jenes krebskranken Mannes ausmachen, der das schon mehrfach erwähnte Bild *»Mönche«* (S. 36) gestaltet hat: Als heilige Zahl, die nach Jacobi »Hinweis auf eine Ganzheit ist«, Hinweis auf den eschatologischen achten Schöpfungstag der Auferstehung, setzt sie dem Gefälle der abwärtsführenden Wege ein tröstendes Zeichen entgegen.

Die Acht

Die Acht als die Zahl, die die Hauptrichtungen der Windrose symbolisiert, ist eine Zahl der kosmischen Ordnung und des kosmischen Gleichgewichts. Im Buddhismus ist sie die Speichenzahl des Rad-Symbols, das den achtfachen Pfad, der zur geistigen Vollkommenheit führt, symbolisiert. Achtfach ist auch die Anzahl der Blätter jener Lotosblume, die immer wieder im Mandala erscheint. Sie gehört wie die Vier zu den strukturierenden Zahlen des Mandala und veranschaulicht vollendete Ordnung und Symmetrie. Die Acht gilt zugleich als die Glückszahl schlechthin.

Der hinduistische Gott Vishnu schafft und schöpft mit acht Armen, was das Umfassende seines Wirkens kennzeichnet. Seine acht Arme stehen wiederum mit den »acht Wächtern« des Raumes in Zusammenhang. Acht Lanzen stehen in Manessiers Blatt als Zeichen der *Wächter am Grabe* (S. 234): Ob sie mit den »acht Wächtern des Raumes« der indischen Mythologie in symbolischem Zusammenhang stehen?

In Japan gilt die Acht zugleich als die Zahl einer im Grunde nicht meß- und zählbaren Größe: gleicht doch auch in unserer Schreibweise die Acht dem mathematischen Zeichen für Unendlichkeit, das eine waagrecht liegende Acht darstellt. Im christlichen Symboldenken weist die Acht auf den eschatologischen achten Schöpfungstag hin, den Tag der Neuschöpfung des Menschen: Damit verweist sie zugleich auf die Auferstehung und ist Hoffnungssymbol für die Auferstehung der ganzen Menschheit. In Dantes divina comedia wohnt Gott selbst im achten Stockwerk.

Im *Kali-Yantra* aus Rajastan (18. Jahrhundert, S. 179) hat die Lotosblüte in der Mitte des Mandalas acht zartrosa Blätter; jedoch auch die moderne kreuzförmige Komposition von Viktor Vasarely *»Quasar-paal2«*, die als Tafel II in »Formen« abgebildet ist, strahlt nach allen acht Richtungen der Windrose aus: Beide erweisen sich dadurch als Ganzheitssymbole.

Eine achtfache Richtungssymbolik prägt aber auch das Bild *»Das geteilte Gesicht«* (S. 49) jener 29jährigen Frau, die zu der Zeit in einer Suizidkrise steht: Zur Rechten und zur Linken ihres in hell und dunkel geteilten Gesichts sind die für sie bedeutsamsten Symbole ihres Lebens, die positiven und die negativen, angeordnet, wobei die linke Seite, wie aus dem Unbewußten aufsteigend, die heilsamen Ganzheitssymbole enthält: einen Vierjahreszeiten-Baum, der die augenblickliche Krise in das größere Ganze der Lebensgezeiten einordnet, darüber einen vierfältigen Regenbogen, ein uraltes Versöhnungssymbol, das die Errettung aus der Sintflut anzeigt. Als Potenzierung von Zwei (zwei hoch drei) bedeutet die Acht zugleich die Potenzierung alles dessen, was die Zwei bedeutet.

Die Neun

Die Neun setzt sich aus der dreifachen, der potenzierten Drei zusammen und ist insofern von einer außerordentlichen Dynamik: kreative Kraft, die zur Potenzierung, zur Vollendung kommt. Sie hat teil an dem geistigen Aspekt der Drei, enthält damit die Dynamis der Dynamis: den schöpferischen Geist. Als potenzierte Geistzahl hat sie auch mit dem umfassenden Geist, dem Weltgeist, zu tun. Wer sie im Bild gestaltet, ist entweder von einer Idee schöpferisch erfaßt, oder aber er neigt zu einer gewissen Übertreibung und Hybris.

Analog der neunmonatigen Schwangerschaft, die in die Geburt mündet, soll in verschiedenen Krankheiten die Krisis und Wende am neunten Tag erfolgen. So ist auch die Neun eine heilige Zahl. Sie übersteigt die Acht, die Zahl des Glükkes, im Sinne einer besonderen geistigen Qualität. Eine neunstöckige Pagode galt zum Beispiel in China als besonderes Symbol des Himmels. In der Antike stellte man sich die Gesamtheit der menschlichen Künste und Wissenschaften in der Neunzahl der Musen symbolisiert vor. In der christlichen Tradition kennt man die Neun als die »angelische Zahl«, die Zahl der Engelchöre. Ebenso gilt sie als eine Zahl der Askese und der Summe aller Tugenden.

So sind es denn neun Kinder, die in Noldes Bild *»Christus und die Kinder«* (S. 115) zu ihm herandringen, kreativ vitale Kräfte; dynamischer Neubeginn in der Seele des einzelnen, des Malers selbst, aber auch in der kollektiven Religiosität drückt sich hier aus. Neun lebende Wesen: fünf Tiere, drei Hirten und ein Engel tun sich auf dem Blatt *»Verkündigung an die Hirten«* (S. 84) aus dem Perikopenbuch Heinrichs II. zusammen, um die Geburt Christi zu feiern. *Neun Schiffe* stehen abfahrtsbereit im Hafen auf dem Bild eines krebskranken Mannes: Die Neunheit setzt sich zusammen aus sieben Segelbooten und zwei kleineren Rettungsbooten, die ihnen beigegeben sind. Deren Mastgewirr – die Maste sehen übrigens alle wie russische Kreuze aus – ergibt die Anzahl von dreizehn Mastbäumen: Die Dreizehn aber ist nach der Volksüberlieferung die Zahl des Unglücks, andererseits aber auch die des Neubeginns.

Die neun Schiffe

In der Zahlenfolge schließlich ist die Neun die Zahl vor der Zehn, tendiert also zu einer höheren Einheit.

Die Zehn

Die Zehn stellt die Grundzahl im Dezimalsystem dar, sie ist als solche eine Einheit und Ganzheit, Symbol für die Rückkehr zur Einheit auf höherer Stufe. Sie gilt auch als Symbol des geschlossenen Kreises.

Als Summe der ersten vier Zahlen spielt sie bei den Pythagoräern eine große Rolle: »Aus eins (dem Urgrund des Seins) plus zwei (der Polarität der Erscheinungen) plus drei (der dreifachen Wirkung des Geistes) plus vier (den vier Elementen, der Materie) summiert sich die Zehn als Vollendung der Vollkommenheit.«[76] Die Zehn als Summe der Zahlen Eins plus Zwei plus Drei plus Vier, als Tetraktys bezeichnet, war bei den Pythagoräern eine heilige Zahl, Inbegriff der Vollkommenheit und personifiziert als Gott der Harmonie. Geometrisch wird sie durch das vollkommene Dreieck dargestellt. Als Zahl der Vollkommenheit wird die Zehn in der christlichen Tradition auch als die Zahl Christi angesehen. Als Zahl der zehn Finger ist sie andererseits auch Symbol für die umfassende Fähigkeit zum Handeln und zum Ergreifen der Welt.

Im alten China wurde die Zehn sowohl mit dem dortigen Ganzheits- und Mittelpunktsymbol in Zusammenhang gebracht wie auch mit dem Dualitätsprinzip zwei. In der Bibel bezeichnet die Zehn ein abgerundetes Ganzes, positiver aber auch negativer Art: Zehn Gebote, zehn kluge Jungfrauen, aber auch zehn ägyptische Plagen, zehn Aussätzige.

Zu dieser ambivalenten Bedeutung der Zehn als Zahl eines abgerundeten Ganzen paßt es, daß sie sich auf dem Bild einer Frau, die die Nachricht von der lebensgefährlichen Erkrankung ihres Mannes verarbeiten muß, in Gestalt von zehn Häusern, zehn Stationen, die sie passieren muß, darstellt: Auf ihrem *Weg um den See* (S. 151) begegnet sie diesen Häusern, zu denen auch eine dunkle Kirche mit Friedhof gehört, vor der sie sich zunächst fürchtet, weil sie auf den Tod ihres Mannes vorauszuweisen scheint. Erst nachdem sie die Ganzheit dieser zehn Stationen, dieser Orte, passiert und integriert hat, gelangt sie auf ihrer Bewegungsrichtung entgegen dem Uhrzeigersinn über eine dunkle Brücke wieder zurück zu ihrem Zuhause – zur Einheit auf höherer Stufe –, so schließt sich der

Kreis. Die elf Gipfel der geschlossenen Bergkette im Hintergrund des Bildes zeigen indessen den zu diesem Zeitpunkt noch als unübersteigbar und unlösbar angesehenen Hintergrund des Problems an, wobei vor allem die Elf, die Zahl unlösbarer Probleme, hier charakteristisch ist.

Die Elf

Die Primzahlen als unteilbare stellen erfahrungsgemäß etwas Individuelles, in sich Abgeschlossenes, oft einen autonomen Komplex dar: Sie entsprechen in besonderer Weise den »archetypischen Anordnern unserer Seelentiefe«[77].

Die Zahl Elf wird als eine Zahl, die die Zahl der Zehn Gebote überschreitet, im christlichen Symboldenken gelegentlich als Zahl der Sünde angesehen. Sie stellt als unteilbare Primzahl erfahrungsgemäß oft einen unlösbaren Konflikt dar. Auch kann sie nach Jacobi als Zahl »von vorsintflutlichen Ungeheuern und des anfänglichen Chaos« gelten[78]. So werden in dem schon mehrfach erwähnten Bild *»Mönche«* (S. 36) des krebskranken Mannes elf Kinder in die linke untere Ecke, die Richtung des Untergangs, getragen. Als unlösbar wird in diesem Bild der Konflikt empfunden, der darin besteht, daß die noch vorhandenen und sogar angesichts der Todesbedrohung neu erwachten schöpferischen Kräfte dieses Mannes in den Sog einer unheilbaren Krankheit und damit in den physischen Untergang hineingezogen werden. Immerhin sind es sechzehn Mönche, ein Vierfaches der Vier also, die diese Kinder tragen: Die Mönche sind fromme Kräfte, die ihrem Schicksal gefaßt entgegengehen.

In der frühmittelalterlichen Buchmalerei gibt es zwei besonders bekannte Blätter, in denen sich der lehrende Christus ausgerechnet elf Jüngern gegenübersieht: Auf dem Blatt *»Christus spricht zu den Jüngern«* (S. 97) aus dem Perikopenbuch Heinrichs II. steht der verkündigende Christus diesem eng aneinandergedrückten Block der Elf gegenüber, als wären sie bei all ihrer Hörbereitschaft doch wie in einem autonomen, noch nicht zu öffnenden und zu lösenden Komplex befangen, der ihnen letztlich doch die Ohren vor dieser Botschaft verschließt. Auch in der Darstellung der *»Fußwaschung Christi«* (S. 155) im Evangeliar Ottos III. stehen diesem für sie so befremdlichen und unverständlichen Handeln elf Jünger gegenüber.

Elf Kinder drängen andererseits auf Noldes Bild *»Christus und die Kinder«* (S. 115) zu Jesus heran: In den Augen der ebenfalls dargestellten Jünger ist dies ein »unlösbares Problem«, nicht aber für Jesus, der dieses Herandrängen der Kinder zum Anlaß nimmt, den Kindern in besonderer Weise das Reich Gottes zuzusprechen.

Die Zwölf

Die Zwölf stellt innerhalb des uralten Duodezimalsystems, das schon die Babylonier kannten, die Grundzahl, eine Einheit und Ganzheit dar: das Dutzend. Als Grundzahl dieses altehrwürdigen Systems ist sie heilig und glückbringend, symbolisiert sie doch raumzeitliche Vollendung.

In Astronomie und Zeiteinteilung hat sie noch heute einen wichtigen Stellenwert: Das Jahr hat zwölf Monate, der Tag zweimal zwölf Stunden. Astrologisch ist das Jahr in zwölf Tierkreiszeichen eingeteilt. In Asien kannte man eine Zeiteinteilung nach Zwölfjahresperioden.

Die Alchimie schätzt die Zwölf hoch, unter anderem, weil sie die Vier, die Zahl der Elemente, ebenso wie die Drei, die Zahl der alchimistischen Grundprinzipien Salz, Schwefel und Quecksilber (Merkurius), als Teiler enthält.

Die Bibel kennt die Zwölf als Symbol der Vollkommenheit und Vollständigkeit zum Beispiel in den zwölf Söhnen Jakobs, den zwölf Stämmen Israels, den zwölf Aposteln und den zwölf Toren des himmlischen Jerusalems. Das große Weib der Apokalypse trägt eine Krone mit zwölf Sternen. Die Zahl der Auserwählten wird nach der Offenbarung zwölf mal zwölf Tausend sein, eine Zahl, die nicht wörtlich zu nehmen, sondern als Ganzheitszahl, die alle Gläubigen bedeutet, aufzufassen ist.

Zu den häufigsten Darstellungen der Zwölfheit gehört in der christlichen Kunstgeschichte diejenige des letzten Abendmahls, in der Jesus nach dem Ausscheiden des Judas nicht als dreizehnter, sondern als zwölfter erscheint. Zu zwölft sitzen die Jünger in dem *Pfingstbild* (S. 128) des englischen Psalters gemeinsam auf dem Erdenball, frei ins All ragend unter der Wolke des Geistes.

Die Dreizehn

Auch die Zahl Dreizehn, die ein geschlossenes Ganzes, nämlich die Zwölf, die Zwölfheit, überschreitet, gilt vielfach wie die Elf als Zahl des Übermuts, der Hybris, als Unglückszahl – so im Volksglauben, der das dreizehnte Zimmer, die dreizehnte Fee als negativ ansieht; gelegentlich aber wird auch das Grenzüberschreitende der Zahl Dreizehn als glückbringend empfunden, als Zahl des Neubeginns, des Anfangs eines neuen Zyklus[79].

Schon im Altertum wurde die Zahl Dreizehn oft als böses Omen angesehen, eben weil sie in dem damals gültigen Duodezimalsystem auf die glückbringende Vollendungszahl Zwölf folgt und diese überschreitet. Bei den Babyloniern war sie die Zahl, die das Vollkommene zerstört, daher auch die Zahl der Unterwelt.

Das dreizehnte Kapitel der Apokalypse handelt vom Antichristen und dem Tier aus dem Abgrund. Die Kabbala, die jüdische Mystik, weiß von dreizehn bösen Geistern. Doch das Alte Testement kennt die Dreizehn auch als Heilszahl. In der griechischen Religion wird Zeus als dreizehnter im Kreise von zwölf Hauptgöttern beschrieben: Die Dreizehn kann Zeichen besonderer Herausgehobenheit, ja Erhabenheit sein. So ist Jesus der exponierte Mittelpunkt des Jüngerkreises. Auch in einigen indianischen Kulten ist die Dreizehn als heilige Zahl bekannt. Im Volksbrauch und Märchen spielt die Dreizehn eine besondere Rolle: Sie ist die Zahl des verbotenen Zimmers, die Zahl der bösen Fee; aber auch die Zahl des dunklen Dreizehnten, der zum Beispiel in dem Märchen »Die Tochter des Schmieds, die zu schweigen verstand« die Erlösung in Gang setzt.

Ist sie nun als Zahl des Neuanfangs oder des Unglücks und Verlustes zu werten, wenn sie auf dem *»Segelboot«* (S. 37), das ein zwölfjähriger Junge malt, als er von der lebensgefährlichen Erkrankung seines Vaters erfährt, nach den zwölf Wellenlinien in dem roten Segel eine dreizehnte Welle in die Spitze seines Segels setzt? Er bezieht sich so deutlich auf die Zwölfzahl seiner Jahre – er hat zu dem Zeitpunkt eben seinen zwölften Geburtstag gefeiert –, daß dieses dreizehnte an der Spitze des Segels auf alle Fälle, sei es im Glück oder Unglück, das neue

Jahr meint, in das er eingetreten ist. Nun hat er sich selbst als Lenker dieses Bootes so entschlossen gezeichnet, daß der Ausdruck des Bildes jedenfalls naheliegt, daß er diesem neuen unbekannten dunklen dreizehnten Jahr, in dem er seinen Vater verlieren wird, gefaßt und offen entgegenfährt.

Die dreizehnte Fee weist übrigens zurück auf den dreizehnten Monat des alten matriarchalen Mondjahres. Bei der neuen patriarchalen Zählung nach den zwölf Monaten des Sonnenjahres war der dreizehnte Monat, die dreizehnte Fee, überflüssig, überzählig geworden. Sie bringt sich aber gerade bei der Geburt eines Mädchens, einer Königstochter, in Erinnerung, wünscht ihm den Tod, den Wandlungstod in seinem zwölften Lebensjahr, dem Jahr der ersten Menstruation, der in einen hundertjährigen Schlaf umgewandelt wurde.

Ich beschließe die Beschreibung der Zahlen in diesem Kapitel mit der Dreizehn, da eine größere Zahl von Gegenständen in Bildern nur selten vorkommt. Auch für weitere Zahleneinheiten gilt grundsätzlich, daß sie sich auf die Grundzahlen rückbeziehen lassen, durch die sie teilbar sind: So ist zum Beispiel die Gruppe von sechzehn Mönchen in dem genannten Bild durch die Vier teilbar und deshalb auf die in Vier enthaltene symbolische Ganzheit zu beziehen. Wenn in dem frühen Perikopenblatt *»Verkündigung an die Hirten«* (S. 84) 23 Erdschollen erscheinen, auf denen das Geschehen sich abspielt, so deutet diese unteilbare Zahl an, daß hier ein noch ungeordneter und unlösbarer »Komplex des Irdischen« vorliegt, der von dem Maler dieses Blattes noch nicht angegangen werden kann. Ungeordnete Vielheiten von Gegenständen bedeuten vor allem in den spontanen Malereien aus dem Unbewußten immer noch ungeordnete und unbearbeitete Komplexe.

Das Pferd im grauen Keller

Das graue Pferd

Harlekin und Nonne

Die drei Würfel

Der silberne Nachen

Mond über Dreieck

Das Kreuz über der Wiege

Die silberne Leiter

Teil 2

Die Interpretation von Bildern und Bildserien

Überleitung

Nachdem ich den symbolischen Ausdruckswert der bildnerischen Mittel und der Bildelemente im einzelnen betrachtet und die Bilder jeweils unter deren Einzelaspekten angesehen und analysiert habe, will ich nun zu einer Synthese kommen und die zu besprechenden Bilder als ganze und in einer synoptischen Zusammenschau aller genannten Aspekte zu interpretieren versuchen.

Dabei sollen auch die für das Verständnis notwendigen biographischen und zeitgeschichtlichen Hintergründe der betrachteten Bilder einbezogen werden, doch bleiben sie auf das Unentbehrliche beschränkt, da es mir in diesem Buch vor allem auf die Wahrnehmung der genuinen Eigensprache von Bildern in Farben, Formen und den weiteren besprochenen Elementen der Gestaltung ankommt.

Eine wichtige Ergänzung zur Interpretation eines Einzelbildes und gleichsam die Probe auf ihre Stimmigkeit ergibt sich vielmehr aus dessen Interpretation im Kontext einer Bilderserie des gleichen Malers oder der gleichen Malerin.

Falls die Serie als ganze konzipiert ist, wie zum Beispiel die Serie Pâques von Alfred Manessier, läßt sie sich natürlich aufgrund der gemeinsamen Thematik und des geringen zeitlichen Abstandes zwischen der Entstehung der einzelnen Blätter noch schlüssiger als ein Ganzes interpretieren, als wenn es sich um eine Serie von unabhängig voneinander entstandenen Bildern handelt: Jedoch auch zeitlich weiter auseinanderliegende Bilder ein und desselben Malers tragen doch dessen gemeinsame gestalterische Handschrift und klingen durch sie und die gemeinsame Thematik zusammen.

Bei einer Serie von spontan aus dem Unbewußten heraus gestalteten Bildern wie derjenigen von Frau J., die innerhalb einiger Wochen entstanden ist, zeigt sich der innere Zusammenhang, ein bestimmtes Entwicklungsgefälle unübersehbar, bei dem die Malerin sowohl innerhalb ihrer Farbigkeit von Grau zu Silber übergeht wie auch dementsprechend aus einer eher etwas verschattet resignierenden Einstellung zu ihrer Weiblichkeit (Grau) zu deren neuer Bejahung kommt (Silber).

Frau J.: Von Grau zu Silber
Ein Entwicklungsweg in sieben Bildern

Grau ist die Farbe des Indifferenten, des Nebels, des Dunstes, der grauen Wetterwolken, die sich in den Flüssen und Meeren spiegeln. Es ist die Farbe der grauen Tage. »Die graue Stadt am grauen Meer« nennt Theodor Storm eines seiner Bücher, das von Husum, der Stadt an der Nordseeküste, handelt.

Psychologisch bedeutet diese Farbe, daß man sich im Unentschiedenen, Undifferenzierten aufhält, im Verschleierten. Sie kann dementsprechend auch positiv etwas verhalten Dezentes bedeuten. Am häufigsten jedoch zeigt sich eine Stimmung der Tristesse im Zusammenhang mit Grau, eine Stimmung, der die Höhen und Tiefen mangeln, die einem grauen Alltag oder auch dem Verhalten entspricht, das wir als »mausgrau« bezeichnen.

Grau kommt in der religiösen Malerei bezeichnenderweise kaum vor. Desto häufiger erscheint es in den spontan entstandenen Bildern aus dem Unbewußten, wie sie Analysanden und Patienten gestalten.

Das Pferd im grauen Keller (S. 209)

Im Traum einer 55jährigen Frau, seit mehreren Jahren Witwe, erscheint ein grauer Kellerraum. Im Vordergrund auf dem Fußboden pickt ein Vogel an seinem Futternapf. Im Hintergrund erscheint der Kopf eines Pferdes, rotbraun, das hier eingemauert ist. Die Träumerin hat das Bedürfnis, das Bild zu gestalten, weil es sie nahe angeht, wie sie spürt. Mit einem grauen Wachskreidestift und in einer Stricheltechnik, die viel Geduld, ja etwas Zwanghaftigkeit erfordert, zeichnet sie das graue Gewölbe von einem Bogen aus großen Ecksteinen eingefaßt, die dafür bürgen, daß alles gut eingeschlossen bleibt. Nach oben ist dieser Bogen allerdings nicht abgedichtet, sondern offen belassen. Es sind Ansätze dazu gemacht, den Raum dreidimensional zu gestalten, doch das gelingt noch nicht recht. Um in die Dreidimensionalität zu gelangen, einen Schatten werfen zu können, müßte das indifferente Grau aufgelöst werden, müßte es also Licht und Schatten auf dem Bild geben. Auf der Bodenfläche in hellerem Grau sitzt der Vogel an seinem Napf oder Nest aus noch mehr aufgehelltem Grau. Die Thematik »Vogel im Nest« oder »Vogel am Napf« gehört zur Symbolik der Symbiose, die sich farblich in Grau darstellen kann: Indem in der symbiotischen Beziehung das Auseinandertreten der Gegensätze vermieden wird – die nächste Bezugsperson darf nicht dunkel (böse), sie muß immer hell (gut) erscheinen –, bleibt es farbsymbolisch bei der unentschiedenen Mischung von Schwarz und Weiß, also bei Grau. Nun erscheint in diesem grauen Raum ein Pferdekopf in Rot, also in der vitalsten unter den Farben. Zwar ist es zunächst nur der Kopf eines Pferdes, der ans Licht kommt, während der übrige Körper noch verborgen, eingemauert ist, wie der Traum sagt, noch nicht zugelassen. Das rote Pferd, ein Wesen, das Vitalität und Aggression verkörpert, schaut aus einem noch verborgenen Verschlag in den grauen Raum hinein, es ist noch eingemauert. Es ist, als stellte es die Frage, wie lange es denn noch dauern soll, bis hell und dunkel, gut und böse auch bei nahen Bezugspersonen auseinandertreten dürfen und wahrgenommen werden können.

Ich hatte die Träumerin nach diesem Bild etwas zu schnell angeregt, einen Versuch zu machen, das Pferd ins Freie zu führen. Sie versuchte zwar in ihrer Phantasie, auch in einer Zeichnung dies zu tun, doch wird sie nun noch scheuer in der Darstellung – »um nur ja nichts Unechtes zu zeichnen«, wie sie sagt – und geht sogar noch hinter die Verwendung von Ölkreiden zurück, indem sie nun einen dünnen Bleistift nimmt. Mit dünnen, grauen Bleistiftstrichen, nur in Umrissen, unausgefüllt, zeichnet sie nun sich selbst und *»Das graue Pferd«* (S. 209), das sie vorsichtig nach rechts aus dem Gewölberaum führt, von dem nur an der linken Bildseite noch ein Viertel des Gewölbebogens zurückbleibt. Um so sorgfältiger, ein wenig zwanghaft, ist hier Stein um Stein gestaltet, wie um diesen Keller nur ja nicht zu schnell verlassen zu müssen. Immerhin hat der Vogel auf der Kruppe des Pferdes Platz genommen: Beide haben sie sich um 180 Grad gewendet. Sie gehen mit der Malerin, die selbst ins Bild gekommen ist, nach rechts, in die Richtung der Bewußtwerdung und der Außenwelt aus dem Bildraum.

Harlekin und Nonne (S. 210)

In einem späteren Bild der gleichen Malerin, das wieder in einem zweifach getönten grauen Raum spielt – Fußboden blaugrau und horizontal gestrichelt, Wand hellgrau und vertikal gestrichelt –, findet nun eine Differenzierung und Polarisierung des Grau in Weiß und Schwarz statt. Licht und Schatten werden eindeutig differenziert und bestimmbar. Sie werden bestimmten Hintergrundfiguren ihrer Psyche zugeordnet: Schwarz der strengen, asketisch-pflichtbewußten Nonne; Weiß dem Harlekin, dem Narren, dem spielenden Menschen in ihr. Dabei fällt die schwarze Figur durch ihre Strenge und Starre auf. Die weiße Harlekinsfigur dagegen ist beweglich gedacht, die Malerin versucht, sie lebendig und beweglich darzustellen, ihre Arme sind völlig geöffnet, die Hände befinden sich in gegenläufiger Bewegung, als wollten sie eine Zaubergeste ausführen – dennoch bleibt auch diese Gestalt in einer gewissen Starre befangen. Sie trägt rote Schuhe und eine rote Quaste an der Mütze. An ihren äußersten Enden also, an ihren Extremitäten, ist sie »rot angehaucht«, hat die sonst gänzlich weiße Gestalt »Feuer gefangen«. Beiden Gestalten fehlt spürbar ein größeres Quantum an Rot, um in dem Grauraum, der noch immer das Übergewicht hat – sie stehen auf Grau –, wirklich lebendig werden zu können. Der Narr und die Nonne sind in dieser radikalen Gegenpoligkeit noch immer zwei Komponenten der Zwanghaftigkeit, wobei das strenge Über-Ich der Nonne das phantasievoll-spielende Kind Harlekin in Schach hält. Die Malerin würde dem Harlekin – dem sie auch mehr Platz im Bilde einräumt – gerne das Übergewicht über die Nonne geben. Aber es gibt da zugleich etwas Strenges in ihr, das die freie Entfaltung behindert. Was beiden Gestalten fehlt, taucht in dem Rot der Fische oder Flammen auf, die den Hintergrund der grauen Wand beleben. Dabei sind dem Harlekin vier, der Nonne drei von ihnen zugeordnet. Auch hierin wird dem Harlekin das Übergewicht, zudem das weibliche Element der Zahl Vier zugeordnet. Zwar spielt noch alles auf grauem Boden und vor grauem Hintergrund, doch ist das Rot schon im Raum anwesend.

Das Thema dieses Bildes ist die Frage nach der Überwindbarkeit des Grau. Grau ist eine Zudeck-Farbe, von der das Rot der Vitalität und Aggressivität verdeckt wird. Hier geht es darum, sich zunächst einmal psychologisch bewußtzumachen, wie es zu der Dominanz des Grau in einem Leben kommt. Grau als Tristesse und Depression weist häufig auf eine noch anfängliche aus der Kindheit herrührende Unentschiedenheit, Verwischtheit von Hell und Dunkel, noch nicht auf dessen schließliche Wiederverbindung hin. Genetisch betrachtet kannn es in einer Lebensgeschichte dann dazu kommen, daß jemand vom Grau beherrscht wird, wenn er in seiner Kindheit nicht realisieren durfte, daß die Mutter sowohl böse wie auch gut sein kann. Um diese Erfahrung zu vermeiden, hat er sich von Kindheit an immer wieder angepaßt. Die damit verbundene Aggressions- und Erregungshemmung wirkt sich häufig als »graues Lebensgefühl«, als Depression aus. Unter dieser Perspektive hat es für die Malerin guten Sinn, das Grau erst einmal in seine Bestandteile, Weiß und Schwarz, aufzulösen, damit sie schließlich auch das Rot wieder zulassen kann.

Die drei Würfel (S. 210)

Aus dem Hintergrund ist nun das Grau in Gestalt der drei schwarzen Würfel in den Vordergrund des Bildes gerückt. Außerdem sind sie in dichtem, flächig-kompaktem Farbauftrag gestaltet, während im Hintergrund die gestrichelte Technik mit relativ trockenem Pinsel (oder Wachsmalstiften) beibehalten ist.

Auf der diagonalen Mittelreihe aufgereiht befinden sich die drei grauen Würfel, die hier jeweils aufgeschnitten sind. Aus ihrer linken Hälfte leuchtet das Rot, das das Innere der Würfel ausmacht, hervor. Die Farbzusammenstellung Grau und Rot wirkt ästhetisch ausgesprochen apart. Auch die Verpackung des Rot in graue Würfel wirkt fast elegant. Bisher war die Verpackung in Grau, also in die Depression, für die Malerin die einzige Möglichkeit, die Energie des Rot, die Erregungs- und Aggressionsenergie nicht als gefährlich und überbordend, sondern als »in gute Form verpackt« zu empfinden und wahrzunehmen und so gelegentlich über die diagonale Grenze des Hintergrunds hinüberzulassen. Als Hintergrund dienen hier, nachdem Grau in den Vordergrund gerückt ist, Rot und Grün. Die linke Bildhälfte, das kollektive Unbewußte bezeichnend, kommt als rote in schöpferische Erregung: Es ist aber das

Unbewußte einer Frau, die, wie die Symbolik der bewußten Bildseite, das Grün, zeigt, solche Erregungen sehr gut aufzunehmen versucht, ruhig wirkt, als könne sie Reize sehr gut verkraften und als brauche sie unter Streß und Anspannung keineswegs in die Luft zu gehen. Dem ist aber gar nicht so, sondern die beiden Seiten stehen noch unverbunden einander gegenüber. An der Nahtstelle ergibt sich vielmehr aus dem Druck eine Depression, solange dieser Zustand anhält. Jedoch wirken diese grauen Würfel jetzt wie aufgeschnitten (sie sind nicht einfach aufgegangen), und dadurch wird das Rot freigesetzt, das sich unter dem Grau wie blockiert befand. Die Würfel liegen auf einer bildnerisch gesehen spannungsreichen Stelle, auf der Schnittkante der beiden komplementären Farbflächen; die hierdurch gegebene Spannung hat wohl in der Malerin den Impuls geweckt, die grauen Würfel zu öffnen.

Die Würfel liegen jeweils quer zur diagonalen Schnittlinie der beiden Farbflächen; sie ergeben mit ihr zusammen die Figur von Diagonalkreuzen beziehungsweise dreier Diagonalkreuze. So zeigt auch die lineare Konstruktion des Bildes, daß die bisherige Rot-Grün-Konstellation, bei der die aufkommende Erregung oder Aggression jeweils von dem im Bewußtsein herrschenden reizabfangenden Grün wieder aufgehoben wurde, nun von dem aus dem Kern der grauen Würfel, des Grau-Komplexes, befreiten Rot abgelöst wird. Die Malerin muß künftig nicht mehr die »graue Maus« bleiben, die sie so lange war. Das Rot der Würfelinnenseite hat einen Intensitäts- und Qualitätsüberschuß über das Grau als Farbe; die Rotfläche des Bildhintergrunds hat einen Raum- beziehungsweise Flächenüberschuß über die grüne: Rot hat also hier die Oberhand gewonnen. Die Malerin kann nun zu ihren Erregungen und Emotionen stehen. Wenn im Unbewußten so viel Rot aufbricht, bekommt das psychische Gefälle eine besondere Dynamik. Für die aufkommende Dynamik im Unbewußten steht auch die Dreizahl der Würfel. Schon die Zweizahl, die mehrfach im Bild vorkommt, hat eine besondere Bedeutsamkeit. Eines kann hier jeweils im andern gespiegelt, angeschaut, bewußtgemacht werden: Rot in Grün, vor allem aber Rot in Grau. Rot öffnet das Grau. Die roten Flammen, die im letzten Bild noch im Hintergrund waren, sind jetzt in den Vordergrund getreten als das Innere der grauen Würfel.

Der silberne Nachen (S. 211)

Die silberne Farbe hat ihren symbolischen Ausdruckswert von dem weißleuchtenden Edelmetall, von seinem geheimnisvollen mild-gedämpften Schimmer, der im Unterschied zum hellen Sonnenlicht an das Licht des Mondes erinnert, samt dessen Widerschein auf Seen und Meeren. Immer wieder wurde Silber von daher – von seinem Lichtcharakter her, aber auch von der weiblichen Mond- und Gewässersymbolik her – mit dem Weiblichen verbunden. Auch hat das Silberlicht des Mondes etwas Verbindendes, das die scharfen Konturen in eine einheitliche Atmosphäre verschmelzen läßt, im Gegensatz zur Trennschärfe des Sonnenlichts. Als oxydierendes Metall, das schwarz anlaufen kann, hat es überdies eine Verbindungsbereitschaft mit anderen Stoffen, die Gold nicht aufweist, auch insofern gehört es mehr dem verbindungssuchenden und -stiftenden weiblichen Prinzip an als dem eher isolierend-unterscheidenden männlichen. Mit dem Zauber dieser Verbindungskraft sowie seiner Fähigkeit zur Läuterung, zur Trennung von Unreinem, Ungeklärtem ist die Symbolik des Silbers immer wieder verbunden.

Auf dunkelblauem, von Grün durchzogenem Grund, der Farbe des Meeres, in der sich die Transzendenz der Tiefe mit der des Wachstums verbindet, fährt die Malerin auf einem silbernen Nachen von rechts nach links in den Bildraum ein. Das Bild stammt wieder von der 55jährigen Frau, von der schon die Bilder zu Grau herrührten. Der Nachen in seiner Mondsichelform – ein zunehmender Mond als halboffene Schale – gleicht einer Gondel, weckt Assoziationen an venezianische Gondoliereromantik. Die Gondel hat am Anfang und am Ende einen volutenartig eingedrehten Bug, gleichsam doppelköpfige Galionsfiguren, ist damit auch ambivalent im Blick auf die Möglichkeiten der Fahrtrichtung. Hier jedoch ist der Nachen wie ein Stuhl nach vorne hin gesenkt gestaltet. Er wird nach vorne niedergedrückt, obwohl die Frau eher im hinteren Teil des Kahnes sitzt. Es ist, als würde er von rechts hinten und von unten aus dem Wasser angehoben, um ihn in die Lage zu versetzen, das goldene Dreieck aufzunehmen oder doch zumindest Verbindung mit ihm aufzunehmen. Die Frau selber sitzt eher steif, mit silbernem Haar – das sich auf die Farbe des Nachens zurückbezieht – in violettem Gewand, in der Farbe der schöpferischen Spannung, des Leidens, der Ambivalenz, als Herrin des Nachens in diesem Boot, das eher zu klein für sie wirkt. Wenn Silber, die Mondsichel und die Gondel weibliche Symbole sind wie das Gold und das aufrechte Dreieck männliche, so nähert sich diese Frau auf den Wogen des Unbewußten langsam der Verbindung zwischen Weiblichem und Männlichem an. Doch sind beide hier sehr abstrakt gestaltet, das heißt, sie sind dem persönlichen Bewußtsein der Malerin noch recht fremd. Die Malerin selbst in ihrer zurückhaltenden Haltung ist dieser Vereinigung gegenüber noch ambivalent. Sie wagt noch nicht ganz, sich diesem mondhaftweiblichen Silberkahn anzuvertrauen. Da dieses Bild nach den depressiven Graubildern gemalt worden ist, hat sich das Grau nun in ein silbern-schimmerndes Vehikel verwandelt, mit dem sie nach links in die Richtung der Vergangenheit und des Unbewußten fahren kann, um noch einmal Rückschau zu halten und etwas zu integrieren, was ein kostbarer Wert der Vergangenheit für sie war: das goldene männliche Dreieck. Sie blickt zurück auf ihr altes Ideal der »Geistigkeit«, um es nun einzuholen, zu integrieren in die neue Einstellung. Zwischen dem Dreieck und der Gondel überwiegt die Verbindungsfarbe Grün. Das Bild vermittelt die Vorstellung, als fahre der Nachen nach links, um das Dreieck an Bord zu nehmen, einzuladen, und dann mit ihm zusammen nach rechts, in Richtung der Bewußtwerdung, zu fahren. Diese Möglichkeit deutet sich schon in dem doppelten Bug des Schiffes an.

Mond über Dreieck (S. 211)

Hier sind nun Mond und Dreieck tatsächlich beisammen, in einer Figur miteinander verschränkt – genauer: Der Mond überlagert das Dreieck –, aber, und das ist das Auffälligste, sie sind gleichsam farbenverkehrt dargestellt. Der weibliche Mond ist hier golden, das männliche Dreieck silbern.

Nun ist der Malerin, die zu Beginn ihres Malens aus dem Unbewußten noch sehr dem einseitig Hellen und Positiven verhaftet war, inzwischen aufgegangen, daß unter bestimmten Umständen hell auch dunkel, gut auch böse sein kann (und umgekehrt), und doch irritiert sie diese Einsicht, sie ermißt noch nicht deren Tragweite, hierfür mag auch das wachsame Auge links unten im Bild stehen. Ein aufmerksames, manchmal auch penibles Gewissen – früher war es das »Über-Ich«, das als schwarze Ruine nun in der »Vaterecke« steht – wacht in dieser Frau darüber, daß sie bei der großen Umwertung der Werte, die bei ihr im Gange ist, nicht das Maß verliert. Doch entstehen hier deutlich neue Maßstäbe, und die Phase, in der für sie »alle Katzen grau« waren, ist überwunden. Doch noch findet der ganze Veränderungsprozeß auf grau-blauem Boden statt, den wir aus früheren Bildern der Malerin kennen. Noch steht sie auf dem Boden der bisherigen Unentschiedenheit, der Ungeschiedenheit der Gegensätze und der daraus folgenden Grautönung ihres Lebensgefühls. Aber sie ist lebhaft dabei, hier Unterscheidungen zu treffen und neue Orientierungsmöglichkeiten zu finden. In der Symbolecke des Väterlichen erscheint indessen eine schwarze Ruine, über der noch eine graue Rauchwolke hängt. Die Fenster dieser Ruine, die übrigens aus einem Stück Zeitungspapier aufgeklebt, collagiert und anschließend schwarz übermalt sind, sind dreifach beleuchtet: weiß, beige und rot. Es ist also noch Glut, noch Libido in der Asche dieses alten Gebäudes, das die alten vatergebundenen Werte und alte Lebensumstände darstellt, allerdings nun als zerstörte. Zentral in diesem Bild ist das Auge: Es ist in sich eine Verbindung von Silber, Gold, Weiß und Schwarz. Es hat nicht den üblichen Ort solcher Gewissensaugen, die in der Schärfe ihres beobachtenden Blicks bis zu paranoiden Ängsten Anlaß geben oder auch deren Ausdruck sein können. Es erweist sich durch seinen Ort im Bild eher als ein Auge aus der Tiefe. Der Ort der Kontrolle war früher wohl als das mächtige Gebäude in der »Vaterecke« vorzustellen. Die Ruine steht in Beziehung zu dem jetzt überdeckten männlichen Dreieck des vorigen Bildes, das lange genug das Bewußtsein dieser Frau bestimmt hatte, und verhält sich zum Dreieck wie das die Farben integrierende Auge aus der Tiefe zum Mond, dem nun die dominante Stellung über das Dreieck eingeräumt wird. Die aufnehmenden, empfangenden weiblichen Organe, das Auge aus der Tiefe wie auch der Mond, sind ihr nun jeweils zum Wertvolleren gegenüber dem Männlichen geworden. Im Auge sind Silber und Gold miteinander verbunden. Das Silber erscheint ihr nun als das Wertvollere. Die schwarze

Pupille wiederholt zudem das Schwarz der Ruine; auch sie ist in das Auge integriert, aber auch insofern, als noch etwas von der alten vaterbezogenen Sicht in ihr weiterlebt, vielleicht auch die Angst, es werde ihr doch hoffentlich nichts passieren, wenn sie ihre Maßstäbe so sehr auf weibliche Werte hin umorientiert. Auch in diesem Bild liegt zudem ein Qualitätskontrast vor zwischen der Stricheltechnik, mit der der Grund und der Rauch über der Ruine gezeichnet ist, und der klaren vollen Farbigkeit von Mond, Dreieck, Auge und Ruine.

Das Kreuz über der Wiege (S. 212)

Das Bild weist wieder ein gewagtes Kräfte- beziehungsweise Gleichgewichtsverhältnis auf. Links lastet der kompakte schwarze Block einer Art Hochhausruine oder Kirche vor grauem Hintergrund, rechts breitet sich etwas größer das weißgelbe Hintergrundfeld mit dem silbernen, querliegenden Kreuz, der tiefblauen Wiege und der grau-grünen Pflanze aus, die ihr Wurzelwerk durch den burgunderroten Boden zieht und die sich aus dem grauen Hintergrund links im Bild herleitet. (Ist hier etwas Grau-Depressives fruchtbar geworden, hat der Prozeß des Überwachsens begonnen?) Waagrecht, quer liegt das silberne Kreuz über der Wiege: Es hebt nicht, wie ein senkrecht stehendes Kreuz es täte, die männliche Achse, die Vermittlung zwischen oben und unten hervor, sondern die weibliche, es vermittelt zwischen rechts und links. Zugleich wirkt dieses Kreuz wie ein silbernes Schwert, das die Scheide gegen das dunkle Gebäude rechts richtet. Dieses Gebäude weckt Assoziationen an eine Hochhauskaserne oder an den Stumpf der zerstörten Kaiser-Wilhelm-Gedächtniskirche in Berlin. Wie ein Schwert wird das silberne Kreuz für die Wiege gezogen, es steht verteidigungsbereit für Zukunft und Hoffnung im Zeichen des Weiblichen. Es bezeichnet so wohl auch das Schwert, das Kreuz, das über diesem weiblichen Leben steht. (Die Malerin hat ihren Partner relativ früh durch den Tod verloren.) Als silbernes Kreuz aber dient es der Läuterung, der Auskristallisierung der Seele zu ihrer höchsten Möglichkeit im Weiblichen. Besonders mächtig erscheint auf diesem Bild, das im Bewußtseinsraum schon so viele Hoffnungszeichen zuläßt, das dunkle Gebäude. Besagt es, daß man die

Depression eher zugeben, stehen lassen, sich mit ihr konfrontieren kann, wenn im Bewußtseinsraum schon viel Helligkeit Platz gegriffen hat? Wie bengalisch erleuchtet ist indessen das Hochhaus. Die Fenster schimmern in den drei Primärfarben Gelb, Rot und Blau. Die alten triadischen patriarchalen Werte glühen noch einmal auf in ihrer alten Bedeutsamkeit für die Malerin. Im Gegenraum dagegen herrscht die Vier. Besonders wichtig erscheint in diesem Bild das Überwachsenwerden der alten Spannung auf einem neuen, nach so viel Grau nun roten Boden, wo sich die Wurzeln ins Grau-Grün wandeln und zwei kräftige Keime treiben.

Die silberne Leiter (S. 212)

In Silber erscheint auch die Leiter, die in diesem letzten Bild Himmel und Erde verbindet, indem sie zugleich nach oben ins Offene entschwindet. Dabei scheint sie auch einen Wasserarm zu überbrücken. Als gleichsam dem Mond und seinem Licht entliehene Leiter ist sie wie in dem biblischen Jakobstraum eine Verbindungsmöglichkeit zwischen Himmel und Erde. Sie hat mit der transzendenten Funktion der Psyche, dem die Gegensätze vereinenden schöpferischen Prozeß zu tun, den die Malerin in dieser Zeit durchmacht. Als Leiter über das Wasser verbindet sie zugleich zwei mögliche Bewußtseinsbereiche über die unzugängliche Tiefe des Unbewußten hinweg. Interessanterweise ist dieser Leiter im Bereich des mütterlichen Symbolbereichs ein loderndes Feuer, vielleicht eine Anspielung an den brennenden Dornbusch, beigegeben. Beide Symbole haben etwas Verbindendes zwischen oben und unten. Die Flammen im Bereich des Mütterlichen zeigen an, daß die in diesem Bereich – im Vergleich zu dem der abstrakt ideellen Leiter – realeren Gefühle noch zu intensivieren und ebenfalls Unten und Oben zu verbinden vermögen. Sowohl den Himmel wie die Erde malt diese Frau sandfarben, in verschiedenen Tönen von Saharagelb. Im unteren Bereich nimmt dieses erdige Ocker jedoch deutlich eine Grüntönung an: Sowohl der brennende Busch wie die Leiter beginnen im Grün. Grün wird sich künftig ausdehnen, wenn die Malerin, ihre inneren Gegensätze integrierend, mit sich selber und anderen Menschen immer intensiver in Kontakt treten kann.

Alfred Manessier: Pâques
Ein Osterzyklus in sieben Bildern

Der *»Pâques«*-Zyklus (S. 230–236) kommentiert eine Station auf dem weiten Weg, auf dem Manessier als Künstler und als Mensch erst allmählich mit sich identisch wurde. Jahrzehnte dauerte die Entwicklung, die Manessier – 1911 in Saint Quen geboren – zur Gestaltung eines solchen Werkes befähigte. Ausgehend von surrealistischen Versuchen, die ihn unbefriedigt ließen, gelangte er über einen konstruktiven Impressionismus, der Cézanne nahesteht, in Berührung mit der sensiblen École de Paris. Im Kontakt mit ihr entwickelte er seine expressive Abstraktion.

Dazwischen liegt eine einschneidende religiöse Erfahrung, eine Art Damaskus-Erlebnis, das er 1943, mitten im Krieg, bei den Trappisten, dem Orden der Schweigenden, in der Bretagne hatte. Nach seinen eigenen Aussagen verwandelte ihn dieses Erlebnis auch als Künstler. Themen, die sich bei ihm öfter wiederholen, wie beispielsweise »Das Schweißtuch der Veronika«, zeigen, wie das Figürliche langsam aus seinen Bildern ausgeschieden wird, was bei ihm nicht zuletzt aus religiösen Motiven geschieht. Marcel Brion schreibt über ihn: »Ein mystischer Maler? Gewiß, obgleich er in seiner Bescheidenheit und Scheu vor diesem Wort zurückschrecken würde. Vielleicht ist er der mystischste unter den religiösen Malern, weil er sich in keiner Weise durch den zweideutigen Dolmetscher, die Figur, behindern läßt. Seine Kunst ruft eine unmittelbare, vollkommenere und reinere Empfindung hervor als die von Fra Angelico, Raffael oder Murillo, den Frömmlern der Malerei. Sie bringt jene Art von Ergriffenheit zu höchstem Ausdruck, die wir bei Greco oder Grünewald antreffen, bei denen das Licht durch die Hülle des Fleisches leuchtet, diese Hülle, von der sie sich nicht frei zu machen wagten, die Manessier aber bis auf eine dünne und wundervolle Farbhaut, durch welche die Seele rein hindurchscheint, reduziert.«[80]

In der französischen Kunsttradition verwurzelt, gibt Manessier auch um der leidenschaftlichsten Expression willen die Komposition nie dem Zerbrechen preis, wie dies deutsche Expressionisten zuweilen tun. Manessier schafft Kompositionen von hohen Spannungsgraden, in denen sich polare Farben und Formwerte zur Darstellung des Ringens zwischen Leben und Tod gegenübertreten. Doch er überspringt nie die Grundgesetze bildnerischen Gleichgewichts, sondern gebraucht sie, um Gegengewichte beispielsweise gegen die wuchtigen Chiffren des Todes zu setzen, die alles zu erdrücken drohen. Er schafft tiefsinnige Gleichnisse für die Kontrapunktik von Leben und Tod.

Manessiers Schaffen ist eng verbunden mit der von Pater Couturier inspirierten Initiative, die unmittelbar nach dem Zweiten Weltkrieg vom französischen Dominikanerorden ausging. Man lud die führenden Künstler jener Jahre dazu ein, sich an bedeutenden religiösen Gemeinschaftsaufgaben wie der Gestaltung der Kirchen auf dem Plateau d'Assy und in Audincourt oder der Kapellen von Vence und Ronchamp zu beteiligen. Kunst müsse nicht erst noch besondere Beziehungen zum religiösen Raum suchen, meinte Pater Couturier, wahre Kunst trage diese Bezeichnung in sich selbst. Deshalb fragte er die Künstler nicht nach ihrer konfessionellen und religiösen Zugehörigkeit.

In diesem Geist entwarf Le Corbusier die Höhlenkirche von Ronchamp, malte Matisse die Kapelle von Vence aus. Genuin religiöse Künstler wie Rouault und Chagall gestalteten gemeinsam mit Braque, Leger, Matisse und anderen die Kirche auf dem Plateau d'Assy. Kein Auftrag vereinte in diesen Jahren so viele hochqualifizierte Namen einer Künstlergeneration wie der zur Ausgestaltung jenes Kirchenraumes. Allen gemeinsam war eine Bewegung weg vom institutionell Sakralen und hin zum individuell erfahrbaren Religiösen. Das drückt sich in kühnen, freien Gestaltungen aus, die fernab von kirchlichen Kunsttraditionen die Gestaltungsmittel der Moderne, die Eigenwertigkeit der Farben und Formen einsetzen.

Zur gleichen Zeit wie an dem abstrakten Fensterzyklus für die alte Dorfkirche in Les Breseux im französischen Jura arbeitet Alfred Manessier, er ist damals 37 Jahre alt, an dem graphischen Zyklus »*Pâques*«, Ostern. Die Technik des Glasmalers bleibt auch hier spürbar. Er kann mit bestimmten Gegebenheiten seiner Werkstoffe und ihrer Anordnung im Raum rechnen. Hinter einer festen Formstruktur – oft zugleich durch Stege aus Metall und Verlötungen der Einzelgläser gebildet – bricht das Licht von außen durch die farbigen Gläser und erzeugt eine gleichsam immaterielle Schwingung vielfach gebrochenen Lichts, die die lineare Struktur mit einer jeweils besonderen »Gestimmtheit« umgibt. Ähnlich steht auch im graphischen Bilderzyklus *»Pâques«* jeweils eine schwarze Strukturzeichnung im Vordergrund des Bildes, die von einer intensiven Farbkomposition im Hintergrund überstrahlt und so auf eine besondere Gefühlsfrequenz gestimmt wird.

Eine konkrete Figuration Christi oder der anderen Personen, die zum biblisch überlieferten Passionsbericht gehören, kommt bei Manessier nicht mehr vor. Seine Absicht ist, mit dem Medium Bild die Passion Christi als Paradigma eigener Lebensprozesse nachzugestalten. Allein auf die Erlebnisqualität solchen Mitvollzugs kommt es hier an: auf die Qualitäten der Gefaßtheit oder der Hingegebenheit, auf die der Verzweiflung, der explosiven Freude und schließlich der Freisetzung der innersten Kräfte. Das »besondere Klima« der einzelnen Stationen der Passion habe er darstellen wollen, sagt Manessier selbst. Dennoch sind die Blätter zu *»Pâques«* nicht völlig gegenstandsfrei wie die Fenster von Les Breseux. Anspielungen auf die Passionsgeschichte, bildnerische Chiffren, sind gegeben: das schwarze Kreuzgerüst zum Beispiel und die sich verfinsternde und schließlich wieder aufstrahlende Sonne. Denn die Stationen des Kreuzweges sollen mitklingen können. Aber die Kompositionen Manessiers verlaufen kontrapunktisch zum Passionsbericht. Sie begleiten ihn, wie eine freie Einzelstimme einen cantus firmus begleitet.

Erst in den Jahren nach dem Zweiten Weltkrieg beginnt die bildende Kunst auch im kirchlichen Bereich die ureigene Sprache ihrer bildnerischen Mittel einzusetzen, wie es die Musik mit ihren Tonmaterialien seit jeher tut: unabhängig von vorgegebenen Inhalten und Textvorlagen. In Farbe, Form und gestalterischen Gesetzen hat die bildende Kunst ein System von Äquivalenzen für emotionale und geistig-religiöse Grunderfahrungen geschaffen, das nur mit der musikalischen oder der nonverbalen Sprache unserer Gestik und Mimik verglichen werden kann. Die abstrakte Kunst macht mit den Möglichkeiten ihrer Sprache endlich Ernst.

Gethsemane (S. 230)

Das erste Blatt, »*Gethsemane*« genannt, enthält die bildnerischen Kompositionselemente des gesamten Zyklus und läßt sie aufklingen, wie die Ouvertüre die Motive eines größeren musikalischen Werkes vorstellt. Die Elemente sind der Bildrahmen, der Bildgrund und eine schwarze Lineatur; dazu eine Farbskala von Olivgrün, Ocker, Rosé bis zu Blutrotviolett, Blau und Schwarz.

Bei allen Blättern ist die Umrandung spürbar betont. Sie sind jeweils in einen farblichen Rahmen gepaßt, der gleichsam das Bild mit einem bestimmten Vorzeichen versieht. Es löst zur Einstimmung eine besondere emotionale Schwingung aus: Hier ist die farbliche Umrahmung in Schwarz gegeben, das Bild gleichsam in einen Trauerrand gefaßt, der sichtbar die darunterliegende Roséfärbung überlagert. Der Rahmen wiederholt nicht nur das Rechteck des Blattrandes, sondern dehnt sich in die Zentralfläche des Bildes hinein aus, vor allem von der linken Seite her, und umschließt hierbei verschieden gestaltete unregelmäßige Rechtecks- und Kreisfiguren in Schwarz, Rosé und Rot.

Alle Blätter setzen gerade durch diese Behandlung des Randes – für das Auge bewußt erfahrbar – eine zentrale Bildfläche, einen Bildgrund, frei. Die Zentralfläche enthält die farbliche Dominante oder den farblichen Grundakkord des Bildes. Hier ist es ein dunkles Olivgrün, zwischen Gelbgrün und Blaugrün spielend. Eingesprengt sind die Rechtecke und Balkenformen in Rot und Spurenelemente von Gelb. Die Zentralfläche in Olivgrün hat zugleich die Gestalt eines großen Blattes. Alle Farbgründe der Blätter mit Passionsthematik, die österlichen hier ausgenommen, sind zugleich von einer schwarzen Lineatur überlagert, einer farblichen Struktur, die bald mehr an das Skelett eines Menschen, bald mehr an das Balkengestänge der Kreuze erinnert. Diese Signatur ist Chiffre für den Menschen, der mit seinem Kreuz konfrontiert wird, sei es in Gestalt von physischem Leiden, Schicksal oder Tod. Jesus erscheint in diesem Passionszyklus nirgendwo als historische oder konkrete Person. Seine Passion wird hier als Muster, als Paradigma gestaltet, in das jeder Betrachter seine eigene Passion einbringen kann.

Alfred Manessier, Dornenkrone

Alfred Manessier, Gethsemane

Alfred Manessier, Geisselung

Alfred Manessier, Kreuzigung

Alfred Manessier, Verfinsterung

ALFRED MANESSIER, WÄCHTER AM GRABE

Alfred Manessier, Auferstehung

Alfred Manessier, Ostern

Farben und Formen des Passionszyklus' von Manessier versuchen, emotionalen und expressiven Ausdruck dafür zu finden, was es heißt, unentrinnbares Leiden anzunehmen, sich ihm voll auszusetzen und es dadurch letztlich in seiner ganzen Tiefe zu transzendieren. Gerade durch das Aussparen aller konkreten Reminiszenzen an die Passionsgeschichte, vom Garten Gethsemane bis Golgatha, kann die Passion, als das Leiden und als die Leidenschaft eines jeden von uns verstanden, von diesen Farbkompositionen entbunden, gelöst und vielleicht ein Stück weit erlöst werden. Wir wissen heute wieder besser als frühere Generationen, daß bereits die Befreiung der Emotionalität, wie sie durch expressive Malerei ausgelöst wird, einen heilenden Effekt haben kann.

Die Gethsemane-Komposition Manessiers scheint emotional das zu umkreisen, was es hieße, unentrinnbares Leiden auszudrücken, zu gestalten und schließlich zu akzeptieren. Abstrakte Formen, reine Farben bilden eine Sprache sui generis, keineswegs eine unverbindliche, sondern eine solche, die durch freie Assoziationen auf ihren emotionalen und symbolischen Gehalt hin genau zu testen ist. Farbtests wie der Farbpyramidentest von Pfister, der Lüscher-Test oder Formtests wie der von Rohrschach oder von Wartegg haben die psychologische Verbindlichkeit der Farb- und Formgestalten erwiesen und beruhen selbst auf ihr.

Bei Vorlage des Blattes Gethsemane trafen sich verschiedenartige Betrachtungsgruppen in den folgenden Assoziationen: Der grüne Bildgrund gleiche einem Blatt, einem Lungenflügel, einer »grünen Lunge«, einem Flügel überhaupt, einem Engelsflügel, einem Konzertflügel. Die schwarze Lineatur auf dem Blatt erinnere an die Rippen eines Blattes, die Rippen eines Brustkorbs, ein Skelett oder das Röntgenbild eines flach am Boden liegenden Menschen.

Solche nur scheinbar widersprüchlichen Assoziationen, die sich im übrigen bei den verschiedensten Menschen doch immer auf ähnliche beschränken, gilt es auf ihren gemeinsamen Nenner, vor allem den ihrer Gefühlsqualität zu befragen. Daß es sich bei der Lineatur, den »Rippen«, dem »Skelett« – sei es nun eines Blattes oder eines Brustkorbes – um eine Signatur für den geschundenen Menschen handelt, liegt nahe und läßt sich beim Vergleich mit der Signatur auf den folgenden Blättern nachweisen. Die Bedeutung, eine Chiffre für den Menschen zu sein, drängt sich bei der Betrachtung der schwarzen Lineatur in jedem Blatt neu auf. Der Rücken – »mein Kreuz!« sagt man, wenn man Rückenschmerzen hat – und das Kreuz werden in der Folge der Blätter fast identisch.

Die Bedeutung der Form des olivgrünen Feldes – »Blatt« oder »Flügel« – läßt sich ebenfalls auf etwas beiden Gemeinsames zusammenfassen. Blatt wie Flügel haben eine gewisse Spannkraft und Tragfähigkeit und können sich dabei auch passiv vom Winde tragen lassen. Beide sind sensibel, zart gebaut, können im Winde zittern und beben und können sich doch höher aufschwingen beziehungsweise höhergetragen werden als scheinbar stabilere Dinge. Es kommt bei einer Interpretation darauf an, das Gemeinsame an den Assoziationen, das alle Betrachter als evident empfinden, als verbindlich für das Verständnis der Bildersprache herauszustellen. Daneben wird jeder noch seine persönlichen Erfahrungen und Einfälle zu dem Bilde einbringen und seine eigene Erlebniskadenz am Instrument dieser Bilder erklingen lassen. Dies aber fällt dann nicht mehr in den Bereich der strengen Bildinterpretation, sondern in den des persönlichen Umgangs mit Bildern bis hin zu ihrer Meditation.

Unter dem Schwarz der Bildumrandung ist eine eigentümliche Farbe zu erkennen, die vor allem in der linken Rahmenzone noch deutlich unter der aufgetragenen Schwarzschicht hervortritt: ein blaugetöntes Rosé, zwischen dem sich Spuren von Blauviolett finden. Die Farbe kann kaum Sympathie erwecken: Sie steht ausgesprochen disharmonisch neben dem Blutrot, beispielsweise an der linken oberen Ecke des Blattes, das aber auch im Inneren des grünen Feldes eine Rolle spielt. Ebensowenig trifft sie sich mit Olivgrün. Einen farblichen Kontakt geht sie allenfalls mit Schwarz ein, das sie aber geradezu an sich beziehungsweise auf sich zu ziehen scheint. Die ehemalige Roséfarbe der Randzone ist völlig mit Schwarz überdeckt, und in dem speziellen Ausschnitt, den wir hier vor uns haben, lastet ein schweres schwarzes Rechteck im Querformat – ein Stein, möchte man assoziieren – auf ihm. Das Schwarze frißt das Violett auf. An der rechten unteren Ecke wurde es ebenfalls von einer schwarzen Vierecksform überlagert. Frei wie in der linken unteren Ecke steht es nur noch hinter dem »Kopf« der Vertikalen, der das grüne Feld überragt. Als Hintergrund der »Steine« rechts und links der Bildbasis und als Hintergrund des »Kopfes« bestimmt dieses Violett trotz seines relativen Verdrängtseins noch immer an drei markanten Stellen die Komposition. Dreifach Auftauchendes deutet in der Bildsprache meist auf eine besondere Dynamik und einen fortschreitenden Prozeß hin. Welche Ausdrucksqualität hat nun diese Farbe und welche Funktion erfüllt sie innerhalb der Komposition? Sie löst immer wieder Assoziationen an Spuren von Rotwein und Brombeeren, an eine bestimmte Rosenart oder an eine bestimmte Phase des Himmels bei Sonnenuntergang oder auch beim Morgengrauen aus. Auf das Gefühl wirkt sie eher zwiespältig, da sie einen Grenzwert zwischen Rot und Blau darstellt, zwischen der erdhaften Blutfarbe und der Himmelsfarbe. Als solche hat sie die Qualitäten einer farblichen Zwischenstufe, einer Übergangsfarbe, bei der sich das Gefühl nicht beruhigen kann. Tatsächlich taucht sie in den früheren Reichenauer Buchmalereien zur Bibel bei der Darstellung solcher Geschehnisse auf, in denen sich eine Verwandlung aller Verhältnisse anbahnt, mit dem Akzent freudigen Schreckens in der Botschaft der Engel an die Hirten, mit dem Akzent der Furcht beim Schall der Posaunen als Auftakt der Weltverwandlung in der Apokalypse. Auch in einer Gethsemane-Szene des Stuttgarter Psalters erscheint eine ähnliche Farbnuance.

Eine Bildfläche ist immer zugleich eine Projektionsebene für innerpsychische Vorgänge. Besondere Bereiche der Psyche haben auf der Bildfläche eine häufig wiederkehrende topographische Entsprechung. So liegt zum Beispiel die Ecke links unten im Bild den Inhalten des Bewußtseins am fernsten – es ist, als entspreche dies der Ungeübtheit, die im allgemeinen unsere linke Hand besitzt –, dafür ist diese Stelle den unbewußten Bereichen unserer Psyche um so näher. Hier pflegt sich auf den Bildern das zu zeigen, was soeben erst unklar aus dem Unbewußten des Künstlers hervordringt oder was in Gefahr steht, wieder verdrängt zu werden. Die Stör- und Verwandlungsfarbe Rotviolett (Rosé) ist hier also noch sichtbar, hier und übrigens auch hinter dem »Haupt« der Signatur, die den Menschen, Christus, bedeuten wird. Vielleicht darf man hier so interpretieren, daß sich in der Lokalisation dieser

Farbe im Bildraum die Ahnung andeutet, der Weg durch Leiden und Tod könne ein Durchgang und eine Verwandlung sein. Doch über diese Ahnung scheint sich die Angst zu schieben, daß dieser Weg in absolutes Dunkel, in Schwarz führen und darin enden könne. In unserem Bildabschnitt legt sich das schwere schwarze Rechteck wie ein Stein über die Zone des Rotviolett. Ein absoluter und statischer Todesaspekt scheint wie ein Grabstein die Hoffnung auf die Verwandlung erdrücken zu wollen. Mit diesen Bildmetaphern umschreibt Manessier den inneren Kampf Jesu in Gethsemane, in dem dieser zu seinem Gott sagt: »... Ist's möglich, so laß diesen Kelch an mir vorübergehen.«

Das Olivgrün der Fläche wird wohl zunächst Assoziationen an den Ölberg in Jerusalem auslösen, an den Ölbaumgarten Gethsemane, sodann aber auch an eigene Wanderungen und Rastplätze unter Bäumen, vielleicht auch unter Olivenbäumen in südlichen Landschaften. Der Rettung verheißende Ölzweig, den die Taube in Noahs Arche brachte, wird den Betrachtern einfallen. Aber auch Assoziationen an die Tarnfarben von Helmen und Uniformen liegen nahe und damit die Gefühle der Angst vor Entdeckung oder der Unruhe vor dem bevorstehenden Kampf. Manchen Betrachtern kommt bei dieser Farbe die Letzte Ölung in den Sinn.

Emotional vermittelt diese dunkle, gedämpfte Farbe eine gesammelte und beherrschte Ruhe, wie sie über einen Menschen kommen kann, der bereit ist, sich dem Unausweichlichen zu stellen und seinen Weg zu gehen. Diese olivgrüne Farbe ist in eine Fläche eingelassen, die die Gestalt eines Blattes angenommen hat, so sagten wir. In diesem Blatt sind Rippen wie die eines Menschen eingezeichnet. Ein Mensch, der vor Leiden und Tod gezittert hat wie ein Blatt im Wind – so könnte diese Figuration andeuten –, ist nun zu sich gekommen, ist ruhig hingebreitet und hingegeben an seine Bestimmung. Das drücken vor allem die klaren waagrechten, ruhigliegenden Linien aus, die von seiner Rückenvertikalen ausgehen.

An der Stelle, wo das Herz dieses angedeuteten, ins Blatt eingelassenen Menschen liegen müßte, ist wieder ein liegendes Rechteck eingefügt, diesmal in Mohnrot oder Blutrot. Durch die Umrandung mit Gelb blüht dieses Herzfeld auf. Das Gelb steht übrigens als Komplementärfarbe in einem verborgenen Bezug zu der Verwandlungsfarbe Violett. Das Rot selbst aber wird durch seine unmittelbare Entsprechungsfarbe, das Olivgrün, zu hoher Intensität gesteigert. Im Rot, das allemal an Blut und Feuer erinnert, sprechen sich die emotionalen Qualitäten von Vitalität und Bereitschaft zum Kampf aus. Inmitten der Gelassenheit des olivgrünen Feldes blühen Farbinseln, die von Leidenschaft und Leidensbereitschaft zeugen. An mehreren Stellen des Blattkörpers leuchten Zonen dieser Farben auf. Aber sie sind zu ruhigen, langgestreckten Querlinien gestaltet, sind also hineingenommen in die Gebärde des Hingegebenseins, die sich in der schwarzen Signatur der liegenden Linien ausdrückt. Manessier geht es um den Ausdruck der Situation eines jeden Menschen, der sich bereit macht, sein ureigenes Schicksal anzunehmen.

Das gewichtige Rechteck links oben im Blick, das größte Einzelelement im Bild, ist von der gleichen roten Farbe wie die Felder im olivgrünen Bereich. Doch fehlt ihm die wärmende Einbindung in Gelb. Statt dessen sind schwarze Vierecke und ein breiter Querbalken in das Rechteck gesetzt, die als Schwarz-Rot-Kontrast eine gefährliche, aggressive Ausstrahlung haben und Assoziationen an ein fratzenhaftes Gesicht wecken. Der Mund bildet gleichzeitig den oberen Querbalken eines galgenartigen Gerüstes, das sich nach unten fortsetzt. Hier scheint sich ein versucherisches aggressives Wesen sozusagen auf der Schulter dieses hingabebereiten Menschen niedergelassen zu haben. Der Mund dieses Wesens ist identisch mit dem Querbalken des Galgens. Flüstert er diesem Menschen etwas zu, was ihn in Panik versetzen kann? Rot kann auch Panik ausdrücken und auslösen und den Impuls zur wilden Auflehnung gegen einen Weg signalisieren, der in Schmerzen und in den Tod führt.

Geißelung (S. 231)

Der Bildrahmen gibt dem Blatt das farbliche Vorzeichen in Olivgelb, das zum Gelbgrün hin tendiert. Das Olivgrün des vorherigen Blattes ist hier aufgepeitscht zu einem giftig-grellen, unheimlichen Farbton. In einer frühen spanischen Buchmalerei zur Offenbarung des Johannes treten die apokalyptischen Reiter, auf ähnlichen grellen Gelbfeldern, kontrastiert von Schwarzfeldern, geisterhaft in Erscheinung. Der Rahmen wirkt abgegriffen, beschädigt und abgeschabt wie von böswilligen, zerstörerischen Händen. Zeichen, die an Runen erinnern, sind in den Rahmen eingeritzt.

Schon durch die Gestaltung der Umrandung drückt sich aus, daß hier aggressiv-gehässige Kräfte am Werk sind, Hand an etwas legen, das ihnen nicht zukommt, und die damit dem Menschlichen Gewalt antun. Das Leiden, das die Farbformgestalt des vorigen Blattes ankündigte und dem dort gesammelt begegnet wurde, entfaltet hier seine schmerzhafte Schärfe; hier dringt es sozusagen in die Haut ein. Der Betrachter wird ihm voll ausgesetzt.

Die zentrale Bildfläche, die der Rahmen diesmal voll preisgibt, hat tatsächlich die Grundfarbe menschlicher Haut mit helleren und dunkleren Flecken, als wären sie zu Wunden aufgerissen. Hier haben wir keine geschlossene Farbfläche mehr vor uns, sondern der Bildgrund ist übersät von giftiggelben Pinselhieben, gesprenkelt mit blutroten Lachen. Die ruhenden roten Rechtecke des vorigen Blattes sind zu fließenden Rundformen geworden. Zu dem Bildgrund assoziierten viele Betrachter ein blutgetränktes Tuch oder auch einen zerschlagenen Rücken.

Die schwarze Lineatur schließlich, die im vorigen Bild das Blattgerippe oder einen am Boden ausgebreiteten menschlichen Körper andeutete, ist hier völlig zerrissen. Die Signatur für den Menschen, wie wir sie nennen wollen, erinnert hier an nichts Menschliches mehr. Die waagrechten ruhenden Linien sind völlig verschwunden. Hier dominieren allein diagonal und senkrecht in das Blatt gestreute scharfkantige Formen, die das darübertastende Auge an schlagende, stechende und schneidende Instrumente erinnern.

Jede Zentrierung ist unmöglich gemacht. Einzig die beiden Doppelsenkrechten, die etwas rechts von der Mitte des Blattes aufragen – wenn auch mehrfach wie von diagonalen kurzen Dolchen durchstoßen –, erinnern an die Vertikalen, die wie ein Rückgrat das ganze vorige Blatt durchliefen. Sie deuten an, daß hier ein Mensch »standhält«, eingespannt in ein Feld allseitig auf ihn eindringender aggressiver Kräfte und schmerzhafter Schläge. Die dezentralisierte Komposition, in der das

Auge orientierungslos von scharfer Form zu spitzer Form, von Blutrot zu Schwarz und wieder zu Giftgelb springt, deutet zugleich an, daß der Schmerz der Geißelung sich nicht mehr lokalisieren läßt, sondern den ganzen Körper durchdringt. Der Mensch, der dieses Blatt gestaltet hat, ist dem Schmerz nicht ausgewichen. Gerade darin vermag er ihm standzuhalten. Die Farbendreiheit Schwarz, Rot und Gelb erinnert zugleich, wenn auch von Manessier nicht bewußt darauf bezogen, an die deutschen Nationalfarben, unter denen im Lauf der Geschichte viele Folterungen geschahen.

In der oberen linken Ecke fällt eine schwarze, spinnenartige Figur ins Auge, in der die Strukturelemente des Bildes wiederkehren. Die Figur läßt von einem nicht klar lokalisierbaren Zentrum aus acht lange Dornen ausstrahlen. Von Betrachtern wurde sie als Dornensonne, Dornenstern oder Dornenspinne bezeichnet. Kein tröstlicher Stern, eher ein Unstern mit schwarzen Stacheln steht über dieser Szene. Auch die Stelle im Bildraum, an der nach der Tradition ein Zeichen Gottes erscheinen könnte, ist verstellt. Doch macht nachdenklich, daß in der Form dieses Stachelsterns zugleich die Form der Dornenkrone vorgebildet ist.

Kreuzigung (S. 232)

Die Kontrapunktik von Leidens- und Todesmetaphern und einem dahinter aufleuchtenden Sinnhorizont bleibt allen künftigen Blättern des Passionszyklus erhalten; doch führt der Zyklus in diesem Blatt zum Höhepunkt des Leidens: der Kreuzigung. Dominierend, in gespenstischer Gestalt, steht die schwarze Lineatur im Mittelfeld des Bildes. Die Umrisse der drei Kreuze auf Golgatha werden spürbar, das mittlere überragt die beiden übrigen, doch sind sie völlig miteinander verwachsen. Der Unschuldige und die beiden Schuldigen sind nicht mehr voneinander zu trennen.

Eigentümlich erinnert diese Todesfigur an eine der tragischen Torero-Figuren Picassos, die unter großem Hut ihr Tuch dem Stier entgegenschwingen, wobei zu bedenken ist, daß auch der Stierkampf Überrest eines alten Kultmysteriums ist, das den Kampf zwischen Leben und Tod darstellte, eine Überwindung des elementar Vitalen um höherer Prinzipien willen. Auch an Darstellungen Don Quichottes erinnert dieser Tod. Der Mensch am Kreuz, in äußerster Verlassenheit, der auch noch den Spott der anderen, vielleicht sogar seinen eigenen Verdacht auf sich zieht, als habe er sich das alles nur zugezogen durch seine Verstiegenheit und Don-Quichotterie, drückt einen äußersten Aspekt des Leidens aus, der auch zu Christi Passion gehört. Unter dem Kreuz standen die Spötter und sagten: »Anderen hat er geholfen und kann sich selber nicht helfen.« Das Schwarz der Leidenssignatur und das Blutrot des Bildgrundes stehen sich hier als absolute Gegenwerte für Leben und Tod gegenüber.

Die zahlreichen Rotfelder, Rotlachen der Geißelungsszene lassen darüber nachdenken, welcher Ausdruckswert dem Rot eignet. Die Erfahrung des Rot, die auch seine übertragene Bedeutung prägt, hängt sicherlich primär mit dem Erleben strömenden Blutes zusammen, wie es bei Schlachtungen, aber auch bei schweren Verletzungen, vielfach auch bei Geburten erlebt wird. Im Alten Testament galt das Blut als Sitz der lebendigen Seele eines Lebewesens, die Gott gehörte. Deshalb durfte nicht einmal das Blut geschlachteter Tiere verzehrt werden, sondern mußte Gott überlassen und vielfach in einem besonderen Opferakt ihm zurückgegeben werden. Durch die Urerfahrungen der Menschen mit dem Rot am Blut sind auch die symbolischen Bedeutungen dieser Farbe zu verstehen: Sie wird immer wieder als Farbe der Vitalität, der Wärme, der Liebe und andererseits der Aggressivität erlebt. Zugleich hat die rote Farbe optisch eine unerhörte Leuchtkraft und eine in Celsiusgraden meßbare Wärmeausstrahlung. Das Blut, die lebendige Seelenkraft, die sich hier, aus einer Hingabe bis in den Tod hinein, verströmt, überstrahlt das makabre Todesgerüst um ein Vielfaches. Trotzdem tritt gerade vor diesem Hintergrund die groteske Kontur des Todesgerüstes mit brutaler Schärfe ins Bewußtsein.

Das einzige Element in dieser Komposition, das zwischen dem absoluten Gegensatz von Rotflächen und schwarzem Strukturgerüst zu vermitteln scheint, ist der Bildrahmen. Schon seine elastische, schwingende Form nimmt dem Kontrast etwas von seiner schwer zu ertragenden Statik und Endgültigkeit. Der weiße Außenrand legt sich kühlend und wie verbindend um das blutrote Farbfeld, und das unterlegte kühle

Rosé deckt die Verwandlungsfarbe Blauviolett mit weichen Tupfen und Tropfen. Von rechts oben, dem traditionellen Bildfeld der Sonne, des Bewußtseins, senkt sich die Rahmenzone wie ein fallender Vorhang tiefer in das Bild ein und gewinnt dabei dem roten Feld zwei Inseln ab, die sie durch ihr kühlendes Weiß zu isolieren vermag. Zugleich könnte man an eine sich teilende Zelle denken. Auch das wäre ein Vorzeichen für eine mögliche Verwandlung und Neuordnung der Kräfte, die in dieser Todesszene zunächst gebannt und fixiert sind.

Verfinsterung (S. 233)

In der Tat folgt auf dieses erste, schreiend brutale Stadium der Kreuzigung ein zweites, das Manessier »Verfinsterung« nennt. Die Verwandlungsfarbe Purpurviolett, die eben noch am Bildrand auftauchte, bildet sich um in eine neue, erdige Nuance von Rotviolett und füllt damit das ganze Bildzentrum aus. Es ist, als hätte die Erde das vergossene Blut aufgenommen. Der erdige Ton des Rot entspricht genau der kreidigen Nuance des Olivgrün im ersten Blatt: Nun erst hat die Sammlung und Leidensbereitschaft der ersten Station ihre Entsprechung gefunden. Aus dem Farb- und Formgefüge dieses Blattes spricht die Ruhe des bis zum Ende durchgetragenen Leidens und des angenommenen Todes: »Es ist vollbracht.« Auch diese Farbe hat bei aller Gedämpftheit eine warme Strahlung behalten, die das schwarze Gerüst im Vordergrund durchdringt. Manessier ist bei der Gestaltung von Kirchenfenstern gewohnt, mit dem von außen einstrahlenden Licht zu rechnen, das den schwarzen Strukturgerüsten der Fenster, den Stäben aus Metall oder Stein, ein hintergründiges Leuchten aus einer anderen Dimension verleiht. Diese Gegebenheit der Fenster liefert Manessier immer wieder das Strukturprinzip für seine grafischen Blätter. Als weitere Assoziationen zu der Farbe des Bildgrundes fanden die Betrachter: »Ackerboden«, »Ziegelsteine«, »Tonerde«, »Tonkrüge«, »Herbst«, »Weinlaub«, »Sonnenuntergang« und schließlich »getrocknetes Blut«.

Auch die merkwürdigen Verdickungen und Gewichte am Fuß der beiden Schächerkreuze des vorigen Blattes haben sich nun zu einer eindeutigen Kugelform zu Füßen des Christus-

Kreuzes konzentriert. Die Gewichte an den Füßen der Verurteilten sind zum Gewicht zu seinen eigenen Füßen geworden: nun aber zur Gestalt einer Kugel geformt, die wie die Kreisform – als eine gewissermaßen vollkommene Form – eine Verheißung enthält, auch wenn sie jetzt noch in Dunkel, in dichtestes Schwarz gehüllt ist. Wie ein Samenkorn liegt diese schwarze Kugel zu Füßen des Christus-Kreuzes in der Erde. Zugleich assoziierten einige Betrachter hierzu die Weltkugel, auf der nach der christlichen Symboltradition das Kreuz Christi zu stehen kommt.

Um die im Schwerpunkt des Bildes ruhende schwarze Kugel ist ein Art Zaun gelegt. Er erinnerte die Betrachter an Metallgitter, wie sie auf Gräbern auftauchen; aber auch an Stacheldrahtzäune, wie sie Gefangenenlager umgeben. Auch hier lassen sich weitere Aspekte des Bildes bis in politische Vorgänge hinein erschließen. Das Strukturgerüst ragt über dem mächtigen Schwerpunkt des schwarzen Kreises auf: Als überwundener Tod – oder überwundene Schuld – sozusagen liegt dieses Bleigewicht zu Füßen Christi; es gibt den Kreuzen in dieser Phase einen eigentümlichen Halt. Die Konturen der drei Kreuze bilden sich hier klar aus, während sie im Kreuzigungsblatt vorher noch verworrenen Ästen glichen. Die beiden Seitenkreuze der Schächer, der Schuldbeladenen, werden wie mit einer weiten Gebärde der ausgebreiteten Arme von dem Gekreuzigten in der Mitte empfangen. Die Tragkraft dieser Arme wird betont, indem sie bildnerisch zu einem auf der Spitze stehenden Dreieck verstrebt wird, das bei den Füßen der angedeuteten Christusfigur endet. Wie ein mächtiges, Achtung gebietendes Zeichen ragt dieses Dreieck über der schwarzen Kugel auf. Mit der nach unten gerichteten Spitze ist es zugleich ein weibliches Dreieck, Zeichen dafür, daß dieser Tod auch im Zeichen einer weiblichen Haltung, einer versöhnenden, hingegebenen Einstellung geschieht. In dieser Haltung starb in den alten Mysterien der matriarchalen Zeit der Heros im Dienste seiner Göttin, der Großen Mutter-Geliebten[81]. Als mächtiges, Achtung gebietendes Zeichen ragt dieses Dreieck über der schwarzen Kugel auf. Der linke Gekreuzigte lehnt sich wie Schutz suchend in den Bereich dieses kraftgeladenen Feldes. Der rechte bleibt, einen Kopf kleiner, unter ihm. Beide sind aber zugleich zu Querlinien mit der Beckenpartie des mittleren Gekreuzigten verbunden. Hüftraum und Beckenraum des Gekreuzigten sind hier im Gegensatz zum vorigen Bild zu betonten Zentren, zu Spannungsknoten zusammenlaufender Zug- und Tragkräfte geworden, die der gesamten Komposition Halt geben: Hier wiederholt sich die Rundform der Kugel.

Eine eigentümliche Funktion hat der Bildrahmen auf diesem Blatt. Auf einer Grundlage von Graublau im unteren Bildteil und von Erdrot im oberen schiebt er sich mit einer Schwarzschicht von allen Seiten gegen das Bildzentrum vor und korrespondiert so ständig mit dem schwarzen Strukturgerüst. Hier bricht bildnerisch sinnfällig eine Verfinsterung über das Bild herein. Die gedämpften Farben der Dämmerung tendieren hier nicht zum Tage, sondern zur Nacht.

Eine dunkle blaue Kreisform wird vom oberen Rand ausgespart. Ist es die sich verfinsternde Sonne – sonst in der Lichtfarbe Gold oder Gelborange, jetzt in diesem dunklen Blau erscheinend –, oder wird hier ein Segment des Himmels, ein »Guckloch« in den Kosmos ausgespart, gerade an der Stelle des Bildes, an der nach der christlichen Bildtradition, zum Beispiel in Rembrandts *»Kreuzigung«* (S. 162), das Haupt des begnadeten Schächers seinen Ort hat? Entspricht dieser Farbkreis in den alten Farben des Himmels und der Transzendenz, Blau, dem Licht, das Rembrandt über dieses Haupt niederströmen läßt? Öffnet sich hier das Bild in eine geheimnisvolle Tiefe – Blau zieht nach den optischen Gesetzen das Auge in die Tiefe, wie es ein See oder der Himmel täte –, in eine Tiefe, die hinter diesem sich nur vordergründig verdunkelnden Bild stünde?

Eine unübersehbare Dynamik und Leuchtkraft behält das Bild jedoch durch den weißen, die Zentralfläche umschwingenden Rand, eine Zwischenzone gleichsam zwischen dem einbrechenden Tod und dem keimhaft bewahrten Leben. Eine Zone, in der die Farbe sich wie strömend bewegt. Das Weiß erinnert an Schnee, der ins Bild eindringt, um gleichsam die Erdfläche, die das Blut aufgenommen hat, und die schwarze Kugel, die wie ein Samen in ihr ruht, zu bedecken. Gerade dieses Weiß enthält zarte Grüntöne, Grünspuren, die als Komplementärfarbe der rostroten Erdfarbe das Gleichgewicht halten.

Bilder sind subtile Gleichgewichtssysteme, und unser Auge ist so gebaut, daß es die komplementäre Farbe zu einer einseitig dominierenden einfach erfordert. Die Sehgesetze sind so zwingend, daß sie dort, wo sie vom Maler nicht selbst eingehalten werden, vom Auge selbständig erfüllt und eingelöst werden. Das zeigt das bemerkenswerte Phänomen des Simultankontrastes, der besagt, daß das Auge, einseitig und über längere Zeit mit einer dominierenden roten Farbfläche konfrontiert, selbständig die grüne Komplementärfarbe auf der Netzhaut erzeugt, wenn man es nach dieser Reizung der Sehnerven schließt. Wird ein Zimmer durchgehend grün gestrichen, produziert das Auge selbständig an der weißen Zimmerdecke einen rötlichen Farbton. Diese Phänomene sind wohlbekannt, werden aber selten auf ihren psychologischen Ausdruckswert und ihre Aussagekraft im Bildgefüge, vor allem eines religiösen Bildes, untersucht.

In dem Blatt *»Verfinsterung«* (S. 233) drücken die Grünspuren ebenso wie der schmale helle Rand aus, daß das »Prinzip Hoffnung«, wie Bloch es nennt, den zerstörerischen Mächten das Gleichgewicht zu halten vermag. Ähnliche Gesetze wie im Bereich der Farben wirken auch im Bereich der Formen. Der blaue Kreis korrespondiert in dieser Komposition deutlich mit dem schwarzen. Das Auge wird nach den Sehgesetzen immer wieder gedrängt, zwischen diesen beiden markantesten und optisch schwersten Elementen der Komposition zu pendeln und zu »vermitteln«. Bildet der schwarze Kreis den Schwerpunkt der schwarzen Gerüststruktur des Bildvordergrundes, so der blaue den Schwerpunkt der farbigen Hintergrundstruktur. Liegt der schwarze Kreis auf der unteren Seite des Blattes, die tiefenpsychologisch mehr dem Bereich des noch Unbewußten entspricht, so hat der blaue Kreis einen topographischen Ort inne, an dem üblicherweise die Symbole des Bewußtseins wie Sonne oder Hand Gottes auftauchen. Unser Bewußtsein also weiß um dieses unverlierbare »Guckloch in den Himmel«, während uns doch wie eine Bleikugel unser Todesschicksal an den Füßen hängt. Geheimnisvoll aber schimmert zugleich auch unter dem Schwarz der »Todeskugel« wie eine Ahnung aus dem Unbewußten das ungedämpfte Blutrot, die Lebensfarbe durch. Dieses Blatt dürfte in der durchgehenden Kontrapunktik seiner Komposition, die beständig Zeichen des Lebens neben Zeichen des Todes setzt und die Spannung durchhält, das differenzierteste des ganzen Zyklus sein.

Wächter am Grabe (S. 234)

Dieses Bild hat eine besondere Struktur. Die schwarze Lineatur, die wir von allen bisherigen Blättern kennen, hat sich zu einem einzigen schweren schwarzen Kreis im Vordergrund der Komposition zusammengeballt. Es ist gleichsam eine »trächtige« schwarze Kugel aus dem »Samenkorn« geworden, das auf der Basis des vorigen Blattes lagerte: Nun ist es dominierend in die Mitte des Bildes gerückt. Zum ersten Mal dringt die Umrahmung voll in das Bild ein und bewirkt eine Zweiteilung des Blattes, die an eine Zellteilung erinnern könnte. Teilt sich der Hintergrund schon, obwohl diese schwere schwarze Zelle vorerst noch wie ein Grabstein auf dem Vordergrund lastet? Noch behält der Rahmen das Schwarz des vorherigen Blattes bei, doch ist es auf Grün angelegt. Das Grün dringt seinerseits unter dem Schwarz hervor und umsäumt die Innenräume der beiden neu entstandenen Zellen.

Es erscheint ein neues frisches Grün, wie es bisher in diesem Zyklus nicht aufgetaucht ist. Die Spuren von Grün im vorigen Blatt – *»Verfinsterung«* (S. 233) – blieben matt und von Weiß und Gelb durchsetzt, sie erschienen nur als eine Schattierung; das Oliv des ersten Blattes, *»Gethsemane«* (S. 230), war durch graue und erdige Töne allzu sehr gedämpft.

Aus dem Innern der beiden Zellen oder Kammern – Grabkammern? – dringt unübersehbares Hell, Gelb. Das bedeutet Licht. Wieder sind die optischen Gesetze, die Gelb als hellste Farbe alle anderen überstrahlen lassen, so eingesetzt, daß für den Betrachter das Vorauswissen entsteht, dieses Gelb werde es mit dem ungeheuren geballten Dunkel des Kreises aufnehmen, es werde das Dunkel und dic Schwere besiegen können.

Im Zentrum der gelbleuchtenden Kammern steht schließlich – wie die violette Kernflamme in der Kerze – wieder die eigentümliche rotviolette Farbe, die wir am unteren Rand des ersten Blattes, dem topographischen Ort des Unbewußten, auftauchen sahen, dort noch von dem schwarzen Rechteck verstellt. Wir beschrieben sie als eine Farbe, die eher Unbehagen und Unruhe als Beruhigung auslöst, eben weil sie Verwandlung anzeigt. In frühen Buchmalereien überzieht diese Farbe den Bildhorizont während der Verkündigung an die Hirten, aber auch, wenn der »Adlerschrei« das Zeichen zur Weltverwandlung gibt. Die Farbe der Verwandlung ist nun in die Kernzone des Bildes gerückt, als wolle hier nach einer Zellteilung ganz neues Leben entstehen. Sie erscheint hier in fließenden Lachen, die das Gefühl vermitteln, es komme etwas zum Schmelzen. Wie die Rottöne der Zellmitte mit den Grüntönen der Zellränder korrespondieren, so trifft sich das gelbe Licht, das aus den beiden Kammern – »Grabkammern«? »Herzkammern«? »Fensterflügel«? »Schmetterlingsflügel«? – nach vorne strahlt, komplementär mit dem Taubenblau und Blauviolett der Lanzen, die eine vorderste Schicht in dem Bild darstellen. Indem sie die gegenständliche Assoziation an die Lanzen der Wächter vor dem Grabe wecken und den »Stein auf dem Grabe« wie ein Zaun verstellen, zerschneiden sie ihn doch zugleich rein optisch als vertikale und diagonale Linien. Sie korrespondieren sozusagen insgeheim mit den Kräften in den Kammern – schon allein dadurch, daß Spuren ihrer Farbe, des Taubenblau, sich in den rotvioletten Kernzonen der Zellen wiederfinden. Scheinbar bewachen also die Wächter mit den Lanzen das Grab und wollen die neuen Kräfte des Lebens hindern, hervorzubrechen. Im tieferen Sinne müssen aber gerade sie der sprengenden Gewalt dieser Kräfte als Kulisse dienen, unter der sie sich um so mächtiger erweisen. Die Lanzen wirken wie Streichhölzer angesichts der Wucht, der Dynamik, die aus dem Inneren der Kammern bricht.

Auferstehung (S. 235)

In dieser kühnsten aller mir bekannten Darstellungen des Themas »Auferstehung« ist die schwarze Todesstruktur, zuletzt zusammengeballt in dem riesigen Kreis, zersprungen. Schwarze Spurenelemente wirbeln nur noch an der äußersten Peripherie des so entstandenen Kraftfeldes. Die Farbkomposition des Bildgrundes tritt strahlend in den Vordergrund, nicht mehr verstellt von dem Gitterwerk der linearen Struktur. Ein leuchtender orangegelber Strahlenkreis umfaßt das ganze Bild, veranlaßt das Auge, seine Rotation mitzuvollziehen. Das Bildgeschehnis läßt sich nur mit Vorstellungen moderner

Energieforschung vergleichen: Es ist, als sei ein Atomkern zersprungen und habe eine ungeheure Energie freigesetzt. Ähnliche Vorgänge kennen wir aus der Astrophysik bei der Entstehung neuer Weltkörper im All. Der Energieball rotiert, das Auge folgt den gelben, orangeroten, grauen und schwarzen Energieteilchen bis an den Bildrand, der nun ganz von der Verwandlungsfarbe Rotviolett geprägt ist. Im Zeichen der Neuwerdung steht dieses Bild.

Locker, in Tupfen, durchlässig ist der Rahmen im Vergleich zu allen früheren Gestaltungen. Er scheint zurückzuweichen unter der neu andrängenden Energie, die vom Bildzentrum ausgeht. Zugleich kühlt der Farbton des Rahmens die expandierende Glut, und auch seine Form verhindert, daß die Energieexplosion die Komposition letztlich zersprengt. Wenn das Auge von der Wahrnehmung des Rahmens zu der feurigen Energierotation zurückkehrt, gewinnt es fast den Eindruck, als wirkten von nun an auch die zentripetalen Kräfte, die bei der Planetenentstehung die frei rotierenden Energieteilchen anziehen und in den Bannkreis des neuen Weltkörpers bringen. Was physikalisch als Befreiung der Kernenergie ausgedrückt werden kann, bedeutet theologisch-symbolisch die Liebesenergie, die von der Selbsthingabe Christi ausgeht.

Psychologisch ausgedrückt, beschreibt diese Energieexplosion die Befreiung der innersten Kräfte eines Menschen aus langer Blockierung. Einer, der sich selbst entfremdet war, wird mit sich identisch. Ein Egozentriker beispielsweise wird fähig zur Liebe. Ein Zielloser, der Verantwortung und Leiden scheute, hat ein Engagement gefunden, für das es sich lohnt zu leben. Der Kreis ist zugleich die Verwirklichungsebene des innersten Selbst. Zugleich enthält er als Ausdruckswert des Runden die Symbolik des Mütterlichen, des Bergenden, das die freiwerdende Energie wie ein Gefäß aufnimmt, in das dieser auch an männlich-patriarchaler Gesetzlichkeit zerbrochene Mensch heimkehrt.

Beim Assoziieren zu dem Orangerot, das dieses Bild erfüllt, wurde immer wieder »Feuer« genannt, »Kernexplosion«, »Planetenentstehung«, »Sonnenaufgang« und schließlich auch »Pfingsten«. An Emotionen, die diese Farbe auslösen kann, erschienen als die häufigsten: »Begeisterung«, »Inspiriertheit«, »Belebung«, »Freude«. Man fühlte sich durch die Farbe wie unter eine Ausstrahlung von Licht und Feuer geraten. Johannes Itten bemerkt zu dieser Farbe: »Orange als Mischung von Gelb und Rot steht im Brennpunkt der größten strahlenden Aktivität. Es besitzt sonnenhafte Leuchtkraft in der Sphäre des Materiellen, welche in Rotorange das Maximum an warmer Energie erreicht.«[82]

Ostern (S. 236)

Der ungeheure Energieausbruch des Bildes *»Auferstehung«* (S. 235) hat auch Erschreckendes an sich. Das Bild verbietet jede Verharmlosung des Auferstehungsereignisses. Es beschreibt Auferstehung unter Verzicht auf jede fundamentalistische Absicherung des »Wunders« in Kategorien, die eher denen der Kernphysik oder denen der Tiefenpsychologie entsprechen.

Der gelöste, heitere Aspekt der Feuerfarbe Orange, ihre Fähigkeit zum Ausgleich der komplementären Farb- und Formkräfte tritt erst in diesem letzten Blatt, »Ostern«, voll in Erscheinung. Hier bildet Orange den Bildrahmen. Das Vorzeichen, unter dem der gesamte Bildausdruck verstanden sein will, ist das der Freude. Eine Neuverteilung der gewonnenen Kräfte erfolgt nach der ungeheuren Eruption und der Verwandlung des gesamten Potentials. Die schwarze Struktur ist verschwunden, zum ersten Mal ganz. Aber ihr Formcharakter, die stamm- und astartig ragende Lineatur, kehrt verwandelt wieder in den Ranken und Zweigen, die, vom gleichen Grün wie das erste Wachstum in den Grabkammern, das Blatt durchziehen, als säumten sie die Wege in einer weiten Parklandschaft.

Die alte symbolische Verwandtschaft zwischen Kreuzesstamm und Lebensbaum wird hier wieder spürbar. Das Gerippe des begrabenen alten Menschen ist hier bildnerisch verwandelt in junge grüne Bäume, die in diesem Bild aufwachsen.

Sehr locker und luftig sind hier alle Farben und Formen zueinander in Beziehung gesetzt. Der Bildgrund ist zum ersten Mal in dem Zyklus nicht mit einer bestimmten Farbe grundiert, sondern frei belassen. Der Hintergrund dieses Bildes ist Offenheit. Zum ersten Mal in diesem Zyklus taucht ein heiteres Blau auf, die Komplementärfarbe, die das intensive

Rotorange dringend erfordert. Was sich in dem nachtblauen Himmelssegment über der Verfinsterung ankündigte, kann sich endlich frei über das Bild ausbreiten: als ein weiter, heller Horizont.

In der rechten unteren Ecke des Blattes scheint das Blau Vogelform anzunehmen. Zu der Vogelform assoziierten Betrachter die Taube mit dem Ölzweig, die Noah die erste Botschaft vom wiedererscheinenden Land brachte. Andere dachten an die Taube des Heiligen Geistes. Mit der Feuerfarbe und seiner lichten Bewegtheit weist das Blatt schon auf das Geschehen von Pfingsten voraus. In jedem Falle weist das vogelgestaltige, helle Blau auf die wiedergewonnene Fähigkeit zum Fluge hin, auf Freiheit und Gelöstheit von den Bleigewichten des Leidens und des Todes. Die schwebende Schwingung der ganzen Komposition deutet an, daß aus der bestandenen Leidens- und Todeserfahrung ein befreites, mit sich identisches Bewußtsein hervorgehen kann.

Von einem Schüler nach dem wahren Weg befragt, antwortet ein Zen-Meister: »Der Weg ist kein sichtbares Ding, er ist auch kein unsichtbares Ding. Er ist nichts Erkennbares und auch nichts Unerkennbares. Suche ihn nicht, lerne ihn nicht, nenne ihn nicht, sei weit und offen wie der Himmel, und du bist auf dem Weg.«

Tod und Wiedergeburt bei Manessier

Manessiers Bildreihe stellt, tiefenpsychologisch betrachtet, so etwas wie einen Geburts- oder auch Wiedergeburtsvorgang dar, der sich durch Todesangst, Fragmentierung, Sterben und Begraben-Werden hindurch vollzieht und in einem Durchbruch ins Licht endet.

Durchweg bezieht sich die Serie auf das körperliche Kreuz des Menschen, seine Wirbelsäule, sein Rückgrat, das zugleich mit dem symbolischen Kreuz, dem Kreuz Christi – das, recht verstanden, Todes- und Auferstehungszeichen zugleich ist – in Beziehung gesetzt ist.

Zuerst ist da die Wirbelsäule, das Kreuz eines Menschen, der ganzen Länge nach hingebreitet auf ein Blatt, getragen, umfangen von dieser Form, die als Blatt zugleich etwas Vegetatives ist, das auf natürliches Wachstum, auf Photosynthese sowie Osmose hinweist, das also die Verbindung von Licht und Luft mit der materiellen pflanzlichen Wirklichkeit darstellt. Obere und untere Kräfte werden im Symbol des Blattes innig verbunden. Das Rückgrat dieses Menschen ist heil; doch seine Brustwirbel, seine Brust und seine Rippen sind schmerzhaft auseinandergedehnt, wie zerrissen: ein Bild der Angst, das sich hier darstellt, doch ist es noch umschlossen von der bergenden Form eines Blattes.

Umgeben ist dieses Bild von drei Steinen in je einer Ecke, der vierte ruht rotglühend etwa an der Herzseite des Menschen: Am höhnischsten grinst der Stein links oben in der Vaterecke – dieser Maler versteht unter Umständen den bisher als väterlich erlebten »Gott« nicht mehr; schwarz und verschlossen ruht auch der runde Stein in der »Mutterecke«: Auch vom Mütterlichen her ist in diesem Moment kein Trost zu erwarten, es ist zu weit aus dem Blickfeld des Malers geraten.

Sehr schwarz und kompakt liegt auch der Stein in der Ecke des kollektiven Unbewußten, aus dem in dieser Situation allenfalls rettende Impulse kommen könnten. Allerdings ist dieser Stein umgeben von dem Rosé, mit dem sich der Himmel in der Morgendämmerung überzieht. Könnte hier, ganz scheu, eine Andeutung für die Wandelbarkeit der Situation liegen?

Steine stellen, real gesehen, vor allem Hindernisse auf dem Wege dar, Steine, die im Wege liegen, Beschwernisse, Belastungen. Symbolisch aber sind sie zugleich Bausteine, ja in ihrer Härte und Unzerstörbarkeit sogar Symbole für den Wesenskern des Menschen. So bildet einer, rotglühend in Vitalität und Schmerz zugleich, das Herz dieses hingebreiteten Menschen. Drei Steine, die mit dem Herz-Stein zusammen eine Vierheit bilden, deuten an, daß dieser schwere, belastende Weg zugleich der Selbstfindung dieses Menschen, seinem Vollständigwerden dienen kann.

Im zweiten Bild ist dieses Rückgrat, diese Wirbelsäule als Chiffre für den Menschen verdoppelt – was verdoppelt erscheint, wird bewußt, schmerzhaft bewußt vielleicht – und zugleich durchbohrt, durchkreuzt von diagonal einschließenden dolchartigen Formen.

Das grinsende Gesicht des letzten Bildes links oben in der Ecke des Väterlichen hat sich hier noch grausamer verwandelt – in die schwarze Stachelzone, Spinnensonne, die an das mittelalterliche Folterinstrument des Morgensterns erinnert: Auch der Ausdruck Morgenstern für ein Folterinstrument enthält eine zynische Ambivalenz. Das Vaterbild hat sich hier für den Leidenden völlig verdunkelt, ist grausam geworden, hat zustoßende Stachelarme bekommen; im Bereich des Mütterlichen ist indessen die größte der roten Lachen, der Blutlachen, ausgeströmt. Hier kommt nichts als Leiden, aber auch vitales Mitleiden ins Bild.

Steht sodann im dritten Bild (*»Kreuzigung«*, S. 232) der Mensch ganz im Zeichen der Todesangst und des Widerstandes gegen den Tod in Gestalt jenes Gebildes, das an einen toreroartigen Kämpfer mit großem Schlapphut erinnert, so kommt im vierten (*»Verfinsterung«*, S. 233) die Zerrissenheit der Gestalt zur Ruhe: In der Wirbelsäule treten betont das obere und das untere Kreuz, Schultergürtel und Becken in Erscheinung, zugleich die Knoten- und Kraftzonen der Nervenbahnen, die im indischen Yoga »Chakras« heißen. Sie werden zur Mittelachse eines weiblichen Dreiecks, das aus den ausgebreiteten Armen und der Verstrebung von den Händen aus hinab zu den Füßen gebildet wird. Heißt das, daß dieser vom Väterlichen – beziehungsweise vom Vatergott und seinen Gesetzen – verlassene Mensch ins Weibliche hinein, in einen weiblichen Tod hinein stirbt – und das hieße, nicht in die Vernichtung, sondern in eine Wandlung hinein, in einen Wiedergeburtstod? So nämlich wurde der Tod in allen alten weiblichen Religionen verstanden.

Die beiden Schächer, der eine mehr zur Transzendenz hin geöffnet, der andere mehr sich verschließend, als zwei Seiten und zwei Möglichkeiten des betreffenden Menschen selbst, sind mit ihm zu einer geschlossenen Figur verbunden, wobei gerade der linke, der traditionellerweise als der Abgewandte gilt, sich hier suchend auf den Menschen in der Mitte zuneigt; der rechte hingegen ist kleiner, doch sein Haupt ragt in den blauen Kreis am Himmel, der nun in den rechten oberen Quadranten gerückt ist. Links oben, an der Stelle des Väterlichen, befindet sich kein Zeichen mehr. Die widerständigen Rechtecke der Steine haben sich nun in Kreise verwandelt, in die weibliche Form, die sich schon im ersten Bild in dem zum Runden tendierenden Stein in der Zone des Mütterlichen angedeutet hatte.

Vor allem erscheint nun der schwere schwarze Kreis, die Kugel zu Füßen des Menschen, im unteren, im Erd- und Mutterbereich des Bildes. Es ist, als ob die ganze Energie, die rot aus dem Inneren der schwarzen Kugel schimmert, aber auch der ganze Schmerz dieses Vorgangs sich hier zusammenballte. Einerseits wirkt diese Kugel wie ein überschweres Bleigewicht an den Füßen des Gekreuzigten, andererseits ist nicht zu übersehen, daß die Kugel zugleich ein Ganzheitssymbol bedeutet. Paradox genug wäre hier ausgesagt, daß dieser überschwere Weg letztlich zur Ganzwerdung des betreffenden Menschen dient. Wie eine schwere schwarze verkapselte Frucht hängt diese Kugel zu Füßen des Menschen, der hier in das Geheimnis von Tod und Auferstehung initiiert wird. Indem das Ganzheitszeichen oben rechts in der Zone der Bewußtwerdung wiederholt wird – zugleich im Blau der oberen Sphäre, des Geistigen und der Weisheit gehalten –, ist angezeigt, daß der Vorgang bereits bis ins Bewußtsein des Betreffenden reicht. In Gestalt des hingegebenen Schächers ragt auch schon ein Haupt in diesen Raum, in dieses Guckloch in den Himmel, das heißt, daß ein Verständnis dieses schmerzhaften Vorgangs in all seiner Paradoxie sich anbahnt.

Diese schwarze Kugel, in der die ganze Energie steckt, die

aber jetzt verdunkelt ist – Schwarz ist aber zugleich die Farbe kompaktester, dichtester Energie beziehungsweise Materialität –, ist Thema des fünften Bildes (*»Wächter am Grabe«*, S. 234): Hier beginnt sie zugleich einen Keim, ein Samenkorn zu bilden, das sich teilt. Die beiden Kammern mit den grünen Rändern und den warmen, gelbroten Innenfarben können auch als Zeichen einer Zellteilung angesehen werden. Die Zwei macht das Ungeschiedene unterscheidbar, sagten wir, im Zweiten kann das Erste bewußt werden. Mitten in der Phase des äußeren Totseins, des Begrabenseins beginnt sich hier doch durch Zellteilung etwas zu entwickeln, bewußt zu werden, licht und grün zu werden. Zugleich könnten die beiden Kammern wie die beiden Lungenflügel, wie die beiden Herzkammern wirken, die wieder zu arbeiten beginnen, obwohl der schwarze Stein noch auf der Brust lastet.

Die Rückgratform ist einerseits in der Mittellinie, andererseits, verwandelt, in der Form der Lanzen noch erkennbar, die diesen Vorgang bewachen, an deren Schäften entlang aber die schwarze Scheibe zugleich lichtdurchlässig wird. Das Bild wirkt ruhig, aber schwer unter der Last der noch unverwandelten schwarzen Kugel. Das Licht im Inneren der Kammern ist jedoch so stark, daß man bereits ahnt, daß der schwarze Wall diesem Druck nicht wird standhalten können.

Im sechsten Bild nun (*»Auferstehung«*, S. 235) befreit sich die schwarze Kugel vom Dunkel, sie zerspringt im Licht, sie wird Licht. Dies geschieht in einer ungeheuren Energieeruption. Die Kugel erscheint nun wie rotierend, die abgesprengten schwarzen und grauen Teilchen wirbeln um sie herum. Es ist wie die Geburt eines neuen Planeten, eines neuen Bewußtseins also, einer neuen Ganzheit. Als runde Form steht sie im Symbolbereich des großen Mütterlichen. Hier ist eine Geburt, eine Wiedergeburt vollzogen. Der Vorgang dieser Geburt könnte auch an die pränatalen Phasen erinnern, die Stanislav Grof[83] herausgearbeitet hat, wobei nach einer »runden« geborgenen Phase das Einsetzen der Geburtswehen erfolgt, was vom Kind her immer als Aufstörung und Unter-Druck-Geraten erlebt zu werden scheint, vor allem aber dann, wenn gewisse Phasen zu lange anhalten und stagnieren. So wird vor allem die Zeit, unmittelbar ehe sich die Cervix öffnet, als qualvoll empfunden, wobei dann unter den Preßwehen auch das Kind ungeheurem Druck ausgesetzt ist. Grof arbeitet heraus, daß solche extrem erlebten Geburtsphasen ein Leben lang prägend auf die Erlebnisse einwirken, die irgendwie vergleichbar mit dem Urerlebnis der Austreibung aus dem Mutterleib sind: unabänderliche Einbrüche, Abschiede, Todesfälle. Oft werden diese ohnedies schweren Erfahrungen von solchen Menschen, die eine blockierte Geburt erfahren haben, zunächst als ausweglos empfunden, sie verbinden sich mit Träumen und Phantasien von Gefangenwerden, Folterung – es wiederholt sich die Erfahrung der jeweils prägenden Geburtsphasen, bis eine so durchgreifende, umfassende und bewußte Erfahrung einer Neugeburt gemacht werden kann, daß diese vorher prägenden Muster überholt werden und gelöscht werden können.

Ich weiß natürlich so gut wie nichts über Alfred Manessiers persönliche Geburt, es weist aber manches darauf hin, daß er in dieser Bilderfolge eine endgültige Geburt – durch eine Passion hindurch – erlebt und gestaltet hat und daß er damit vielleicht auch ihn bis dahin prägende Muster überwinden konnte. Wir wissen andererseits mit Sicherheit, daß die Erfahrungen des Zweiten Weltkriegs in diesen Zyklus eingegangen sind und daß Manessier zugleich mitten im Krieg jene umwälzende spirituelle Erfahrung machte, die ihm bei seiner Einkehr in das Trappistenkloster widerfuhr: von Wiedergeburt inmitten sinnloser Zerstörung. Gerade dieses Erlebnis hat auf den Zyklus eingewirkt, hat ermöglicht, wider allen Augenschein die Erfahrung einer nachgeholten vollen Geburt zu machen. Sein Zyklus vermag den Betrachter aufzurütteln, damit es ihm nicht widerfährt, zu den Menschen zu gehören, die »sterben, ehe sie ganz geboren sind« (Erich Fromm).

Anmerkungen

1 Riedel, Ingrid, Das worthaltige Bild – Hermeneutische Studien zu einem Typus der christlichen Kunst und zur Praxis der Bildinterpretation in der heutigen Gemeinde. Erlangen 1966(ms); veröffentlicht unter dem Titel: Bildinterpretation in Schule, Jugend- und Gemeindearbeit, München 1969 (vergriffen).
2 Documenta 8, Kassel 1987, Band 2, S. 122.
2a Jünger, Ernst, Sprache und Körperbau, Frankfurt 1949, S. 10ff.; S. 38ff.
3 Pulver, Max, Symbolik des Schriftfeldes, Zürich 1949.
4 Der Dorf-Test nach Arthus, zit. in: Karl Koch, Der Baumtest, Bern/Stuttgart 1949, 1962[4].
5 Koch, Karl, Der Baum-Test, a.a.O., S. 33ff.
6 Koch, K., a.a.O., S. 35.
7 Koch, K., a.a.O., S. 34.
8 Koch, K., a.a.O., S. 35.
9 Koch, K., a.a.O., S. 35.
10 Bach, Susan, Spontanes Malen schwerkranker Patienten, Basel 1966, in: Acta Psychosomatica 8, Documenta Geigy.
11 Bach, S., Spontanes Malen ..., a.a.O., S. 16.
12 Bach, S., a.a.O., S. 16/17.
13 Koch, K., a.a.O., S. 36.
14 Berger, René, Die Sprache der Bilder, Köln 1960, S. 276f.
15 Klee, Paul, Das bildnerische Denken, Basel 1956, S. 44f.
16 Klee, Paul, a.a.O., S. 207/208.
17 Klee, Paul, a.a.O., S. 199.
18 Berger, René, Die Sprache der Bilder, Köln 1960, S. 138.
19 Granet, Marcel, Das chinesische Denken, München 1963, S. 27ff.
20 Berger, R., a.a.O., S. 138.
21 Boeckler, A., Das Perikopenbuch Heinrichs II., Stuttgart 1960, S. 10.
22 Wartegg, E., Schichtdiagnostik – Der Wartegg-Zeichen-Test, Göttingen 1976.
Die Diplomarbeit von Erika Ruth Brunotte setzt neuerdings die Figuren des Wartegg-Tests mit der Symbolik in Beziehung, die C. G. Jung den Grundformen beimißt: Brunotte, E. R., Der Symbolgehalt der Bilder im Wartegg-Zeichen-Test, Diplomthesis am C. G. Jung-Institut, Zürich 1987 (ms).
23 Brunotte, E. R., a.a.O., S. 62.
24 Brunotte, E. R., a.a.O., S. 18.
25 Riedel, Ingrid, Formen – Kreis, Kreuz, Dreieck, Quadrat, Spirale, Stuttgart 1986.
26 Martini, Guido, Malen als Erfahrung, Stuttgart und München 1977, S. 36.
27 Ebenda.
28 Martini, G., a.a.O., S. 28.
29 Ebenda. 30 Ebenda.
31 Vgl. zum Ganzen Jacobi, Jolande, Vom Bilderreich der Seele, Olten 1969.
32 Goethe, Johann Wolfgang, Farbenlehre, Vollständige Ausgabe der theoretischen Schriften, Wissenschaftliche Buchgesellschaft, Tübingen 1953; Pawlik, J., Goethe, Farbenlehre, Textauswahl; mit einer Einführung und neuen Farbtafeln, Köln 1979, S. 68ff., S. 117ff., S. 136ff.

33 Birren, F., Color Psychology and Color Therapy, New York 1950, S. 77ff., S. 218ff., S. 234f., S. 267ff. u.a.
34 Itten, Johannes, Kunst der Farbe, Ravensburg 1962.
35 Itten, J., a.a.O., S. 17.
36 Ebenda.
37 Berger, R., a.a.O., S. 162.
38 Haupt, G., Die Farbsymbolik in der sakralen Kunst des abendländischen Mittelalters, Dresden 1941, S. 33.
39 Riedel, I., Marc Chagalls Grüner Christus, Olten 1985.
40 Itten, J., a.a.O., S. 64.
41 Itten, J., a.a.O., S. 87.
42 Ebenda.
43 Itten, J., a.a.O., S. 20.
44 Itten, J., a.a.O., S. 104.
45 Itten, J., a.a.O., S. 106.
46 Würtemberger, Franz Sepp, Weltbild und Bilderwelt, Wien, München 1958, S. 24.
47 Schweitzer, B., Vom Sinn der Perspektive, Tübingen 1953, S. 22.
48 Der Versuch einer Fotomontage ist abgebildet bei R. Berger, S. 230.
49 Brutsche, Paul, Die psychologische Bedeutung der Perspektive in Analysandenzeichnungen, Diplom-Thesis am C. G. Jung-Institut Zürich 1975 (ms).
50 Brutsche, P., a.a.O.
51 Schöne, Wolfgang, Über das Licht in der Malerei, Berlin 1954, S. 13/14, Neuauflage, Berlin 1983[6], S. 73.
51a Schöne, W., a.a.O., S. 73 und dortige Anm. 154.
52 Schöne, W., a.a.O., S. 22.
53 Schöne, W., a.a.O., S. 25.
54 Ebenda.
55 Schöne, W., a.a.O., S. 38.
56 Riedel, I., Marc Chagalls ..., a.a.O.
57 Helmut, M., Menschenkunde aus der Handschrift, zitiert in: Jacobi, J., Vom Bilderreich der Seele, a.a.O.
58 Zit. nach Jacobi, a.a.O., S. 53.
59 Ebenda.
60 von Franz, M.-L., Zahl und Zeit, Stuttgart 1969.
61 Jacobi, J., a.a.O., S. 93/94.
62 Herder-Lexikon, Freiburg/Basel/Wien 1978, S. 187.
63 Jacobi, J., a.a.O., S. 93/94.
64 Jung, C. G., GW, Band 11, S. 132.
65 Jacobi, J., a.a.O., S. 95.
66 Wöller, Hildegunde, Ein Traum von Christus, Stuttgart 1987, S. 122ff.
67 Bach, Susan, a.a.O., S. 16.
68 Jung, C. G., Zur Zahl Vier, in: C. G. Jung, Erlösungsvorstellungen in der Alchemie, Psychologie und Alchemie, Gesamtausgabe Band 6, Olten 1985, S. 104 (Viereck), S. 261 (Vierheit), S. 274 (Vierteilung).
69 Riedel, I., Formen – Kreis, Kreuz ..., a.a.O.
70 Jacobi, J., a.a.O., S. 95.
71 Jacobi, J., a.a.O., S. 96.
72 Jacobi, J., a.a.O., S. 91.

73 Jacobi, J., a.a.O., S. 92.
74 Jacobi, J., a.a.O., S. 96.
75 Ebenda.
76 Zit. nach Herder-Lexikon.
77 Jacobi, J., a.a.O., S. 96.
78 Jacobi, J., a.a.O., S. 97.
79 Allendy, R., Le Symbolisme des Nombres, Paris 1948.
80 Brion, Marcel, Geschichte der abstrakten Kunst, Paris 1956, Köln 1960, S. 184.
81 Wöller, H., a.a.O., S. 122ff.
82 Itten, J., a.a.O.
83 Grof, Stanislav, Geburt, Tod und Transzendenz. Neue Dimensionen der Psychologie, München 1985.

Bildnachweis

Farbtafeln:

Seite 9: Franz Marc »Zwei Katzen«, 1912, Öffentliche Kunstsammlung Basel, Kunstmuseum
Seite 10: Emil Nolde »Blumen und Wolken«, 1933, Sprengel-Museum Hannover, mit Genehmigung der Stiftung Seebüll, Ada und Emil Nolde, Neukirchen
Seite 81: Initiale des »Liber Generationis«, Evangeliar des Hillinus, Reichenau um 1000, Köln, Diözesan-Bibliothek, ars liturgica, Kunstverlag Maria Laach
Seite 82: »Der heilige Nikolaus erscheint Schiffern in Seenot«, Ausschnitt aus der Ikone »Nikolaus mit Vita«, russisch, (Novgoroder Schule), Anfang 16. Jh., Ikonen-Museum Recklinghausen
Seite 83: »Der Sturm auf dem Meer«, Hitda-Codex aus Meschede, um 1020, ars liturgica, Kunstverlag Maria Laach
Seite 84: »Verkündigung an die Hirten«, Perikopenbuch Kaiser Heinrichs II., um 1007, Bayerische Staatsbibliothek München
Seite 85: »Christus begegnet Maria Magdalena«, Evangeliar Heinrichs III., um 1040, ars liturgica, Kunstverlag Maria Laach
Seite 86: »Die Huldigung vor dem Lamm« u. »Verkündigungsengel«, 11. Jh., Staatsbibliothek Bamberg
Seite 87: »Satan und die Heuschrecken«, Apokalypse von St. Sevér, 11. Jh., Bibliothèque Nationale Paris
Seite 88: Matthias Grünewald »Die Auferstehung Christi«, Isenheimer Altar, Foto: Max Seidel
Seite 113: Emil Nolde »Grablegung«, 1915, mit Genehmigung der Stiftung Seebüll, Ada und Emil Nolde, Neukirchen
Seite 114: Emil Nolde »Abendmahl«, 1909, mit Genehmigung der Stiftung Seebüll, Ada und Emil Nolde, Neukirchen
Seite 115: Emil Nolde »Christus und die Kinder«, 1910, mit Genehmigung der Stiftung Seebüll, Ada und Emil Nolde, Neukirchen
Seite 229: Alfred Manessier »Dornenkrone«, VG Bild-Kunst Bonn
Seite 230: Alfred Manessier »Gethsemane«, VG Bild-Kunst Bonn
Seite 231: Alfred Manessier »Geißelung«, VG Bild-Kunst Bonn
Seite 232: Alfred Manessier »Kreuzigung«, VG Bild-Kunst Bonn
Seite 233: Alfred Manessier »Verfinsterung«, VG Bild-Kunst Bonn
Seite 234: Alfred Manessier »Wächter am Grabe«, VG Bild-Kunst Bonn
Seite 235: Alfred Manessier »Auferstehung«, VG Bild-Kunst Bonn
Seite 236: Alfred Manessier »Ostern«, VG Bild-Kunst Bonn

Schwarzweiß-Abbildungen:

Seite 17: Anselm Kiefer »Osiris + Isis, Bruch + Einung«, 1985–87, Documenta Kassel, 1987
Seite 19: Richard A. Cox »Let there be Light«, aus »Theatre of Life«
Seite 20: Hildegard von Bingen, 12. Jh., »Vision«, aus »Hildegard von Bingen, Wisse die Wege – Scivias«, Salzburg, Otto Müller Verlag
Seite 29: »Die Verheißung an Abraham«, Wiener Genesis, 6. Jh., Österr. Nationalbibliothek Wien
Seite 29: »Durchzug durch das Rote Meer«, Weltchronik des Rudolf von Ems, 15. Jh., Württembergische Landesbibliothek Stuttgart
Seite 43: »Heilung der Aussätzigen«, Evangeliar aus Echternach, um 1040, Brüssel, Bibliothèque Royale, ars liturgica, Kunstverlag Maria Laach
Seite 61: »Verklärung Christi – Transfiguration«, Evangeliar Ottos III., Ende 10. Jh., München, Bayer. Staatsbibliothek, ars liturgica, Kunstverlag Maria Laach
Seite 65: »Der Adlerschrei«, Apokalypse von St. Sevér, Mitte 11. Jh., aus Lothar Schreyer, Die Botschaft der Buchmalerei, Hamburg 1956
Seite 75: Allen Atwell »Das moderne Mandala«, 1967, aus Masters/Houston, Psychedelische Kunst, München/Zürich 1969
Seite 103: Meister von St. Clemente de Taull »Die Hand Gottes«, um 1123, Katalanisches Kunstmuseum Barcelona
Seite 155: »Fußwaschung Christi«, Evangeliar Kaiser Ottos III., Ende 10. Jh., München, Bayerische Staatsbibliothek, Hirmer Verlag München
Seite 158: El Greco »Die Entkleidung Christi«, 17. Jh., Alte Pinakothek München
Seite 191: Vincent van Gogh »Krähen über dem Weizenfeld«, 1890, Vincent van Gogh Museum, Amsterdam

Ingrid Riedel · Farben

In Religion, Gesellschaft, Kunst und Psychotherapie
Buchreihe »Symbole«

190 Seiten mit vielen Farbtafeln, kartoniert

Das Erleben von Farben in der Natur löst im Menschen bestimmte Gefühlsreaktionen aus, und von diesen werden die symbolischen Farbbedeutungen abgeleitet. So z.B. ist Rot, die Farbe des Blutes und des Feuers, mit den Gefühlswerten Leben, Opfer, Wandlung und Krieg verbunden, aber auch mit Leidenschaft und Liebe. Solche uralten Symbolbildungen der Menschheit spiegeln sich heute in Religion, Gesellschaft, Kunst und Träumen. Ingrid Riedel macht uns diese Zusammenhänge wieder bewußt.
»Wenn Sie dieses Buch gelesen haben, werden Sie nicht mehr irgend etwas Buntes anschauen – ohne daß Ihnen sofort einfällt, warum Sie das eine schön und das andere häßlich finden. Ein in der Tat aufschlußreiches Buch.«
Stuttgarter Bücherbrief

Ingrid Riedel · Formen

Kreis, Kreuz, Dreieck, Quadrat, Spirale
Buchreihe »Symbole«

147 Seiten mit vielen Abbildungen, kartoniert

Kreis, Kreuz, Dreieck, Quadrat und Spirale sind Grundformen des Lebens, in ihnen spiegeln sich Lebensweisen und Lebensstile. Der Kreis bezeichnet Weite und Geborgenheit zugleich; er lenkt zur Mitte und erschließt zugleich immer größere Weiten des Raumes, wird so zum Bild des Kosmos. Das Quadrat ist Symbol für Haus und Feld und für das eigene Wirken. Die Spirale ist das Bild für Dynamik und Entwicklung des Lebendigen, das sich aufrollt und entfaltet. Das Kreuz kennzeichnet den Standort im Spannungsfeld der Kräfte: Nord und Süd, Ost und West; Oben und Unten, Links und Rechts. Ingrid Riedel macht die Symbolik dieser fünf Grundformen anschaulich, die seit Anbeginn der Menschheit gültig sind.

Kreuz Verlag

Ingrid Riedel · Hans mein Igel

Wie ein abgelehntes Kind sein Glück findet
Buchreihe »Weisheit im Märchen«

121 Seiten, gebunden

Das Grimmsche Märchen erzählt die erschütternde Geschichte eines Jungen, der von Anfang an von Vater und Mutter abgelehnt wurde. Das drückt sich schon in der Namengebung »Hans mein Igel« aus; er muß hinter dem Ofen liegen, wird weder gestillt noch versorgt. Wie ein erstaunlicher Lebenswille diesen Jungen treibt, auf eigene Faust seine Existenz zu bestreiten, kaum daß er acht Jahre alt ist, wie er im Wald Tiere hütet und Dudelsack spielt, um endlich sogar König zu werden, schildert dieses Märchen. Am Ende opfert er seine Igelhaut, die er sich im Kampf ums Dasein erworben hatte, er verbrennt sie und wird beziehungsfähig. Mit großer Einfühlungsgabe deutet die Psychotherapeutin Ingrid Riedel die Entwicklung dieses Jungen und zeichnet in die Märchenwelt Erlebnisse heutiger Menschen ein. Sie macht anschaulich, daß selbst eine schwere Kindheit es nicht unmöglich macht, seinen eigenen Weg zu finden und dabei sogar über das Familienmilieu, aus dem man stammt, weit hinauszuwachsen.

Ingrid Riedel · Demeters Suche

Mütter und Töchter
Buchreihe »Zauber der Mythen«

166 Seiten, gebunden

Einer der faszinierendsten Mythen der griechischen Antike, die Suche Demeters nach ihrer Tochter, welche vom Gott der Unterwelt entführt wurde, ist Thema dieses Bandes. Ingrid Riedel zeigt, auf welch vielfältige Weise dieser antike Mythos im heutigen Erleben von Müttern und Töchtern wiederkehrt. Der Mythos war Inhalt der Eleusinischen Mysterien, dem wichtigsten Fest der Griechen, bei dem es um Einweihung in Sterben und Leben, um seelische Wandlung, ging.